新闻传播学卷

余秀才　编

武汉大学出版社

WUHAN UNIVERSITY PRESS

图书在版编目(CIP)数据

典学集.新闻传播学卷/余秀才编.—武汉:武汉大学出版社,2017.10

ISBN 978-7-307-19658-2

Ⅰ.典… Ⅱ.余… Ⅲ.①汉语—语言学—文集 ②新闻学—传播学—文集 Ⅳ.Z121.7

中国版本图书馆 CIP 数据核字(2017)第 216939 号

责任编辑:陈 帆 责任校对:汪欣怡 版式设计:马 佳

出版发行:**武汉大学出版社** (430072 武昌 珞珈山)
(电子邮件:cbs22@whu.edu.cn 网址:www.wdp.com.cn)
印刷:虎彩印艺股份有限公司
开本:720×1000 1/16 印张:22 字数:306 千字 插页:1
版次:2017 年 10 月第 1 版 2017 年 10 月第 1 次印刷
ISBN 978-7-307-19658-2 定价:89.00 元

序

胡德才

在中南财经政法大学新闻与文化传播学院迎来专业教育二十周年之际，为了回望来程、累积资源、传续薪火、开启未来，我们编辑了这部教师学术论文集，按新闻传播学、中国语言文学和艺术学三大学科分类成册。学院现设有新闻系、中文系和艺术系，开办了新闻学、广播电视学、网络新媒体、汉语言文学和数字媒体艺术五个本科专业。学院成立虽然只有十余年，但院内新闻、文艺等专业教育的历史却与学校的历史一样长久。学校的前身是1948年建校的中原大学，首任校长是著名文史学家范文澜。学校创建之初即设立了新闻系，首任系主任是当时中原局宣传部副部长陈克寒，1949年成立的文艺学院是中原大学最早成立的学院，也是当时中原大学的四大学院之一，另外三个学院是教育学院、财经学院和政治学院。文艺学院首任院长是著名电影导演、表演艺术家崔嵬，他曾主演和导演了《青春之歌》《红旗谱》《小兵张嘎》《杨门女将》等一批新中国电影史上有广泛影响的优秀影片。1952年之后，因院系调整，学校人文专业中断。再到1997年，学校重新开办新闻学专业，创建新闻系。但从首任校长范文澜先生出版《文心雕龙讲疏》开始其学者生涯到当代学者古远清教授影响遍及海内外的台港文学研究，我们人文学科的研究薪火相传，积淀丰赡。

本论文集选录的主要是学院成立以来各学科教师发表的部分研究成果。在征集书名时，刘君成敏博士提议为《典学集》，语出有据，古雅可喜，乃采纳之。《尚书》云："惟教学半，念终始典于学，厥德修罔觉。"孔颖达疏："念终念始，常在于学。"教乃学之半，潜心于学，矢志不渝，道德修为亦在不知不觉中提升。杨万里诗云："典学光阴璧不如，简编灯火卷还舒。"揣摩先贤哲语嘉言，于吾辈从教为学实大有裨益也。

是为序。

（作者系中南财经政法大学新闻与文化传播学院院长、中国喜剧美学研究会副会长）

目　录

新闻传播教育

新闻传播理论

新闻业务

新媒体研究

文化传播

广告传播与媒介管理

【新闻传播教育】

媒介融合时代新闻传播人才培养的理念与路径

胡德才

摘　要：随着互联网的普及，新媒体迅速发展，传媒生态发生了剧烈变化，媒介融合成为了当代传媒发展的基本趋势，新闻传播教育面临着新的挑战。为了培养适应新传媒时代媒介融合发展所需要的新型新闻传播人才，我们需要一方面强化新闻教育的基本理念，弘扬人文精神和新闻理想，另一方面需要面向世界，更新观念，开阔视野，深化专业、课程改革，探索实践教学新形式，努力建构培养具有复合型知识结构的全媒体新闻传播人才新模式。

关键词：媒介融合；新闻传播；复合型人才培养

我们正在走进新传媒时代，新传媒时代的最大特点是媒介融合，因此这个时代也可称为媒介融合时代或全媒体时代。随着互联网的普及，新媒体迅速发展，以数字化和电子化为特征的新兴媒介使传媒生态发生了剧烈变化，媒介融合成为了当代传媒发展的基本趋势，而传统媒体与新媒体融合发展，则是传媒领域正在发生的一场重大而深刻的变革。

今年美国皮尤研究中心公布的《2014 年新闻媒体状况》报告发布美国新闻业的六大趋势是：(1)网络媒体全球扩张；(2)新闻行业营收没有增长；(3)社交网站成为新闻传播的主要渠道；(4)新媒体发展迅速；

(5)电视行业并购成为潮流；(6)人口结构影响新闻业。① 美国新闻业的六大趋势基本都与新传媒时代的来临有关，也是世界很多国家和地区正在发生和将要出现的态势。如今，面临新传媒时代媒介融合发展的大趋势与大变革，作为承担着为新传媒时代培养新闻传播专门人才的新闻传播教育正面临着严峻的挑战，如何培养适应新传媒时代需求的新型的优秀新闻传播人才，已成为新闻传播学界和业界所关心和讨论的重要话题。

一、媒介融合是当代传媒发展的基本趋势

"媒介融合"(Media Convergence)的概念最早由美国麻省理工学院伊契尔·索勒·普尔教授1983年提出，原指各种媒介呈现出多功能一体化的趋势。普尔将媒介融合归纳为两种形式："过去为不同媒体所提供的服务，如今可由一个媒体提供。过去为一种媒体所提供的服务，如今可由不同的媒体提供。"②在新媒体崛起之前，这种关于媒介融合的想象更多地是指报刊、电视等传统媒介的融合。但普尔的"媒介融合"概念具有高度的概括性、哲理性、开放性和预见性，当今传统媒体与新媒体的融合亦可视为其题中应有之义。美国新闻学会媒介研究中心主任安德鲁·纳齐森则将"融合媒介"定义为"印刷的、音频的、视频的、互动性数字媒体组织之间的战略的、操作的、文化的联盟"③，纳齐森强调的"媒介融合"更多是指各个媒介之间的合作与结盟。

2005年，在美国从事新闻研究工作的中国人民大学教授蔡雯将"媒

---

① 乔来编译：《皮尤报告发布美国新闻业六大趋势》，《光明日报》，2014年6月14日。

② 转引自石长顺：《融合新闻学导论》，北京大学出版社2013年版，第8页。

③ 转引自石长顺：《融合新闻学导论》，北京大学出版社2013年版，第8页。

介融合”的概念介绍到国内。① 为了适应新媒体发展和媒介融合的需要，美国密苏里大学新闻学院于2005年开设了世界上第一个“媒介融合”专业，以培养既能“给报纸写个故事，再给网络写个不同的故事，还能为网络做一些视频、音频的节目”的技能融合的跨媒体或全媒体记者为目标。

随着媒介技术的发展，传统媒体之间、传统媒体与新媒体之间的融合已经成为一种无处不在、影响巨大的现象。

(一) 媒介融合发展迫在眉睫

目前，互联网已经成为人们特别是年轻一代获取信息和娱乐的主要渠道，手机等移动终端已经成为上网的主要载体。截至2014年6月，中国网民规模已达6.32亿，其中手机网民规模达到5.27亿。微博、微信、移动客户端等新兴媒介渠道不断涌现，“新媒体”的内涵与外延不断丰富，新闻生产与新闻传播的方式发生巨大改变，媒体格局与舆论生态也发生根本变化。面对新媒体的冲击，传统媒体的生存空间受到了前所未有的挤压，纸媒发行量大幅萎缩甚至停刊在中外传媒界已是常态。传统媒体如何借鉴新媒体的先进技术与传播特点，巩固和发展自身优势，实现与新媒体融合发展，已是当务之急。

(二) 媒介融合发展是历史的必然选择

2013年11月，党的十八届三中全会明确提出，“整合新闻媒体资源，推动传统媒体和新兴媒体融合发展”。2014年8月18日，中央全

---

① 蔡雯:《培养具有媒体融合技能的新闻人才——与美国密苏里新闻学院教授的对话》,《新闻战线》2005年第8期;《“专家型”记者和“融合型”编辑——浅谈美国新闻人才培养模式的变化》,《今传媒》2005年第10期。

面深化改革领导小组审议通过了《关于推动传统媒体和新兴媒体融合发展的指导意见》(简称《意见》)。《意见》强调，要将技术建设和内容建设摆在同等重要的位置。要适应新兴媒体传播特点，加强内容建设，创新采编流程，优化信息服务，以内容优势赢得发展优势。要着力打造一批形态多样、手段先进、具有竞争力的新型主流媒体，建成几家拥有强大实力、传播力、公信力和影响力的新型媒体集团，形成立体多样、融合发展的现代传播体系。这既是传统媒体转型升级、生存发展的需要，也是发挥传统媒体的内容生产优势、增强传统媒体舆论引导能力、推进国家治理体系和治理能力现代化的历史选择。

(三)媒介融合正向深层次推进

美国西北大学教授李奇・高登曾归纳美国存在的五种"媒介融合"类型，即所有权融合、策略性融合、结构性融合、信息采集融合、新闻叙事或表达融合。① 就现实状况来看，"媒介融合"有一个逐步演进的过程，它将经历从组织机构融合、资本融合到传播手段融合和媒介形态融合的发展阶段。从媒介本体来讲，组织机构融合和资本融合只是形式，但却是深层次融合的前提和保证，传播手段融合和媒介形态融合才是内容和实质，也是最终目标和结果。我国传媒业正处于深化改革、艰难转身的关键时期，媒介融合还处于初级阶段，资源整合，跨地区、跨行业的"并购""合拼""重组"正在进行之中。而在完成组织机构融合和资本融合之后如何利用新技术改造传统媒体，如何实现大型传媒集团内不同媒介的传播手段在一个大平台上进行整合，实施不同媒介之间的内容相互推销和资源共享，真正实现传播手段的融合和媒介形态的融合则是需要探索的也是必然的归宿。

---

① 石长顺:《融合新闻学导论》，北京大学出版社 2013 年版，第 8~9 页。

二、媒介融合时代新闻传播人才培养的基本理念

近期，有媒体做了一项调查，在当今外表光鲜、实则艰难的职业中，记者排名第一。近年来，学界和业界也常讨论到新闻教育所存在的问题和面临的挑战。如“新闻院系毕业生后劲不足”，“新闻教育与现在新闻实践之间的确有差距”①，“对于理想的追求现在逐年在淡化”②，“目前不会说话的记者，不会提问的记者太多太多”，“提高中国新闻传播教育质量迫在眉睫”③，“一些记者已经或被动或主动地忘记、迷失甚至背弃了自己当初的新闻理想，做出背离社会道德甚至违背法律的事情”，“出现新闻道德缺失的问题，从一个层面证明了我们的新闻学教育出现了问题”④。面对新媒体环境和新闻教育的现状，我们在探讨媒介融合时代新闻传播人才培养问题的时候，首先要树立的是全面的新闻人才观，要对新闻学科的本质与特点有清醒的认识。笔者认为，我们首先需要树立或重新认识以下基本理念。

(一)新闻学的核心原理是真实性原理

真实是新闻首要的、最本质的特点，真实是新闻的生命。因此，有学者说：“新闻学教育是用真实的人、真实的经历、真实的事件，讲授

① 翟惠生：《中国新闻界对新闻教育的期望》，《新闻教育未来之路(第二版)》，联合国教科文组织2010年版，第56页。

② 李良荣：《长期影响新闻教育课程建设的四方面力量》，《新闻教育未来之路(第二版)》，联合国教科文组织2010年版，第37页。

③ 王旭明：《新闻传播是学更是术》，《新闻教育未来之路(第二版)》，联合国教科文组织2010年版，第67、69页。

④ 方汉奇：《“好记者不是一锤子打出来的”》，《光明日报》，2014年3月15日。

和感受一门关于真实的学问——新闻学。"①新闻的本质特点决定了对新闻工作者素质的基本要求，那就是"无论是什么样社会体制下的新闻从业人员，无论从事何种媒介的传播工作，对他们的素质有一个共同要求：首先必须诚实，公正和严谨，其次必须有敏锐的反应和判断能力"，② 新闻工作者比其他职业的人对社会有更大的责任，正因为新闻人所负的社会责任太大，"所以优秀的新闻人必须是诚实的人，不诚实的人不能做新闻人"。③ 新闻学教育培养的是一种具有高度社会责任感和使命感的新闻人才，他以传播真相为最高理想。这是我们在新闻人才培养中首先要坚守的基本理念，决不因传播技术的发展和媒介环境的变化而改变。在媒介融合时代，技术越来越先进，传播手段越来越多样，我们更需要强调新闻人的社会责任感和新闻的真实性原理，培养具有良好的职业道德的优秀新闻人才。

（二）新闻学的家园在人文学科

新闻传播学是我国高等教育中隶属于文学门类的一级学科，又是一门融合性较强的跨学科专业，它以文学、政治学和社会学为学科基础，同时又与经济学、法学、管理学、哲学、艺术学、心理学和历史学等学科密切相关。随着传播技术与手段的发展，它还与现代信息和计算机科学有着越来越密切的联系。但新闻学从根本上讲属于人文学科，它以传播真相、维护正义、追求真理为天职，因而具有高度的人文精神。哥伦比亚大学新闻学院教授詹姆斯·凯瑞曾这样描述新闻学："新闻学的天然学术家园在人文学科和那些具有人文主义的社会学科。新闻学天然地

---

① 李希光：《中国新闻教育与教学改革初探》，《新闻教育未来之路（第二版）》，联合国教科文组织 2010 年版，第 183 页。

② 李良荣：《新闻学导论》，高等教育出版社 1999 年版，第 14 页。

③ 赵启正：《为什么新闻专业的学生好像学问不如人?》，《新闻教育未来之路（第二版）》，联合国教科文组织 2010 年版，第 183 页。

属于那种政治理论，那是一种培育对民主生活和制度理解的理论；新闻学属于文学，通过文学，新闻学获取了对语言表达和叙事形式的高度理解和意识；新闻学属于哲学，那是一种有着独特道德基础的哲学；新闻学属于艺术，这种艺术丰富了人们对视觉世界的想象力；新闻学属于历史学，历史构成了新闻对社会深层次的领悟。”①

（三）新闻学是重实践的应用型学科

新闻学教育所培养的人才具有明确的职业指向性，因此，新闻学是一门具有很强的职业教育特点的重实践的应用型学科。一方面，新闻学特别需要实战和实践，实践对于新闻学的重要性，就像对于商学、法学和医学一样。因此，有学者认为，我们的新闻学教育应该学习和借鉴商学、法学和医学教育中的案例教学、实践教学等成功的方法和模式。另一方面，新闻工作面临的是社会所有的行业和部门，这就需要新闻工作者具有较为宽广的知识面甚至在某一两个领域具有专业的知识背景，这种既具有较完整的知识结构，又是某一领域的行家里手的学者型新闻人正是新闻实践中所特别需要的人才。

（四）新闻学是与时俱进的学科

新闻传播学科是一个自诞生起就与传媒环境和传播技术密切关联的、与时俱进的学科，从报刊繁荣到广播出现，从电视崛起到互联网普及，媒介的演进与多元发展，带来的是新闻传播学科的变革与进步。新闻传播学可能是人文学科中与时代发展、环境变化、技术进步关系最为密切的学科。正如美国宾夕法尼亚大学教授 S. Shyam Sundar 所说：“没

---

① ［美］詹姆斯·凯瑞：《新闻学教育错在哪里?》，转引自李希光：《中国新闻教育与教学改革初探》，《新闻教育未来之路（第二版）》，联合国教科文组织 2010 年版，第 139 页。

有哪一个领域像新闻传播学一样如此认真地对待日新月异的媒介技术，我们的课程必须紧跟最新技术的发展。”①如今，面对新传媒时代媒介融合发展的挑战，新闻教育也必须与时俱进，通过观念更新、专业调整、课程改革、方法探索、实践教学，理论联系实际，努力培养适应新传媒环境的复合型全媒体新闻传播人才。

三、媒介融合时代新闻传播人才培养的主要路径

随着媒介技术的不断更新发展，信息传播手段与渠道日趋多元，在媒介融合日益深化的全媒体时代，新闻传播在社会发展和人民生活中的重要性和影响力更加凸显，培养合格的新传媒时代的新闻传播人才是当代新闻传播教育的神圣使命。我们需要坚守新闻理想，强化基本理念，遵循新闻工作和新闻教育的规律，开阔视野，更新观念，努力探索，深化改革，建构起适应媒介融合时代需要的复合型全媒体新闻传播人才培养新模式，切实全面提高新闻传播人才培养质量。

（一）强化新闻教育的基本理念，弘扬人文精神和新闻理想

新闻传播工作应该是令人敬仰的神圣的职业，因为新闻人以报道事实、传播真相、维护正义、追求真理为使命。新闻人是时代的记录者和先进文化的生产者，他充满激情与理想，勇于担当与奉献。面对繁杂的信息与谣言，他探幽发微、正本清源；面对社会乱象与种种丑恶，他有大局观念，独立思考，歌颂光明，鞭挞黑暗。他“铁肩担道义，妙手著文章”，他始终与人民同呼吸、共命运，暴露假丑恶，传递正能量。因

① 转引自宋雅娟、郑子琳：《新传媒时代，如何培养新闻与传播专业学生——探究全媒体环境下对新闻人才的素质要求》，《光明日报》，2014 年 5 月 3 日。

此，无论媒介技术怎样进步，无论媒介环境发生怎样的变化，新闻的本质特点不会变，新闻教育的基本理念必须坚持，正如李良荣教授所说："社会责任和人文精神应该始终贯彻在我们新闻传播学的教育当中。"① 近些年来，假新闻、假照片、有偿新闻等时有所闻，这都是新闻道德缺失、背弃新闻理想的表现。在新媒介环境下，一些以探索、创新为名实则有违新闻理想也破坏了媒体生态环境的新现象、新问题也应该引起重视。如今年 6 月的"今日头条"事件即是一例，"今日头条"作为一款新闻产品，自己不创造内容，宣称是"新闻的搬运工"，只是利用技术手段对其他媒体的新闻内容进行"搬运"，实际上已变成未经传统媒体授权而筛选、复制其新闻内容的披着"搜索引擎"外衣的新闻客户端。"今日头条"上线仅一年多，已拥有超过 1.2 亿激活用户，获得了 1 亿美元融资，市值估价高达 5 亿美元。6 月份被《广州日报》等几家媒体告上法庭，《人民日报》《光明日报》《新京报》等多家媒体发表报道和评论。通过"今日头条"事件，我们可以看到，一方面媒介技术的进步给新闻传播形式与途径的创新和发展带来了巨大活力与生机，以互联网为基础的新媒体潜藏着惊人的创造力；但另一方面，新传媒环境下更应强化新闻职业道德和新闻理想，一切以新技术为基础的新闻传播形式的创新必须以不侵犯原创新闻的知识产权为基础，要经得住法律的检验，要有利于维护社会公正和新闻理想。

(二) 深化专业、课程改革，建构复合型新闻传播人才培养新模式

媒介融合时代对新闻传播工作者提出了更高的要求，今天的新闻教育面临着新的挑战。为了培养适应新传媒时代媒体融合发展需要的新型新闻传播人才，中外高校新闻传播院系从专业设置、课程改革、师资队

---

① 李良荣：《长期影响新闻教育课程建设的四方面力量》，《新闻教育未来之路(第二版)》，联合国教科文组织 2010 年版，第 39 页。

伍建设、实践教学等方面都进行了卓有成效的探索。世界上最早开办“媒介融合”专业的美国密苏里大学新闻学院以培养“具备全媒体业务技能的新闻人才”为目标，以普利策新闻奖闻名世界的哥伦比亚大学新闻学院则以探索培养“拥有复合型知识结构的专家型人才”为己任，它们被分别称为“密苏里模式”和“哥伦比亚模式”。国内中国人民大学新闻学院近年来“一直在探索、实践以媒介融合、学科融合、产学融合为核心的新闻传播人才培养模式”①，复旦大学新闻学院实行了本科“2+2”培养模式改革。

全媒体时代对新闻传播人才的需求是多样化的，各个学校也各有自己的资源优势和教育传统，在遵循新闻传播人才培养的基本标准和规律的基础上，可以探索各具特色的新闻传播人才培养模式。其主要路径，一是增设“网络与新媒体”一类为培养适应新媒体迅猛发展所需要的新闻传播人才的新型专业。二是改革传统新闻学专业的课程设置，调整课程结构，增加与新媒体相关的课程，包括关于网络与多媒体报道、社交与移动互联网、数据新闻等内容的课程。三是强化新闻学专业的文史哲教学，夯实新闻人才的人文基础。厚实的文史哲功底不仅培育新闻人深厚的人文情怀，使其获得宽广的视野、独到的眼光和发展的后劲，而且也为新闻人才在供过于求的时代适应社会发展从事其他相关工作获得得天独厚的条件。事实上，北京大学、中国人民大学、复旦大学等较早开设新闻专业的学校都有重视人文教育的传统，从新闻院系既走出了郭超人这样的优秀记者，也诞生了法学家江平，文学史家杨义、钱理群，哲学教授胡福明等各领域的杰出学者。当然，我们的新闻教育不是为了培养法学家、文学家和哲学家，但一方面我们由此可以看到新闻学也给别的学科研究带来了敏锐的嗅觉、发现的眼光和独特的视角，另一方面则是我们今天新闻教育中文史哲基础的严重缺失，因此新闻专业毕业生后

---

① 雷小毅：《培养适应时代需求的新闻传播人才——专访中国人民大学新闻学院执行院长倪宁》，《今传媒》2014 年第 5 期。

劲不足成了业界的普遍反映。四是跨学科培养具有复合型知识结构的专家型新闻传播人才。随着传统媒体与新媒体的融合发展，新闻媒体的核心竞争力已不只在于采集和发布新闻信息，它还需要通过对各种内容产品进行整合和深度挖掘，提升其品质和价值，同时，媒体的细化、受众需求的多元化，精确区分新闻市场、实施行业新闻的分众传播已成为新传媒时代新闻传播的新模式，将新闻与信息传播进一步延伸到知识与服务领域成为了媒介融合时代对新闻传播的新要求。这就对新闻传播人才的知识结构与专业水平提出了更高的要求，具有某一领域的专精知识或专业背景的专家型新闻人才将为媒介融合时代的媒体所急需。如我们注意到，美国一家创办仅 5 年只有 7 名工作人员的很小的网络媒体“气候内幕新闻”2013 年获得了普利策新闻奖，这是普利策新闻奖 90 多年历史上第三个获得该奖项的网络媒体。“气候内幕新闻”是一个典型的利基新闻网站，只关注有关能源和气候变迁方面的问题，它的竞争力来自于它在能源和气候变迁方面的专业化的深度报道，它有自己独特的服务对象和新闻消费群体，它填补了传统大众媒体新闻报道中的缺口。它表明新闻生产的“长尾”模式蕴含着无限生机，也给了新闻教育以有益的启示。① 美国哥伦比亚大学新闻学院在“专家型”新闻人才培养中作了很多探索，如根据学校所在的纽约市对新闻人才的需求于 2005 年开始的文学硕士学位项目，即从已具有较高专业资格的职业记者和已获得新闻硕士学位的申请人中招收学员，分为商业和经济新闻、科学和医学新闻、艺术和文化新闻、政治和国际事务新闻四个专业方向进行培养，主要不是学新闻，而是学所选方向的专业知识，目标是培养未来一定专业新闻领域的领军人物。还有与兄弟学院合作开设的双硕士学位项目，即新闻学和法学、新闻学和工商管理、新闻学和国际关系、新闻学和地球

---

① 张建中：《利基新闻网站：未来新闻业的一种新模式?》，《光明日报》，2014 年 5 月 10 日。

与环境科学、新闻学和宗教学五种双学位专业也具有同样的意义。① 在国内也有很多高校新闻院系在跨学科培养具有复合型知识结构的新闻人才方面进行了多样的实践，中南财经政法大学是其中最早的尝试者之一，自 1997 年招收首届新闻专业学生确定为经济新闻方向以来，至今已实施十八年。在课程结构中，与学校经济学教授共同确定了大量经济类的必修课程，毕业生以新闻学和经济学的复合知识结构在新闻传播实践中发挥了优势，有的已成为《光明日报》《经济日报》等重要媒体的骨干记者。后来又增设了法制新闻方向，并将经济新闻和法制新闻两个特色专业方向从本科延伸到硕士研究生教育。今后，将进一步依托学校经法管的学科优势，在本科阶段完善经济新闻与法制新闻的跨专业复合型新闻传播人才培养模式，加强研究生阶段新闻与传播专业硕士学位的新闻学与经济学、新闻学与法学的跨学科新闻人才培养的探索。此外，新闻专业学生辅修第二学位特别是辅修经济类第二学位占有很大比例，不过，这种自发选择跨专业学习的初衷很多并不是从未来复合型新闻人才的需求考虑的，而是更多地与现阶段的经济热和就业市场相关，但无心插柳柳成荫，这也歪打正着地成为了复合型新闻传播人才培养的一种有益的补充。对此，我们需要引导和制度化，使新闻专业学生辅修经济、管理、法学、外语等第二专业成为一种自觉的行为，成为培养具有跨专业的复合型知识结构的专家型新闻传播人才的一种模式。

（三）整合实践教学资源，探索实践教学新形式，提高学生实践能力

新闻学是实践性很强的学科，新闻教育必须把实践教学放在突出的位置，这是学界和业界的共识。但在实际运行中，却有诸多障碍和困难，效果不尽如人意。如新闻实践教学师资紧缺是国内新闻院系的普遍

---

① 蔡雯：《媒介融合前景下的新闻传播变革与新闻教育改革》，《今传媒》2009 年第 1 期。

现象，高等院校重学历、重学术的师资人才引进与培养机制不利于新闻学专业所需要的媒体经验丰富、实践能力强的媒体人才进入高校新闻教育师资队伍。媒体工作者到高校挂职和新闻院系教师到媒体挂职的“双挂”以及高校从媒体聘请的兼职教授或兼职导师等因缺乏政策支持和制度化的考核管理大多流于形式，实际成效欠佳。高等院校在教师考核、职称晋升等师资队伍评价机制上的不完善和偏颇使教师将主要时间精力用于科学研究，热衷于申请项目、发表论文、出版著作，无暇亦不愿在培养学生的实践动手能力上投入更多的时间与精力。校内新闻传播实验设施相对陈旧老化，现有实验教学设备也使用率低下。媒体与高校新闻院系的合作缺乏可操作性的制度化设计，主要靠人脉关系随意变化组合，没有持续的良性发展机制，媒体与高校在新闻传播人才培养上的实质性合作尚需进一步推进。

为了更好地遵循新闻教育的基本规律，在媒介融合背景下培养更具实践能力适应全媒体时代所需要的新闻传播人才，我们需要在实践教学中作更多的探索。如在新闻学科教师队伍建设上，破除一刀切的做法，明确从媒体引进具有较强实践能力和较高水平的实践型教师的基本比例，明确不同的岗位职责，实施不同的教师评价标准，以满足新闻教育中实践性课程的教学。将现有新闻媒体和高校新闻院系之间的“双挂”由虚变实，由挂名到实干，即完全脱离现职到对方的实际岗位承担业务工作，在政策、待遇、考核等方面健全制度，对于更适应也愿意从事新岗位工作的人员经过考核也可以长期留用。媒体和高校可以在一定的政策支持下实现对口定点合作，共建实验教学和实习实训平台并优先安排毕业生就业。学校在政策、经费上对新闻专业教师和学生的校内实验教学项目和校内媒体实践项目等实践活动给予有力支持，如鼓励学生积极参与和创办校内期刊、报纸、新闻网站、网络电视台等媒体实践活动。如中南财经政法大学新闻与文化传播学院学生创办的《共响报》和课外实践活动“影像中南”在校内外都产生了一定的影响。《共响报》自首届新闻专业学生创办至今已出刊逾百期，从总编、编辑、记者到印务全都由学生自己担任。每月一期，聚焦校园热点，贴近学生生活，以深度报道为特色。在校园媒体中有“小南方周末”的美誉。一年一度的“影像中南”DV大赛已走过十年历程，“大学生办、大学生拍、大学生看、大学生评”是该活动的基本特色，全部影像作品均为在校学生自编自导自演自摄，该活动2012年获得了教育部高校校园文化建设优秀成果二等奖。但这类活动在教师参与指导、学生的参与面以及与当代传媒实践的结合上还有很大的改进与提升的空间。

（四）加强国际合作，提升新闻传播人才培养的国际化水平

随着经济全球化和信息技术的迅猛发展，信息全球化的时代已经来临。媒介融合既是信息全球化的必然结果，同时也是推进这一过程的强大动力。全球化的冲击对新闻传播教育提出了新的挑战和更高的要求，加强国际交流与合作，提升新闻传播教育国际化水平是新闻传播院系面临的共同课题。

国内高校各新闻院系因自身条件、优势的差异，在新闻传播教育国际化方面的探索有不同的层面和途径，但大体上可以沿着由浅入深、由点到面，逐步深化发展的路径进行。一是逐步提高新闻传播教育教师队伍的国际化水平，可以从引进具有海外新闻传播教育背景的高水平人才和派送现有骨干教师到海外高水平新闻传播院系访学研究入手，使新闻传播教育教师队伍结构不断优化，以适应新闻传播教育国际化的需要。二是逐步增加双语课程的开设、条件成熟的时候可开设少量全外语课程，引进外文教材和聘用外籍专业教师，通过课堂教学提高学生专业外语水平和新闻传播的国际化视野。三是引导并逐步建立本科阶段的新闻与外语双学位学习机制、在研究生阶段定量吸收具有外语专业教育背景的优秀毕业生攻读新闻传播硕士学位，培养具有较高外语水平的新闻传播人才。四是吸收、借鉴海外高水平新闻院系的人才培养模式与课程设置，加大新闻传播专业教学内容与教学方法的改革。五是加强与海外高

水平新闻院系的交流与合作，逐步建立教师互派、学生互换、学分互认机制，探索“3+1”、“2+2”等“国内+海外”合作培养新闻传播专业人才的新模式。

新传媒时代的到来，媒介融合，如潮涌动，新闻传播作为国家文明程度的第一窗口，推进社会稳定发展不可或缺的力量，其地位与影响力越来越受到全社会的关注。为推进新闻传播事业的良性发展、适应全媒体时代新闻传播工作的需要，新闻传播教育面临着巨大的机遇和挑战，任重道远，只有坚守理想、放眼世界、与时俱进、改革创新，才能立于不败之地。

（原刊于《新闻大学》2015年第5期）

（胡德才，文学博士，教授，主要研究方向为世界华文文学、戏剧影视传播。）

中国新闻教育新热潮：部校共建

王大丽　吴廷俊

摘　要：部校共建新闻学院，是当下的中国新闻教育界出现的一个新现象，本文对该现象进行了情况概述，认为它不仅是一股新热潮，而且是持续升温的新热潮。在此基础上，从动力、目标、方式三个层面对该现象进行了全面的分析，认为它是在全球新闻事业发展迅速、新闻教育事业面临重大挑战的大背景下，由我国宣传部门和教育部门主导，政策先行的结果。不同的主体给予其不同的态度：国家级媒体、参与共建的宣传部(媒体)、高等院校、新闻学院的领导层对此持肯定态度，部分新闻学者、教育学者、媒体人及参与共建的新闻学院的普通师生则持肯定、质疑、"顺其自然"等多元态度；对于"共建"目标的理解，不同主体也存在细微的不同：有的将落脚点放置在"学院建设"上，而有的则将其放置到"人才培养"上；在"共建"形式上，各级宣传部和各大高校是主体，从属于高等院校的新闻学院是客体，共建过程中，主客体分别履行各自职责。最后，本文简单介绍了研究中仍未解决的疑惑，以期同仁继续探讨。

关键词：新闻教育；部校共建；新闻学院

当下，中国新闻教育界出现一股新热潮：全国多家高等教育院校与国家级、省级、地市级宣传部或媒体开展共建新闻学院活动。这一新兴的新闻教育发展模式，不仅在中国新闻教育史上属于首创，在世界新闻史上也绝无仅有。那么，这种共建模式从何而起？缘何而来？现状如何……既是本文研究的基本动力，也是我们期冀解决的核心问题。

一、“部校共建新闻学院”概述

2001 年 12 月 24 日，上海市委宣传部与复旦大学达成协议，决定共建复旦大学新闻学院，协议从共建的目标、任务、共建形式、职责、经费、附则六个方面对作为甲方的中共上海市委宣传部和作为乙方的复旦大学的权责关系进行了详细的规定，正式开创了我国“‘部校共建’新闻人才培养模式”的先河。

13 年后，2013 年 12 月 20 日，中宣部、教育部在复旦大学召开现场会，总结推广复旦大学部校共建新闻学院的做法，并指导 10 个省市党委宣传部门与高等学校签署共建协议。会议指出，要把部校共建作为战略任务、基础工程，遵循新闻教育规律、遵循新闻人才成长规律，发挥业界学界各自优势，携手培养有正确立场、人民情怀、责任担当的一流新闻人才。要努力打造合作平台、探索合作形式，逐步建立科学合理、行之有效的合作机制，使新闻人才培养更加契合新闻事业发展的时代需求，走出一条新闻教学与新闻实践深度融合的新路。① 会议当天，包括北京市委宣传部与中国人民大学、江苏省委宣传部与南京大学、山东省委宣传部与山东大学、安徽省委宣传部与安徽师范大学、湖北省委宣传部与武汉大学、广东省委宣传部与暨南大学、吉林省委宣传部与吉林大学(2014 年 3 月 22 日，由吉林省委宣传部和吉林大学共建的吉林大学新闻与传播学院成立)、四川省委宣传部与四川大学(2014 年 4 月 30 日，双方成立共建新闻学院院务委员会，并通过了共建新闻学院 2014—2018 五年规划)、海南省委宣传部与海南师范大学、重庆市委宣

① 上海教育网：http：//www. shmec. gov. cn/html/article/201312/70403. php.

传部与重庆师范大学（4 月 28 日，由市委宣传部和重庆师范大学共建的重庆新闻学院正式成立）在内的 10 个省市党委宣传部门与高等学校签署了共建协议。

随后，部校共建进入高峰期：2014 年 2 月 18 日，由江西省委宣传部与南昌大学共建的南昌大学新闻与传播学院正式成立；4 月 4 日，湖南省委宣传部与湖南师范大学商讨“部校共建新闻学院实施方案（草案）”，正式开启共建工作，6 月 19 日，该院院务委员会成立；4 月 9 日，内蒙古自治区党委宣传部与内蒙古师范大学共建传媒学院签约；4 月 29 日，《光明日报》与中国政法大学共建光明传播学院；5 月 4 日，河北省委宣传部分别与河北大学、河北师范大学签署共建新闻学院协议；5 月 8 日，甘肃省委宣传部与西北师范大学共建新闻学院；5 月 28 日，新华社与北京大学签署共建新闻与传播学院协议；6 月 26 日，山西省“部校共建卓越新闻传播人才培养基地”合作协议举行签约仪式，山西省委宣传部、省教育厅与山西大学、山西日报报业集团、山西广播电视台和山西传媒学院进行共建；6 月 27 日，云南大学新闻学院成立，由中共云南省委与云南大学共建；7 月 7 日，北京师范大学与光明日报社商讨共建新闻传播学院，双方商定，由双方联合成立领导小组和工作小组，加强新闻传播学院的顶层设计，完善组建方案，制订具体工作计划，加快新闻传播学院的筹建步伐；7 月 8 日，广西壮族自治区党委宣传部与广西大学共建新闻传播学院；7 月 11 日，浙江省委宣传部与浙江大学签署共建传媒与国际文化学院协议，成立部校共建传媒学院院务委员会；7 月 23 日，贵州省委宣传部与贵州师范大学共建传媒学院举行签约仪式并召开第一届院务委员会第一次全体会议；9 月 17 日，天津市委宣传部与天津师范大学举行共建新闻传播学院工作启动仪式；9 月 25 日，人民日报社与清华大学共建新闻与传播学院举行签约仪式……全国诸多其他“部校共建”工作仍在继续。

通过上文的梳理，我们不难发现，“部校共建新闻学院”所涉范围甚广：从省市上来看，不仅囊括了北京、上海、广州等领跑全国传媒业、高等教育事业发展的省市区域，也包括其他次发达甚至相对落后的省市。从整体上来看，基本包括了除港澳台地域之外的华北、华东、华南、华中、东北、西北、西南7大区域；从所有所涉新闻学院的发展历史上来看，既包括复旦大学、中国人民大学、武汉大学等的老牌新闻学院，也包括北京大学、清华大学、北京师范大学等相对年轻的新闻学院，还包括南昌大学、云南大学等借"共建"东风新成立的新闻学院；同时，在合作主体上，与高校合作的单位也从单纯的"部"(即各级宣传部)发展到了"部"与"媒"(即各级"媒体")。

总之，我们认为，使用"'部校共建新闻学院'正如火如荼地在中国大陆全面展开"这样的话语来描述这一现象，并不为过。

对于这种"火热"的局面，不同主体给予了不同的反应：

第一，国家级媒体对此进行了密集报道。2014年9月16日，CCTV《新闻联播》以"部校共建，资源融合，培养新闻人才"为题，对此进行了报道；当晚，CCTV《焦点访谈》又以"共建新闻人的摇篮"为题，详细介绍了上海市委宣传部与复旦大学共建复旦新闻学院的经验；同一天(9月16日)，《人民日报》以《部校共建新闻学院是一盘好棋》为题，对全国范围内的"部校共建"进行了报道，并称"新闻人成长成才的'新时代'已经来临"；还是9月16日，《光明日报》以《部校共建是理论联系实际的好举措》为题发表评论员文章，对"部校共建"进行了报道和评价。次日(9月17日)，《光明日报》又以《搅动新闻教育改革一池春水》为题发表评论员文章，再一次对"部校共建"进行了报道和评价，同样称"通过部校共建的不断深入推进，一个新闻人才成长的新时代即将到来"，总体而言，上述四家国家级媒体对"部校共建"持肯定态度，而这种持肯定态度的密集报道本身也正是一种对这一做法的宣传和推广。

第二，与上述国家级媒体的肯定态度不同，"部校共建"及其相关话题在网络上引发了诸多讨论。10月2日，针对"人民日报社和清华大学共建新闻与传播学院"，新浪微博博主"新闻学研"发表题为"共建新闻学院到底意味着什么?"的长微博，引发热议，并使得"共建新闻学院”成为微博热门话题，荣登微博热门话题榜。在此长微博中，作者指出，对于“部校共建新闻学院”，“有人认为，部校共建新闻学院由宣传部主导，业界缺失”；“有人担心，宣传部将以此干预高校的新闻教育”。此外，“兰州大学新闻学院院长林治波”事件，也在网络上引发长达 1 个月的持续性热议，关于“林治波(们)配不配当新闻学院院长?”的讨论一度成为全民议论的话题，而此事被指与“部校共建”有关。①

第三，作为“部校共建”参与方的高校新闻学院内部也呈现出不同主体在态度上的分化：首先，学院领导层多持肯定态度，不论是在《新闻联播》《焦点访谈》《人民日报》《光明日报》的新闻(评论)中，还是在有关各个单位实现“部校共建”的消息报道中，学院领导层都对“部校共建”表达了一定程度的肯定；其次，新闻学院的普通教师中，有些持乐观态度，认为“部校共建”能够为学院和教师本人带来资金、硬件设施等有利条件；有些持悲观态度，认为“共建”可能会影响到新闻教育的独立性和专业性；有些持观望态度，认为既然已经是既成事实，就应该顺其自然。我们对一所正在筹划“部校共建”的新闻学院的普通教师进行了简单的调查，结果显示：40%的人愿意积极参加到“部校共建”的各项工作中去，15%的人不愿意；20%的人觉得没有太多想法，听从领导安排，25%的人感觉目前教学科研的工作压力已经很大，已经力不从心。针对“部校共建”实施之后最希望迫切解决的问题是“科研政策的倾斜”占 35%，“教学条件的改善”占 30%，“申报博士点”占 20%，“实习实践基地建设”占 15%。45%的老师认为“部校共建”的最大受益者是高校学生，35%认为是高校新闻学科和教师，20%认为最大受益者是管理部门。

诚然，不同的利益群体对“部校共建”持不同的态度、意见实属应

---

① 据《新京报》报道，该报记者联系到与林治波在同一个文件上受聘的兰州大学新闻学院党委书记、常务副院长王骝。后者介绍，兰州大学对于林治波的聘任，是基于 2013 年 12 月中宣部、教育部在复旦大学召开会议总结推广部校共建新闻学院的背景。这是兰州大学与甘肃省委宣传部沟通之后所作出的决定。

当，我们不能简单的对哪一方做出评价。但是，作为独立于上述群体的新闻教育研究者，面对中国新闻教育史上出现的这一仍在持续升温的热潮，则有责任和义务对其进行独立的、客观的分析和冷静的检视："部校"为何"共建"？"部校""共"什么？又"建"什么？如何"共建"？"共建"是否一劳永逸？以上一系列问题是我们下一部分要讨论的问题。

二、"部校共建新闻学院"的分析

我们认为，要回答上述问题，就必须从"部校共建"的动力，"部校共建"的方式等方面对"部校共建新闻学院"进行深入的分析。

(一)"部校共建"的动力：政策先行

关于"部校共建"的直接动力，我们认为需要对不同高校进行区别分析，总的来讲，大致可分为三类：第一类，也即第一个开展"部校共建"的复旦大学。《市委宣传部与复旦大学共建新闻学院协议》的第一句话就明确提及双方协议的制定是"遵照市委领导意见"；第二类，即2013年12月，由中宣部、教育部在上海召开的总结推广上海市委宣传部与复旦大学共建新闻学院做法经验的部校共建新闻学院现场会上，签署共建协议的包括山东大学、武汉大学等在内的10所高校，这10所高校与地方宣传部进行共建新闻学院的活动是直接受中宣部和教育部指导的，而政策性的指导文件即是2013年12月，由上述两部联合发出的《关于地方党委宣传部与高等学校共建新闻学院的意见》；第三类则是自2014年2月开始的其他地方党委宣传部或媒体与当地高校共建的新闻学院。在查阅这类"部校共建"的相关资料时，我们发现，几乎每个与此相关的新闻稿中，都提及上文提到的《关于地方党委宣传部与高等学校共建新闻学院的意见》。新闻稿的行文中，大多采取这样的表述方式：

"中宣部、教育部《关于地方党委宣传部与高等学校共建新闻学院的意见》，要求'每个省(区、市)党委宣传部门都应和高等学校重点共建一个新闻学院'……'××与××'共建新闻学院是落实相关政策要求、创新新闻传播人才培养机制、提高新闻传播人才培养质量的重要举措。"①

由此，我们可推测这一类"部校共建"实际上并没有接受教育部和宣传部的直接领导，而是根据相关政策，自发的做出的"响应性"行动。

基于上述分析，我们不难发现尽管三类"共建"活动的直接领导者存在一定程度的不同，但大多是"政策先行"的结果，也即"共建"活动是获得政府肯定，并在行政力量的积极参与、推动和扶持下展开的。

(二)"部校共建"的目标

关于共建的目标，不同的主体有不同的表述：

在《市委宣传部与复旦大学共建新闻学院协议》《广西壮族自治区党委宣传部与广西大学共建新闻传播学院协议》中，我们看到，协议规定双方共建的根本目标是：把复旦(广西)大学新闻(传播)学院建设成为以马克思主义新闻观为指导，以数字化新闻教学为手段，培养优秀的党的新闻宣传工作者、新闻教育和研究人才，国内领先、国际有影响的现代化新闻学院；建设成为上海市(广西壮族自治区)新闻宣传系统在职干部培训基地。

在包括《人民日报》《光明日报》《新闻联播》《焦点访谈》等中央级媒体、各地方级媒体及校级媒体关于"共建"的新闻报道中，我们发现，大多将"共建"的根本目的落脚于"培养符合时代需求的新闻人才"上，

---

① 《中共吉林市委宣传部与我校共建播音与主持艺术专业》，北化时讯，http：//www.beihua.edu.cn/html/Beihuakuaixun/20140411/1717.html.

如《焦点访谈》中，复旦大学原党委书记秦绍德表示："共建的问题，从培养人才的角度仔细想一想，就是一种人才培养向前的延伸。只有理论联系实际，跟新闻实践结合起来，才能够培养出更好的新闻人才。"①又如在发表于中国江苏网上的《揭秘江苏部校共建新闻传播学院"1+1>2"的秘密》一文中，南京大学副校长杨忠表示，共建最重要的目的在于培养经济社会发展、民族振兴所需的高水平新闻传播人才。②

而在《浙江省委宣传部与浙江大学共建传媒与国际文化学院的建议方案(修改稿)》中的相关表述则可以看作上述两种的综合："在共建的基础上，网罗更多的更优秀的人才，建设国际一流的浙江大学新闻传播学科，不仅为浙江省，也为中国培养更优秀的人才。"

尽管，从本质来讲，建设一个"富有马克思主义新闻观"的新闻学院与培养优秀的新闻专业人才并不是两个矛盾的个体。然而，我们认为，这种多样化的"共建目标"表述本身，在一定程度上，也正反映出了各主体对"共建目标"认识上的模糊不清。

(三)"部校共建"的方式

1. 共建主客体

根据对不同"共建协议"和相关材料的梳理，我们发现，协议的甲方属各级党委宣传部或各级媒体，乙方属高等院校，双方共建的是附属于高等院校的新闻学院，即在整个共建过程中，共建主体是党委宣传部或各级媒体和高等院校，客体是新闻学院。也即不仅党委宣传部对新闻学院进行政策倾斜，高等院校也对新闻学院政策和资源倾斜。另外，凡是党委宣传部参与共建的新闻学院的一切共建活动都应同时接受党委宣传部和所属高校的领导。

---

① 《华西秋雨急，共建新闻人的摇篮》，《焦点访谈》，2014 年 9 月 16 日。

② 《揭秘江苏部校共建新闻传播学院"1+1>2"的秘密》，中国江苏网，http：//news. jschina. com. cn/ system/2014/09/15/021864262. shtml.

2. 共建形式

关于“共建形式”，在对我们能够搜集到的共建协议及相关材料进行分析后发现，由党委宣传部共建的新闻学院，几乎全部沿用复旦大学的模式，即由党委宣传部、高等学校、附属于高等学校的新闻学院三方及当地的主要媒体共同组建新闻学院院务委员会。就职务来看，一般而言，都是由党委宣传部的相关领导担任主任，高等学校的校级领导担任副主任，新闻学院的领导为执行副主任，上述三方的其他相关领导及媒体的部分人员担任委员会成员。就任务而言，各方分工如下：党委宣传部的主要任务是对新闻学院的发展方向进行指导，对课程建设提出要求，并组织安排新闻学院学生的教学实习，高等院校的主要任务是调动校内的各种有利资源，对新闻学院进行重点建设，加强对新闻学院组织上的领导。就职责而言，党委宣传部主要履行如下职责：首先，对新闻学院进行政治上的把关、指导和政策上的传达与教育。其次，对新闻学院给予师资上的支持。主要包括为新闻学院建立教学基地及其他硬件设施提供必要的资金支持(如：在经费支持上，江苏省委宣传部进行专题研究，投入首期启动资金500万元。山东省委宣传部……首期投入启动资金500万元；此后，每年度按照学院建设实际需求给予后续经费支持，每年度支持经费不低于200万元①)、为学生组建更多的实习基地、为老师创造更多的媒体实践或社会挂职条件、选派兼具媒体实践经验和新闻传播理论的媒体工作人员到新闻学院兼职授课或举办讲座等。高等学校的任务较之党委宣传部则更为具体：首先，对新闻学院而言，应对师生进行马克思主义新闻观教育和思想政治教育，在教师队伍的选拔培养、硬件设施的改善、教学的改革、课题的研究等方面给予大力支持；其次，对党委宣传部而言，应为其组织各种形式的职后培训等。关于共建客体——新闻学院应履行的任务和职责，协议和相关材料中并未明确

① 郑海鸥、王珏：《部校共建新闻学院是一盘好棋》，《人民日报》，2014年9月16日。

说明。

在媒体与高校共建的模式中，双方的从属关系并没有严格的界定，双方更多是一种合作和相互辅助的关系，即媒体为新闻学院提供资金、实习基地、技术指导、兼职教师等方面的帮助，新闻学院则为媒体输送人才和提供职后培训等。

三、结论和讨论

“部校共建”还在如火如荼的进行，已然发展成为中国新闻教育事业中的新热潮，不仅如此，它也必将在中国新闻教育史，乃至中国新闻史上留下重要的印迹。总结这一热潮从无到有，从有到“热”的过程，我们认为，它是在全球新闻事业发展迅速、新闻教育事业面临重大挑战的大背景下，由我国宣传部门和教育部门主导，政策先行的结果。对于这一热潮，不同的主体给予不同的态度：国家级媒体、参与共建的宣传部(媒体)、参与共建的高等院校、参与共建的新闻学院的领导层对此持肯定态度，而部分新闻学者、教育学者、媒体人及参与共建的新闻学院的普通师生则持肯定、质疑、“顺其自然”等多样化态度。与此类似，对于“共建”目标的理解，不同主体也存在细微的不同：有的将落脚点放置在“学院建设”上，而有的则将其放置到“人才培养”上；在“共建”形式上，各级宣传部和各大高校是主体，从属于高等院校的新闻学院是客体，共建过程中，主客体分别履行各自职责。

应该说明的是，对于“共建”的成果，我们并没有投入太多笔墨。因为，从整体上来看，由于大多数共建活动都是 2014 年才正式启动，短时间内不宜作出评价。在此，我们仅对已有 13 年“共建”历史的复旦大学新闻学院的“共建”成果进行简单介绍，我们认为，其大致是沿着《市委宣传部与复旦大学共建新闻学院协议》展开的，即上海市委宣传部和复旦大学校方都给新闻学院以政治上的把关、师资等各方面的支持，而新闻学院则在坚持正确的政治方向的前提下，根据我国新闻事业的发展现状和对人才的需求，一方面努力增加硬件设施和实习基地的建设，坚持教师队伍“引进来”和“走出去”的双重机制，提高与业界的联系度，另一方面努力做好上海市委宣传部及其他媒体人员的职后培训基地。“共建”逐渐走上了良性发展的道路，也取得了可喜的成果。复旦大学新闻学院原院长赵凯先生在接受文汇报的采访时，提到：“得益于共建机制，新闻学院在学科发展、人才培养、硬件建设、国际交流等方面取得了丰硕的成果。”①

诚然，如赵凯先生所言，复旦新闻学院十几年来取得的成果，共建机制在其中发挥了重要作用：如在上海市委宣传部和复旦大学的资助下，复旦新闻学院建立了新闻学院园区，并建成了包括与原 SMG(上海文广新闻传媒集团)合作成立的“复旦大学新闻学院——SMG 演播中心”和与上海市新闻办公室合作建成的、拥有国内最先进设备的上海市公共传播培训中心(ICT)、新闻传播学实验教学中心，硬件设施有了很大改善，同时，复旦新闻学院也有充分的资金，进行及时的课程和教学改革；再如，得益于共建机制，上海市乃至全国的杰出的新闻从业人员，担任新闻学院的专职、兼职教师，将最前沿的业界动态带到课堂，培养学生的业务操作能力……然而，我们认为，复旦大学新闻学院长期以来形成的国内一流的办学理念和模式，学术研究、教学授课团队，优质的生源以及丰富多元的媒体实习基地……本身，也是其取得上述成果的基础保障。经过对 2005 年至今复旦大学新闻学院本科生培养方案的分析，我们发现，单纯从培养方案来看，除了从整体上改革为“2+2”培养模式外，在新闻学专业基础课程和必修课程设置上，只增加了“媒介融合概论”和“新闻传播前沿讲座”两项，这两项理应属于“顺新闻事业发展之势而为”的结果，而并非简单的响应“共建”。因此，我们认为，在全国

---

① 《探索“部校共建”新路携手培养一流新闻人才》，《文汇报》，2014 年 9 月 24 日。

的“共建”活动中，固然可以把复旦新闻学院作为“共建”成功的“典型”来学习和借鉴，但绝不能简单的照搬和套用其模式，更不能抛开学科发展和新闻教育自身规律，盲目“共建”。

在考察和分析过程中，我们对“部校共建”活动仍存在诸多疑惑，然而，由于资料占有方面上的局限性及共建活动的“即时进行性”，暂时无法得到答案，现将其进行整理，以期各位同仁的共同思考和继续探讨：

对于那些对共建持欢迎态度的新闻院系而言，究竟“欢迎”什么？是欢迎这种由各级党委宣传部相关领导对学院进行“政治把关”和“政策传达”的发展模式，还是欢迎借共建“东风”多得一些诸如资金投入、学生实习安排、独立建院以及从校方得到更多支持等方面的“实惠”？对于部校共建的双主体，即各级党委宣传部和高等学校，两者在对新闻学院进行共建的过程中，是否存在“权力”行使上的主次之分？共建客体的性质是政府机关，还是高等教育学院，还是机关和学院的“混合体”？

对于客体——新闻学院的日常运转而言，共建是否包括共管？如果包括，那么该怎么管？是按照管理机关单位的方式管，还是按照管理高等教育单位的方式管？如果不包括，那么“政治把关”和“政策传达”如何施行？如此等等。

（原刊于《新闻大学》2015 年第 1 期）

（王大丽，传播学博士，讲师，主要研究方向为新闻传播教育与新闻史；吴廷俊，华中科技大学新闻与信息传播学院教授，博士生导师，主要研究方向为新闻传播教育与新闻史。）

媒介融合背景下电视新闻采编实践教学转型研究

李晓红

摘　要：媒介融合对电视媒体的新闻生产提出了内容创新、渠道拓展、平台运营、流程再造等方面的新标准和要求，因此，当前的电视新闻采编实践教学也需适应全媒体时代对新闻专业人才的需求，培养学生的全媒体思维和技能，通过构建数字化教学平台和实践教学社会化转型实现课程改革。

关键词：媒介融合；电视新闻；采编；实践教学；转型

随着数字技术、网络技术和计算机技术的发展，广电网、电信网、互联网三网不断融合，行业之间的壁垒不断被打破，我国广电媒体全面进入数字化时代。广电覆盖网络从有线、无线和卫星扩展到了互联网、移动网络；接收终端从电视机扩展到电脑、手机、移动多媒体、户外大屏等；媒体形态从传统广播电视扩展到有线数字电视、互联网电视、手机电视、移动电视、VR 电视等多种形态。新型电视媒体的信息传播呈现出互联网开放、去中心化的传播特点，更加注重用户的新闻体验，用户的参与度及与媒体的互动都比以前大大提高。

2016 年 7 月 18 日，国家新闻出版广电总局公布《关于进一步加快广播电视媒体与新兴媒体融合发展的意见》，指出要在坚持正确舆论引导下，积极推动广播电视媒体和新兴媒体在内容创新、渠道拓展、平台运营、流程再造、组织重构、安全保障等各个环节的协同演进和一体化发展，尽快实现广播电视与互联网的深度融合，以促进广电媒体转型升级，提升广电媒体市场竞争能力。

传统的新闻传播、信息技术等学科之间相互交叉、渗透成为发展趋势，社会对于新型传媒人才的需求也日益紧迫。高等院校广播电视专业的新闻教学也应该重新审视专业教学模式和内容，在培养目标、平台、模式上实现实践教学的转型。

一、目标转型：培养新型全媒体采编人员

(一)媒介融合催生全媒体记者

随着媒介融合的不断深入，新闻生产也正在呈现出一系列新的发展动向和变化，“新闻信源结构的改变与新闻传播主体的变化；新闻媒介组织结构的变化与工作流程的变化；新闻载体性能的改变与新闻传播方式的变化”。伴随着媒介融合的进程，一种新的媒介形态——全媒体也应运而生。

所谓“全媒体”，是指综合运用多种媒介表现形式，如文、图、声、光、电来全方位、立体化的展示传播内容，同时通过文字、声像、网络、通信等传播手段来传输的一种新的传播形态。全媒体时代对新闻记者的职业技能和素养也提出了更高的要求。一位全媒体记者这样描述其采访过程，“记者外出采制新闻，到达现场后，五分钟内要向新闻网站发新闻图片和一句话简讯，十五分钟内要在电台直播音频新闻，如果事件新闻性强、现场感好，就应通过 4G 进行电视直播。不需要电视现场直播的新闻回台半小时内发消息。后期编辑会第一时间进行碎片化处理和趋利化定制，迅速在各新兴媒体上发布，同时，根据网络等数据的反

馈、研究、分析，向编辑部、采集部提供再次采集和深入采访的、满足各平台用户消费需求的定制建议和方案”。

由此可见，全媒体时代对记者的要求已经不仅仅是传统媒体时代的“采、写、编、评”等业务技能，记者必须能写、能拍、能主持、能点评、擅长直播连线报道，善用多媒体传播。全媒体记者需要采集多种形态的信息，如文字、图片、视音频等，通过网络传输到融合内容生产平台上，再将新闻资源根据电视新闻、广播新闻和网络新闻受众的不同需求与传播渠道的差异进行编辑，使其适合在多个终端上播发，通过整合立体传播扩大影响力，提高内容资源的使用效率。因此，和传统的新闻采编人员不同，全媒体记者需要掌握多种采编技能，具备对新闻资源的整合传播能力及媒体运营能力。

（二）全媒体人才的培养重在思维与技能

当前，对电视新闻专业人才的培养仍然是基于传统电视生产传播的模式，缺乏全媒体的教学思维。培养学生的全媒体思维和技能，必须颠覆传统电视新闻采编思维，要求学生运用互融互通的思维从全媒体新闻的生产流程去完整认知电视新闻采编活动，由传统电视媒体新闻生产者单一的角色向新闻信息的整合者、生产者、传播者、运营者多角色转变。具体体现为要求学生善于利用多种信源渠道，从各种媒介渠道去收集捕捉新闻线索和素材，整合碎片化的信息；要求学生善于与采访对象进行互动，为受众提供交互式新闻体验；要求学生掌握多种新闻采拍编辑技巧，包括文字、视音频等各种形态新闻素材的处理，熟练地掌握和运用多媒体技术；在新闻信息的制作分发传播上，需要培养学生的用户思维，针对用户的需求，生产个性化、差异化、适合不同媒体终端和用户的媒介新闻产品。

二、平台转型：构建全媒体数字化教学平台

随着数字技术的发展，数字化教学平台越来越广泛地应用到教学之中。以往的新闻实践教学是以不同类型的媒体新闻生产各自单设实践教学平台，比如拉片室、报刊编辑室、非线性编辑室等，全媒体教学平台应该打通传统采写编评单一教学平台，形成涵盖传统印刷媒介、电子媒介和网络、互联网、手机等新媒介的整体系统，提供各种媒体传播所需的素材采集、信息编辑和成品制作的软硬件设备，融合不同的媒介信息采集渠道和方式，建立全媒体实验室，培养学生的全媒体新闻信息的采集、编辑、分发能力。

(一)全媒体信息采集平台

传统新闻采编按照：新闻线索→记者采写→编辑→播出的流程独立运作，这种“垂直型线性流程组织，属于资源浪费型的组织流程，它不适合以市场为导向的产业竞争”。全媒体信息采集平台是一种交叉、共享、开放式的信息采集平台，学生可以把从不同渠道发现的新闻线索传上平台，为课外实践提供信息来源，改变过去由于学生社会关系单一，获取新闻线索渠道有限的状况。所有信息资源都必须通过这个平台进行采集，采集后的信息可以实现共享。新闻素材上传后，学生可以通过众包的形式进一步完善新闻素材，并决定采取何种信息生产编排方式。

(二)全媒体信息编辑平台

通过全媒体信息采集平台采集的信息包括文字、图片、信息、视音频等多种形态。学生通过信息编辑平台可以分门别类地对文字、图片、

视音频等不同类型的信息进行处理，最后以模块形式进行存储，以便后期对不同类别的信息进行综合编排组合。

(三)全媒体信息分发平台

全媒体信息分发平台根据信息传播的不同终端来确定不同的新闻传播形态，比如针对校报的，则使用图片+文字模块；针对校园广播的，则使用文字+音频模块；针对校园电视台的，则使用视音频+文字模块；针对互联网的，则使用超文本模式，综合使用各类模块，页面包括图片、链接、甚至音乐、程序等非文字元素；针对手机终端的则使用H5(第五代HTML)信息模块。

(四)全媒体信息直播平台

在全媒体时代，迅速及时、声画兼备、直观形象的网络视频直播正成为发展趋势，因此视频直播技术的学习和应用也是学生在电视采编类课程学习中需要掌握的技能。设置网络直播平台，让学生组织参与重要校园活动的现场直播，在组织直播的过程中，与受众连线互动，将现场演播室与场外演播室进行自然转换和无缝对接，实现跨媒体整合，培养学生的直播意识和技能，让学生通过数字化平台真正实现采编播一体化的实践练习和交流。

三、模式转型：社交与合作实现实践教学社会化

(一)"电视+社交"：将电视采编实践教学嵌入网络社交平台

如今，媒体不再是获取网络新闻的唯一渠道，社交网络和社交产品

开始衍生出媒体属性，以微博、微信为代表的国内社交平台，成了各大媒体内容传播的热土，Facebook、Google、苹果、Twitter 等科技公司，已经提交基于社交核心的媒体入口，开始在媒体内容传播甚至生产上，作出创新尝试。这些科技公司，以平台优势为基础，从新闻聚合出发，逐渐延伸到新闻生产的各个环节，他们不仅给今天的媒体人提供着新的工具，也在改变着新闻传播的渠道、思维与模式。基于强大的社交网络或产品生态影响力，媒体不得不面对这一全新的“竞争式合作”模式。

“95 后”大学生群体是伴随着互联网发展而成长起来的一代，他们对于网络社交深度依赖。通过虚拟社交平台寻找到认同感强的社群，孵化线下社交活动，已经成为年轻受众群体非常青睐的社交模式。“电视+社交”，不仅仅只是传统电视媒体与新媒体融合过程中对于新媒体平台的利用，更是打造一种年轻受众群体需要的电视文化，整合电视传播与人际传播的一种路径。因此，电视新闻采编教学的实践更应该考查学生成长和生活的互联网文化背景，把电视新闻采编实践学习嵌入他们的网络社交平台，孵化线下活动，培养学生的学习能力、策划能力、营销能力、组织能力和管理能力。

（二）“高校+媒体”：实现电视新闻采编实践合作办学

传统电视新闻的生产环节生产流程是单向、线性和封闭的，从选题的选择、现场采访、后期制作、编辑播出，都是由专业记者独立完成。全媒体时代，特别是随着社交媒体的勃兴和发展，电视新闻生产方式开始由组织化、专业化向社会化转变。

“未来的新闻媒体生存的另一条道路是新闻媒体与社会组织合作，与大学合作、与博客合作、与微博合作、与读者合作。新闻记者、新闻学者和网络用户联手共创新闻报道新形式。”当前，众包、众筹等新闻生产社会化的方式日益普遍，因此，对于新闻院校来说，与媒体合作生产新闻，具有现实可行的合作基础。高校新闻学院可以依托媒体建立实习实训基地，建立媒体的高校全媒体采编部门，既可以满足媒体对于新闻内容生产的社会化需求，也可以让电视新闻采编实践教学从课堂走向校园，最终走向社会。

随着媒体融合的不断深入，对于新型传媒人才的需求也日益紧迫。传统的记者采编人才的培养体系已经不再适应媒体融合的需求。具有全媒体思维和技能、能够在多媒体集团中进行整合传播策划的高层次管理人才和能够运用多种技术工具的全能型记者编辑，已经成为媒体融合进程中的紧缺人才。我国的新闻传播院系担负着为新闻媒体融合发展培养新型人才的任务，要从专业设置、课程改革、师资队伍建设等多方面入手，在培养目标、平台、模式上实现转型，真正培养具有全媒体业务思维与技能的新闻人才。

（李晓红，新闻学博士，讲师，主要研究方向为媒介发展、新闻理论与实务。）

【新闻传播理论】

“主体间性”视域中的人媒交互与共生
——麦克卢汉“冷热媒介”学说新解

范　龙

摘　要： 麦克卢汉的“冷热媒介”学说是对传统的工具主义媒介观的一种批判，隐含了一个“主体间性”的思维立场。在这个“交互主体”的视域中，麦克卢汉对人与媒介的关系作出了“人学”意义上的全新理解。

关键词： 麦克卢汉；冷媒介；热媒介；现象学；主体间性

一、何谓媒介的“冷”与“热”

“冷热媒介”学说一直是麦克卢汉媒介理论中最为晦涩和富有争议的论点。在其代表作《理解媒介——论人的延伸》中，麦克卢汉于第一章“媒介即讯息”之后，即将该书的第二章命名为“热媒介和冷媒介”，专门对媒介的“冷”、“热”属性加以论述，可见他对这一问题的关注。按照他的解释，所谓“热媒介”，是具有“高清晰度”的媒介——它所反映的是一种“充满数据的状态”；① 而所谓“冷媒介”，则是具有“低清晰

① ［加］马歇尔·麦克卢汉：《理解媒介——论人的延伸》，何道宽译，商务印书馆 2000 年版，第 51 页。

度”的媒介——与前者相反，它所反映的恰是一种数据缺失的状态。譬如，广播(麦克卢汉称之为“收音机”)和照片都是热媒介，因为前者在听觉上和后者在视觉上的清晰度都非常高，由其所传达的信息均是一目了然的；而语言和漫画(麦克卢汉称之为“卡通画”)则都是冷媒介，因为前者在听觉上和后者在视觉上的清晰度都明显偏低，由其所“提供的信息相当匮乏”,① 并因此而产生信息含义上的模糊性和多解性。麦克卢汉认为，依据这个标准，我们可以对几乎所有的媒介进行类型划分。显然，这是继伊尼斯的“偏向说”——即按照“传播的偏向”而将各种媒介区分为“有利于时间延展的媒介”和“有利于空间延展的媒介”两类——之后，传播学的多伦多学派在媒介分类问题上的又一创见。

然而，正如很多批评家所指出的，依照“冷”、“热”的标准来划分媒介类型，似乎并非妥善之举，因为对于不少媒介，我们很难在“冷”与“热”的二元选择中为之找到确切的归宿。譬如，麦克卢汉曾将电视这一重要的大众媒介视为冷媒介，其理由在于它所呈现出来的“马赛克”画面的清晰度较低。而这一观点通常很难为我们所接受。电视全方位地作用于我们的视觉和听觉，其画面和音响不仅具有高品质的特征，而且蕴含于其中的信息量也相当巨大。电视传播的这种面貌，用麦克卢汉本人的话说，正是一种“充满数据的状态”，其“热”的程度较电影有过之而无不及，又“冷”在哪里呢？至于新兴的计算机网络媒介，其多媒体的传播功能集文字、声音、图像及视频(即活动影像)于一身，更无法用“冷”、“热”标准来衡量。可见，尽管麦克卢汉十分看重自己的“冷热媒介”学说，但这一理论本身并不十分严谨。麦克卢汉本人在阐释这一理论时已难自圆其说，而后人对于这一理论的理解和运用则更是混乱不堪。

因此，本文之所以特别提及麦克卢汉的“冷热媒介”学说，并非要

---

① [加]马歇尔·麦克卢汉：《理解媒介——论人的延伸》，何道宽译，商务印书馆2000年版，第51页。

借用这一理论来讨论媒介的分类问题，而是希望通过解读这一理论来挖掘蕴藏于其中的有关人和媒介之关系的深刻认识。换言之，在笔者看来，"冷热媒介"学说的价值，或不在于它是一种媒介类型的划分标准，而在于它体现了麦克卢汉对于"人媒共生"这一问题的深入思考。而要探讨这个问题，我们还须回到"冷媒介"和"热媒介"的概念本身上去。

二、人与媒介的交互生成是"冷热媒介"学说的命意所在

麦克卢汉在判断媒介的"冷"、"热"属性时，除了依据媒介清晰度的高低这一标准外，还十分强调人对于媒介的参与程度。在他看来，广播、照片一类清晰度高的热媒介，正因为其信息含量丰富饱满，故无需受者的深度参与——即"热媒介并不留下那么多空白让接受者去填补或完成"；① 与此相反，语言、漫画一类清晰度低的冷媒介，正因为其信息含量有限甚至贫乏，故需要受者的深度参与，以保证"媒介所直接提供的信息以外的更多信息能由接受者自己去补充"。② 这样，受者的参与程度也成了区分"冷媒介"和"热媒介"的一条重要标准：冷媒介要求的参与程度高，热媒介要求的参与程度低。

值得注意的是，当我们从这个角度来考察媒介属性时，所谓的"冷媒介"和"热媒介"就变成了一对相对的概念。如前所述，较之广播和照片，语言与漫画都属于冷媒介。但相形之下，我们在面对语言信息时还可以是较为"被动"地接受，而漫画则需要我们主动地发挥自己的想象，以"填充"其中的信息"空白"。因此，漫画是比语言更"冷"的媒介。而

① [加]马歇尔·麦克卢汉：《理解媒介——论人的延伸》，何道宽译，商务印书馆 2000 年版，第 51 页。

② [加]马歇尔·麦克卢汉：《理解媒介——论人的延伸》，何道宽译，商务印书馆 2000 年版，第 51 页。

就语言来说，从口头语言到书面语言(即文字)再到印刷物，其“热”的程度也随着受者参与的减弱而不断提高。当然，与电影、电视这些热媒介相比，语言——无论哪种语言形式——在总体上都仍然是较“冷”的媒介。

事实上，麦克卢汉本人也意识到了这一点。他举例说，较之新闻，文学是“冷”的，但“言简意赅的格言警句”比“内容充实的一揽子文章”更“冷”，因为“格言警句言犹未尽，需要读者深入地……参与进去和作者共同创造”；① 又如同样是上课，填鸭式的讲授是“热”的，而互动式的讨论是“冷”的；同样是舞蹈，一丝不苟的华尔兹是“热”的，而即兴发挥的扭摆舞是“冷”的；同样是城市，组织严密的现代纽约是“热”的，而结构松散的古代雅典是“冷”的。按照这个思路，我们还可以继续作出如下推论：同样是诗歌，铺陈排比的叙事诗是“热”的，言浅味深的抒情诗是“冷”的；同样是音乐，富丽堂皇的交响乐曲是“热”的，清韵婉转的二胡独奏是“冷”的；同样是绘画，描摹细致的西洋油画是“热”的，信笔点染的东方水墨是“冷”的；而就在油画当中，写实的、具象的、古典主义的作品是“热”的，写意的、抽象的、现代主义的作品是“冷”的——或者说，达·芬奇、米开朗基罗、提香是“热”的，莫奈、凡·高、毕加索是“冷”的……凡此种种，不一而足。可见，一旦从“人的参与”的角度来观照媒介属性问题，任何媒介是“冷”是“热”都不能一概而论。换言之，从来都没有一种媒介是绝对的“冷媒介”或是绝对的“热媒介”，我们视之为“冷媒介”或“热媒介”的依据，在于首先确定把它与其他何种媒介作比较。在此，不仅各种媒介类型的“冷”、“热”属性游移不定，即便是同一媒介类型的诸多亚型之间亦有“冷”、“热”之别。如果说单纯以“清晰度”的高低来衡量媒介的“冷”与“热”容易导致认识的僵化和片面，那么在“人的参与”这一因素的作用下，“冷媒介”

---

① [加]马歇尔·麦克卢汉：《理解媒介——论人的延伸》，何道宽译，商务印书馆2000年版，第59、63页。

与"热媒介"这对概念便展现出了可供我们加以灵活把握的辩证张力。

必然地，在关于以"人的参与"为标准的媒介分类问题的探讨中，麦克卢汉特别强调了人与媒介的互动关系。在他看来，正是由于任何媒介都不同程度地与"人的参与"相关，因此它们天然地或具有"排斥性"，或具有"包容性"，而这些特点又会对媒介的使用者——即人本身——产生巨大影响。譬如，作为"热媒介"的电影会"减少模仿、触觉和动觉的作用"，而作为"冷媒介"的文字则"使个人的沉思和内省等等成为可能"；① 又如，"像收音机这一种热媒介对使用者的影响，与电话这一种冷媒介对使用者的影响，是大不相同的"，② 因为前者是大量信息的清晰灌输，而后者则"在许多方面是不连续的……它不会给你一个完整的一揽子信息，它没有一个完整的形象。你不得不一边聆听一边构建一个形象，从而改变自己的接受习惯和思维模式"。③ 总之，"作为感知生活的延伸和加速器，任何媒介都立刻影响人体知觉的整体场"，并进而"重新塑造它们所能触及的一切生活形态"。④ 从这个意义上讲，首先是人创造了媒介，然后媒介又回过头来形塑了人。人与媒介，注定永远处在一种作用与反作用的"交互生成"的关系之中：人通过使用媒介而使媒介成为"媒介"，媒介则通过被人使用而使人成为"人"——人与媒介各自本质的获取，是双方彼此赋予的结果。正如麦克卢汉所说："没有一种媒介具有孤立的意义和存在，任何一种媒介只有在与人的相互作用中，才能实现自己的意义和存在。"⑤

---

① [加]马歇尔·麦克卢汉：《理解媒介——论人的延伸》，何道宽译，商务印书馆2000年版，第78页。

② [加]马歇尔·麦克卢汉：《理解媒介——论人的延伸》，何道宽译，商务印书馆2000年版，第52页。

③ [加]马歇尔·麦克卢汉：《麦克卢汉如是说：理解我》，何道宽译，中国人民大学出版社2006年版，第28、49页。

④ [加]马歇尔·麦克卢汉：《理解媒介——论人的延伸》，何道宽译，商务印书馆2000年版，第78、86页。

⑤ [加]马歇尔·麦克卢汉：《理解媒介——论人的延伸》，何道宽译，商务印书馆2000年版，第56页。

三、以主体间性思维批判工具主义的媒介观

主体间性理论是胡塞尔现象学的重要构成部分。在其思想发展的后期，胡塞尔为了使现象学尽可能地摆脱由其固有的“自我学”立场所导致的“唯我论”困境，着意阐发了“主体间性”(或曰“交互主体性”)的概念。在他看来，“自我”与“他我”是具有同等互换关系的两个主体——从“自我”的角度看，“他我”是“自我”的对象；而从“他我”的角度看，“自我”亦成为“他我”的对象。因此，我与其他各种“他人”(这里所谓的“他人”，既包括人，也包括一切事物)的关系，归根结底不是主体与客体的关系，而是不同主体之间的交互关系。胡塞尔认为，随着这种交互关系的不断转化、更迭和拓展，我与“他人”彼此沟通、相互塑造，从而在因对方的介入而得以呈现其存在的“交互生成”中，构建起一个为我与“他人”所分享的“共同世界”，并通过自身本质的不断丰富而能动地赋予这个世界以构造性的意义。

应该说，作为对现象学的“自我取向”的进一步修正和完善，主体间性理论将那些在我们的传统认识中被对象化了的“客体”，统统转化为与我们有着对等地位的“另一主体”，从而突破了“以我观物”的单一视野，也使我们的世界呈现为由一个多角度、多层次和多侧面构成的“交互主体性”的世界，一个因诸多主体间不断的往复沟通而永远处在非恒定的建构状态中的世界。由此可见，胡塞尔之所以煞费苦心地提出主体间性理论，乃是为了站在一个具有多重维度的“自我学”立场上来阐明世界的人性问题，强调人作为世界意义的“赋予者”而对于世界的主体观照以及建立在此基础之上的自我反思——即只有当我们坚持以一种非唯我因而也是非独断的主体眼光去看待万物以使之获得其意义时，万物才不是枯槁和僵死的，才会因为得以“人化”而表现出作为活生生的“另一主体”的能动性，从而为我们提供一条从“他我”的角度回看自

身的途径。

如果说人与媒介的"交互生成"是"冷热媒介"学说的命意所在，那么可以认为，麦克卢汉正是基于一种主体间性的认识立场而作出了对人与媒介之互动共生的有力强调。他曾有言："从文字和轮子滥觞之日起，人就在凭借技术来实现身体的延伸。人制造各种工具，刺激、放大和分割我们肢体的力量，并予以强化，以记录数据，以加快行动和交往的过程。电子技术来临之后，一种全新的有机体原理开始发挥作用。电能使人的神经系统延伸并形成一种新的社会环境。"①如果说任何一种媒介都是人的某个方面的"延伸"，那么一切媒介的"冷"、"热"属性，都会因其"延伸"的侧重不同而给我们的整体官能系统带来冲击，从而不断打破我们既有的感知模式，并推动我们进入新的生存状态之中。在这个意义上，麦克卢汉甚至认为人成为了媒介的"伺服系统"，因为"我们观看、使用或感知任何技术形式的延伸时，必然要接受它们……必然要将这些延伸纳入自身，必然要经历接踵而至的感知位移"，而此间所表现出的人对于媒介的某种"服从"和"信奉"，就如同"印第安人成为其独木舟的伺服系统，牛仔成为其乘马的伺服系统，行政官员成为其钟表的伺服系统"一样。② 在这里，媒介的"冷"与"热"已不再仅仅是媒介自身的类型标识，而成为了人与媒介的"主体间性"关系的一种表征。相比之下，体现于传统媒介认识论中的工具主义的思维局限显露无遗。

我们知道，在传统观点看来，媒介是"工具"，是人用以认识和改造世界的诸多工具当中的一种。而按照工具主义的认识逻辑，"如果说某物是工具，那么这个论断本身就包含着被动性的价值判断"。③ 也就

① [加]马歇尔·麦克卢汉：《麦克卢汉如是说：理解我》，何道宽译，中国人民大学出版社2006年版，第34页。

② [加]马歇尔·麦克卢汉：《理解媒介——论人的延伸》，何道宽译，商务印书馆2000年版，第79页。

③ 杨庆峰：《技术现象学初探》，三联书店2005年版，第167页。

是说，将某物视为“工具”，即意味着此物作用的发挥将导致另一物的产生，因此与另一物相比，它总是次要的和被动性的，而另一物则对它具有主动性的地位。譬如，在分析行为时，如果一个行为出自于自身，那么这个行为同时也就是自己的目的；而如果一个行为是为另一个目的而存在的，那么这个行为就是这个目的得以实现的工具。同理，由于人有着包括“交往”在内的诸多需求，而需求本身即构成了一种目的，因此媒介作为某种服务于人的交往目的(即人的交往需求)的工具，当然只能处于被动地位，而人则是它的主动的创造者、使用者和支配者。

显然，在这种工具主义的媒介观中，“媒介是工具”这一命题表现出了一种“技术乐观主义”的认识态度：“人按照自己的目的操纵着技术，而且所有的技术物也因此在这个地平线上获得了意义。……技术是第二性的东西，以一种受制于人的方式存在着；人是第一性的东西。”① 但问题是，人真的会必然地拥有对技术的绝对控制力吗？抑或说，技术真的会完全被动地在人的控制下运作吗？对于这个问题，希腊神话中关于西叙福斯的一个故事似乎已经给出了答案：作为风神埃俄罗斯的儿子，西叙福斯因为欺骗冥王哈迪斯而激怒了众神，于是宙斯剥夺了他的灵魂，并罚他在陡峭的山坡上推石头。宙斯表示，如果他把石头推到山顶，便可重获自由。但可悲的是，“每次眼看山顶近在咫尺，再使一把劲就可大功告成了。可是突然石头从他手中滑脱，轰隆隆滚下山，扬起一片尘土，他只得再次从头开始。这样，西叙福斯向山上永远推着巨石，而巨石永远也推不到山顶”。② 如果说西叙福斯象征着“人”，石头象征着“技术”，而西叙福斯推石头则象征着“人对技术的使用”，那么这个故事在人与技术的关系问题上的隐喻意味是十分明显的：人总是在一种盲目乐观的——即如西叙福斯的无灵魂的——状态下使用着技术，

---

① 杨庆峰：《技术现象学初探》，三联书店 2005 年版，第 179~180 页。

② [俄]尼古拉斯・库恩：《希腊神话》，刘绍仁译，上海译文出版社 1998 年版，第 110 页。

自以为可以借此实现自我的拯救与超越，但却注定摆脱不了为技术所"愚弄"的宿命。在这里，所谓人的主动性和支配地位都成为了一种幻象，而技术也不再是乖乖听命于人的工具，而是那样一块按照自身的运作规律——即在"神旨"的必然性中——展现其能动特征，时时挣脱人的控制而不断从西叙福斯手中滑落的"石头"。

可见，工具主义的媒介观的缺陷，在于它仅仅视媒介为听人指挥的工具，而没有意识到媒介其实与其他一切技术一样，本身都具有超越人的控制范围的能动性，并因此而得以反作用于人。据此说来，麦克卢汉之所以在阐述人与媒介的关系问题时，表现出对于工具主义的认识传统的某种反思和批判，正是因为他没有把媒介当作一种外在于人且被动地受人宰制的客体对象，而将其视为与我们发生着各种复杂的交互作用，能够深刻影响乃至塑造其使用者以使之在建构对象的同时也建构起自身的能动力量。

如果说传统的传播研究（尤其是实证的传播研究）不可避免地受到工具主义的认识论影响，而工具论者眼中的媒介，只是一种注定作为人的"利用"对象的物质存在，那么在现象学所提供的"交互主体"的视域中，我们则可把这个僵死无生气的客观之物诠释为基于其自身与人的主体间互动而形成的一个永远处在不断建构、解构和重构的动态之中，并因此具有无限丰富的潜在可能性的意义之物。从根本上讲，麦克卢汉在"冷热媒介"理论中所阐明的人与媒介交互生成的"微妙而积极的关系"，① 深刻地隐含了一种反对科学垄断、多方位解读世界的"主体间性"的思维立场。基于这个思维立场，麦克卢汉在批判工具主义的媒介观的同时，于传播学史上第一次充分揭示了媒介的"人学"意义——在此，媒介不仅不是没有生命力的枯槁工具，相反如麦克卢汉

---

① Eric McLuhan, Frank Zingrone. Essential McLuhan. (Stoddart Publishing Co), 1995, p. 281.

所言，它恰恰是“充满了变幻莫测的灵动”，是“人身上最富有人性的东西”。①

（原刊于《国际新闻界》2011 年第 7 期）

（范龙，传播学博士，副教授，主要研究方向为传播理论、传播史、媒介文化。）

---

① ［加］马歇尔·麦克卢汉：《麦克卢汉如是说：理解我》，何道宽译，中国人民大学出版社 2006 年版，第 188 页。

我国大众传媒性能的历时层面辨析
——以民众身份界定为视角

喻平阶

摘　要：从历时层面而言，我国民众的身份性质演变历程大致可分为三大时代，即臣民时代、人民时代和公民时代。与这三大时代相对应，我国大众传媒的基本属性与功能也相应地发生了变革。对此变革历程，本文从独特的视角予以重新梳理与辨析。

关键词：历时层面；民众身份；大众传媒；传媒属性；传媒功能

人类的社会联系体现为两大基本关系层面：共时关系和历时关系。一般而言，共时关系层面是社会学科研究的对象，历时关系层面是历史学科研究的对象。从历时关系层面来说，从君主专制时代至今，我国民众的身份性质演变历程大致可分为三大时代，即臣民时代、人民时代和公民时代。在不同的时代，我国大众传媒具有与之相应的基本属性与功能。

一、我国民众身份性质的历史演变（从臣民、人民到公民）

（一）臣民时代（与君主专制时代相对应）

在君主专制社会，除君主之外，我国各级官吏和广大普通民众通称为“臣民”。我国君主专制社会本质上是一个宗法等级社会，其中的每一个成员都有相应的身份地位标识。与宗法等级社会相适应，由儒家学派主导建立的传统礼制，其核心功能是界定每位社会成员的身份地位，进而建构并维系长幼有序、尊卑有别的政治社会秩序。因此，究其内涵而言，“臣民”是一个宗法文化概念。《辞海》定义：“臣，君主时代官吏和百姓的统称。”《辞海》中解析“臣”的主要来源有两类：俘虏和奴隶，前者主要是通过战争方式获得，后者主要是社会内部分化而成；男为臣，女为妾，臣与妾身份地位相当，只有性别差异。《辞海》援引《左传·昭公七年》的论断：“故王臣公，公臣大夫，大夫臣士，士臣皂，皂臣舆，舆臣隶，隶臣僚，僚臣仆，仆臣台。”以此证明臣民身份的普适性。①

在臣民时代，社会上普遍使用子民、奴才、奴仆、奴家、奴婢、小民、小人等身份称谓。这些称谓的使用语境与“臣民”称谓略有差异，但其内涵实质相同，与之相对应的是君主、人主、官家、主公、父母官、大人、老爷等身份称谓。《诗经·小雅·北山》中所谓“溥天之下，莫非王土；率土之滨，莫非王臣”，一语中的，深刻揭示了臣民时代的社会本质特征。正如鲁迅在《灯下漫笔》中作出的深刻评判：在“一乱一治”中循环的漫长的中国君主专制时代，从“臣民”的视角看来，只是“想做奴隶而不得的时代”和“暂时做稳了奴隶的时代”交替循环而已。②

综上所述，臣民是指屈从或被动服从于君主专制权力的人，臣民的本质是“奴性”。臣民对君权及其政府具有强烈的依附性，缺乏独立的人格和意志，相对帝王国家权力而言只有义务没有实质上的有效权利，从帝王到子民，逐层依附，逐层支配与奴役。在由宗法礼制所规范的中国君主专制社会，臣民的基本特征是人身的相互依附与归属，具体表现为君—臣、主—奴、官—民、君父—子民等宗法政治社会关系。

---

① 《辞海》，上海辞书出版社 1989 年缩印本，第 2084 页。

② 鲁迅：《鲁迅作品精华》第 3 卷，东方古籍出版社 1999 年版，第 55 ~ 63 页。

（二）人民时代（1895 年维新变法运动至 20 世纪 90 年代初期，中国近现代社会转型时期）

近代以来，随着君主专制制度逐步退出历史舞台，对广大民众的称谓也逐渐摒弃“臣民”身份符号而改称“人民”。《辞海》定义：“在政治层面上，人民，同‘敌人’相对。在不同的国家和各个国家的不同的历史时期有不同的内容。”①“人民”是一个典型的政治学概念，在近现代人民主权理念中，人民是国家和社会的主人，是一个集体名词。

在中国近现代时期，从“臣民”到“人民”有一个演变的过程。维新变法时期及清末预备立宪时期，开始尝试用“新民”、“国民”概念替换“臣民”，但因政治体制变革只停留在表面文章，概念变更不了了之，社会上仍普遍使用“臣民”称谓。1912 年年初，君主专制王朝被推翻，中华民国成立，为了表达对新生共和国的自豪感和认同感，在社会、政治等层面开始普遍使用“国民”概念。1921 年 7 月，中国共产党成立后，中共各类文件、文章及日常称谓开始普遍使用“人民”概念，与此同时，民国政府仍普遍使用“国民”概念。1927 年，南京国民政府成立后，“国民”概念和“人民”概念并用，在社会层面上较多地使用“国民”，在政治层面上更多地使用“人民”概念。1949 年 10 月 1 日，中华人民共和国成立后，“国民”概念和称谓迅速淡出民众的书面表达和口语表达，从此“人民”概念和称谓盛行至今。

人民作为一个政治概念，其政治意义主要有：(1) 体现近现代“人民当家做主”先进政治理念，摒弃“朕即国家”政治理念和君主专制政体；(2) 是阐释近现代政权、政党等政治主体合法性、先进性的政治理论依据；(3) 人民与敌人相对立，是特定政治运动时期划分阶级和进行阶级斗争的理论逻辑起点。在中国近现代，随着政治形势的变化和相关

---

① 《辞海》，上海辞书出版社 1989 年缩印本，第 343 页。

政策的变更，人民概念的内涵与外延长期处于动态调整中，解释空间较大。因此，人民概念在实际应用方面的基本特征有：(1)是评判认定民众政治身份的主要标准；(2)内涵比较含糊；(3)外延比较模糊。

（三）公民时代（20世纪90年代初期至今，中国公民社会初步发育时期）

“公民”是一个宪法学概念，《辞海》定义为：“公民，具有一国国籍的人，包括未成年人和被剥夺了政治权利的人等在内。在历史上，公民一词曾有不同的涵义，现在通行的涵义始于17—18世纪欧洲资产阶级革命时期。”①《新华词典》定义为：“公民，具有一定国家的国籍，依据法律规定享有政治权利和承担义务的人。不同社会制度的国家，对公民权利和义务的规定，有本质的不同。”②二者对“公民”的定义，内涵基本相同，只是侧重点不同。《中华人民共和国宪法》第二章“公民的基本权利和义务”中明确规定：“凡具有中华人民共和国国籍的人都是中华人民共和国公民。中华人民共和国公民法律面前一律平等。国家尊重和保障人权。任何公民享有宪法和法律规定的权利，同时必须履行宪法和法律规定的义务。中华人民共和国公民有言论、出版、集会、结社、游行、示威的自由。中华人民共和国公民有宗教信仰自由……”《中华人民共和国宪法》第33条至第56条，对公民的基本权利和义务给予了明确规定。③

臣民的基本特征是人身依附与支配，人格独立意识淡薄，自由、平等意识匮乏，等级观念和特权意识浓厚；而公民则与之相反，人格独立意识强烈，依法自由、平等地参与公共事务的意愿浓烈，平等、公平观

---

① 《辞海》，上海辞书出版社1989年缩印本，第816页。

② 《新华词典》(修订版)，商务印书馆2003年版，第297页。

③ 《中华人民共和国宪法》(2004年修正版)，法律出版社2004年版，第55~56页。

念和法制意识浓厚。人民是一个集体概念，是广大民众的集合体，对任何个人都不能称之为“人民”，而公民则可称谓单个人。人民指称民众整体，公民则指称民众个体。对公民概念的内涵和外延，相关国家的宪法和法律均予以明确界定。因此，与人民概念相比，公民概念内涵明确、外延清晰，在社会实际运用中能够比较精准地操作和表达。

个人发展成为一个成熟的公民，关键在于“公民意识”的培育和“公民素质”的培训。“公民意识”的核心要素是公民依法履行自己的法定权利和义务的主动意识和主人公意识，“公民素质”的核心要素是公民依法履行自己的法定权利和义务的行为能力。

改革开放以来，尤其是1993年11月中共十四届三中全会通过《关于建立社会主义市场经济体制若干问题的决定》以来，我国已告别大规模群众性的政治运动时代，进入全面推进社会主义政治文明和社会文明建设的新时代，社会政治生态发生了深刻变化。随着经济、社会、文化等领域全球化进程不断深化和国际互联网传播的迅猛发展，我国经济社会体制已发生了深刻变革，经济社会环境已发生了巨大变化，公民社会已开始初步发育。市场经济本质上是法制经济，广大民众作为经济社会行为主体在参与建立和完善社会主义市场经济体制过程中，法制意识与公民意识不断增强。进入21世纪后，党和国家在社会文明与政治文明建设方面采取了一系列重大举措，有力地推动了我国公民社会的发育与建构。2007年11月，中国共产党十七大报告第六部分“坚定不移地发展社会主义民主政治”中明确提出“要健全民主制度，丰富民主形式，拓宽民主渠道……保障人民的知情权、参与权、表达权、监督权”。同时，还提出“发展基层民主，保障人民享有更多更切实的民主权利”。①党的十八大以来，党中央明确提出了建设法制社会的战略目标，同时大力倡导“社会主义核心价值观”，其核心理念与公民社会精神是相通的。2014年11月1日，第十二届全国人民代表大会常务委员会第十一次会

① 百度文库《中国共产党十七大报告》，http：//wenku. baidu. com.

议通过议案，决定设立“国家宪法日”(也称“宪法宣传日”)，具体时间是每年的12月4日。

在社会实践层面，20世纪90年代以来，随着网络传播的蓬勃发展，尤其是随着网络新媒体和自媒体的迅猛兴起，我国广大普通民众开始积极主动地参与、介入社会生活各层面、各领域，在具体生动的社会实践中增强自己的“公民意识”，提升自己的“公民素质”。当前，我国公民社会建设处于初期阶段，臣民意识、人民意识和公民意识相互混杂。严格来说，我国目前正处于由人民时代向公民时代推进的过渡时期。

二、臣民时代大众传媒的基本属性与功能

(一) 我国臣民时代大众传媒的基本属性

在我国漫长的臣民时代，其社会政治生态的基本特点是：天下共主，皇(王)权至上，皇(王)威至尊。天下所有民众都是帝王的子民，各级官府和官员只是经帝王授权的代理者。西周初期创立的礼乐制度，经儒家学派继承并发扬光大为仁义礼教，成为钦定的官方意识形态(经学)。经学是建立和维系尊卑有别、等差有序的大一统社会政治专制体制的理论基石。因此，从至尊的帝王到各级各地官吏、地方乡绅乃至保长、甲长、族长、家长都有宣谕礼教、牧民教化的职责。同时，历朝历代都设有掌管天下礼义教化的专门机构——礼部，各级地方政府还配备专管宣谕礼教的官员——教谕(先秦称三老)。因此，教化天下臣民是君主专制朝廷的核心工作之一，是历代王朝国家级的社会政治工程。

为了更好地教化臣民，实现家天下统治长治久安的战略目标，历朝

历代陆续创制了一些具有中国文化特质的大众传媒形式，如，先秦时期产生的木铎、露布及榜文等，汉魏时代产生的石刻碑文，唐代诞生的朝政公报，宋代创制的朝廷邸报，宋元明清时代盛行的旌表牌坊和蒙学读物，历代王朝颁行的皇历，等等。上述种种大众传媒，其主要职能是宣扬王化、传播礼教及敦民化俗，是重要的社会教化工具。因此，我国臣民时代的大众传媒的基本属性是教化媒体，其基本功能是：(1)宣示皇(王)权；(2)教化臣民；(3)旌表节义之人；(4)传达官方信息。

(二) 我国臣民时代独特的大众传媒形式及功能(示例)

1. 朝廷仪典

我国君主专制社会是所谓“王化之地”、“礼仪之邦”，礼仪制度的本质功能是彰显和维护君臣之分、尊卑之别的王道秩序。上至帝王下至百姓草民，无不运用各类礼仪宣扬、传播自己的身份符号与社会政治地位。帝王的威德、朝廷的体面、官府的威仪、诗礼之家的气度、老百姓的社交礼数，都依凭各级各类礼仪来宣示与传播。礼仪传播的基本性能是人际传播，但在我国古代却具有较强的大众传播性能，由帝王主持(或主导)的朝廷仪典尤其如此。朝廷仪典主要是由帝王主持或主导的国家级大型典礼，如封禅大典、黄帝祭典、登极大典、册封典礼、祭孔大典等。这些仪典面对天下臣民进行铺排、演绎，在宣示皇(王)权、展示皇家威仪、传播浩荡皇恩、宣扬王朝正统等方面确实具有大众传媒的性能。下面，通过分析封禅大典来具体认知其大众传媒性能和教化功能。

封禅大典，是中国古代帝王登高山之巅祭拜祷告天地大神的国家仪典，由天子亲自主祭。封禅场所，初为中岳嵩山，后逐渐定为东岳泰山。

封禅大典成为定制，始于秦始皇二十八年(公元前219年)巡行东方时封禅泰山。当时，秦始皇自泰山之阳登山，在岱巅行登封礼，并立石颂德，然后从泰山之阴下山，行降禅礼于梁父山。据史书记载，举行过封禅大典的历代著名皇帝有秦始皇、汉武帝、汉光武帝、唐高宗、武则天、唐玄宗、宋真宗等。

司马迁《史记·封禅书》："此泰山上筑土为坛以祭天，报天之功，故曰封。此泰山下小山上除地，报地之功，故曰禅。"①东汉班固《白虎通义》："王者受命，易姓而起，必升封泰山。何教告之义也。始受命之时，改制应天，天下太平，物成封禅，以告太平也。"②因此，封禅大典具有宣示当朝皇帝"上承天命、下继正统"的礼教意义。

最能体现封禅大典大众传媒性能的是其仪典过程。从黄河中游的京师到泰山有几百公里，在古代交通条件下往返一次至少一月有余。有时，皇帝把举行封禅大典与巡幸天下相结合，如此则费时更长。一路上，皇帝的御用仪仗队、陪侍的皇后嫔妃、扈从的皇亲臣工、护驾的军队……其总人数多达数万，迤逦而行，队伍长达十几公里，浩浩荡荡，场面盛大庄严。这是一个向天下臣民展示皇家赫赫威仪、传播浩荡皇恩的庄重肃穆的礼仪运作过程。途中，皇帝每临幸一地，四方臣民则呼号奔涌而至，万千子民共同仰观当今天子的煌煌天威，一起沐浴当今天子的恩泽雨露，山呼万岁，响彻天地。

2. 皇历与年号

皇历，是中国古代社会以皇帝的名义颁行天下的农历书。因为是以当朝皇帝的名义颁布的，有的朝代还以当朝皇帝的名义发送至千家万户，故称"皇历"。皇历相传是由轩辕黄帝首创，故又称"黄历"。因为发行量巨大、用途广泛，中国民间又俗称为"通书"，又因"书"与"输"同音，为避忌民间又改称"通胜"或"通顺"。皇历的内容通常以

① 司马迁：《史记》，上海古籍出版社 1985 年版，第 863 页。
② 班固：《白虎通义》，上海古籍出版社 1986 年版，第 676 页。

一年为限，新年伊始，则颁行新历，因而社会上把往年的皇历称为“老皇历”。

皇历的编制机构是御用的天象机构——钦天监，天象官以二十四节气为基础，根据天象变化和五行运动来编制历书内容，编成后呈送皇帝钦定再颁行天下。

皇历的主要内容是二十四节气的日期表，以阴历划分日月时间，每日都注明吉凶宜忌、生肖运程等事项。皇历是古代社会广大臣民进行生产工作，举办婚丧嫁娶礼仪活动，以及衣、食、住、行等日常生活行为的官方指导书和权威指南。一本皇历在手，皇帝的谆谆教诲和天威恩泽仿佛历历在目。臣民依照皇历的内容来安排日常生产与生活，可谓皇恩浩荡，泽被天下苍生。

年号，是中国君主王朝法定的用来纪年的一种名号，主要功能是供天下臣民标记年份。制定年号通常由皇帝主导，礼部主办，由司官员遍查典籍、献智献力，拟取寓意吉祥的字词，最后呈报皇帝钦定再诏谕天下，宣谕中外。

年号是帝王政权合法、正统的标志，称之为“奉正朔”。一个政权使用另一个政权的年号，通常是表示臣服、居于藩属地位的重要标志之一。广大民众使用某位帝王的年号，表示归服王化，是谓“良民”；若“不奉正朔”，则犯下大不赦之罪，可能招致诛灭九族的悲惨结局。古代帝王在位时使用年号，崩逝后才加封庙号和谥号，因此天下臣民日常称呼“当今圣上”通常以年号相称，如“洪武大帝”、“当今永乐皇上”、“乾隆爷”等。

皇历与年号，二者是伴生关系，帝王颁行皇历的同时也颁布年号，皇历封面上醒目地标明帝王的年号。皇历指导天下臣民的日常生产生活，年号则是天下臣民纪年记事时标注日期的法定依据。古代传媒技术不发达，通过颁布皇历和年号，当朝天子的教诲和恩威可布达偏僻乡野和亿万苍生。

三、人民时代大众传媒的基本属性与功能

（一）人民时代大众传媒的基本属性

我国的人民时代在历史时间坐标系中主要对应于我国近现代社会转型时期，时限可上溯至清末维新变法运动时期，下止于20世纪90年代初期。在我国近现代社会转型时期，各种政治运动或革命运动波涛汹涌，各类政治势力纷纷登上历史舞台，各种政党纷纷走向前台。据统计，仅在民国初年，在建设民主政治的时尚氛围中，各路政客纷纷组建政党，最多时竟有各类政党300多个。其中比较重要的有孙中山领导的同盟会——国民党，章炳麟创建的统一党，沈毅发起组建的民社，孙洪伊组建的共和党，以及进步党、民主党、公民党、民宪党、大中党等。每个政党都创办或支持一种或多种报刊，为自己做政治宣传，半年左右，政党政治报刊从90多种猛增到500多种。①

在一浪高过一浪的政治运动或革命运动中，各类政治组织或政党为宣传政治主张、发动组织民众参与政治活动，纷纷创办机关报和多种政治报刊。在创建政党传媒方面，国民党具有典型示范效应。1927年蒋介石南京国民政府成立，至1930年年底，短短三四年中，国民党凭借其掌控的雄厚的社会政治资源，从中央到地方建立了品种齐全的庞大的国民党大众传媒体系：(1)以国民党中央机关报《中央日报》为核心、以各地方党部机关报(报名大多是《××国民日报》)为骨干分支的报刊体系；(2)以国民党官方通讯社“中央通讯社”为核心的通讯社体系；(3)以国民党“中央广播电台”为核心、以地方广播电台为骨干组建的广播

① 方汉奇：《中国新闻传播史》，中国人民大学出版社2009年版，第138页。

体系。

尽管在我国近现代时期产生了多种有影响的民营商业报刊(它们大多脱胎于外国人创办的中文商业报刊)，如《上海新报》、《申报》、《大公报》、上海《新闻报》等，但与种类繁多、数量庞大、办报阵营强大的政党政治报刊相比，则只能居于次要地位。中华人民共和国成立后，经过20世纪50年代初期的社会主义改造运动，民营报刊在我国彻底退出了历史舞台，同时，党和政府开始建立全新的社会主义大众传媒体系。

在近现代，报刊是大众传媒的典型形式。综上所述，在我国近现代社会转型时期（即人民时代），在大众传媒领域，政治或政党报刊居于主体地位和主流地位。因此，可把人民时代大众传媒的基本属性概括为政治媒体，具体表现为政党主办、主管媒体，其基本功能是政治宣传工具、社会动员工具、政治竞争(斗争)工具等。

（二）人民时代大众传媒的基本功能

1. 政治宣传功能

在人民时代，各派政治势力或各类政党为了争取广大民众的支持，壮大自己的政治声势，则必须创办、扶持服务于自己政治目的的大众传媒，以便更好地宣传自己的政治主张或主义。

早在维新变法运动时期，维新派代表康有为、梁启超等人就深刻地认识到：要唤醒民众，大力宣传维新变法思想及扩大维新派政治影响，必须创办专门进行政治宣传的报刊。康有为认为，要开通风气，“非合大群不可”，而要合大群，“非开会不可”。① 梁启超也认为：“欲开会，非有报馆不可，报馆之议论既浸渍于人心，则风气之成不远矣。”②他们

① 《中国近代史资料丛刊·戊戌变法》第4册，上海国光社1953年版，第133页。

② 丁文江：《梁启超年谱长编》，上海人民出版社1983年版，第40页。

所说的“开会”，指的是组织社会政治团体。从康、梁的上述新闻宣传观点可以看到，有效地发挥大众传媒的政治宣传功能对一个政治组组织的创建、生存及发展是多么重要。

2. 社会动员功能

在人民时代，一个政党要壮大自己的政治势力，推进和实现自己的社会政治事业或革命事业，仅靠本党的力量和资源是远远不够的，必须运用有效的大众传媒策略，充分发动广大人民群众投身革命事业，最大限度地组织动员各种社会资源、政治资源、科技资源乃至自然资源，方能大有成效。现代史上，在社会组织动员方面，中国共产党主办的报刊成就斐然，堪称典范。

第一次国共合作时期(亦称大革命时期)，共产党员大多以个人身份加入国民党，因此，作为国民党中央执行委员会候补执行委员的毛泽东曾一度担任国民党中央宣传部代理部长。1925 年 12 月，毛泽东主持创办了当时的国民党中央机关报《政治周报》，并担任首任主编，从第 5 期开始，先后继任主编的沈雁冰、张秋人等人都是共产党员。《政治周报》每期销量均在 4 万份以上，这在当时是一个很不错的成绩。在毛泽东等共产党人的支持和带动下，在当时国民党中央各主要部门、各主要地方党部，出现了一大批以国民党名义出版、由共产党人主办或主持的报刊。如，当时影响很大由国民党中央农民部出版的《中国农民》和《农民运动》两个刊物，主办者是共产党员，经常为这两个刊物撰稿的有毛泽东、李大钊、李立三、林伯渠、彭湃等著名共产党人；当时，上海、广州、汉口、南昌等地国民党地方党部机关报也由共产党员主办。同时，中国共产党借助大革命高涨之势，开始创建自己的报刊体系。上述两类报刊，在动员广大进步青年报考黄埔军校和参加国民革命军、发动工人运动和农民运动、鼓动广大人民群众投身大革命浪潮等方面发挥了巨大的作用，产生了广泛的影响，有力地推动了大革命和北伐战争的发展进程。与此同此，中国共产党通过报刊进行政治宣传和社会动员，壮大了自己的政治力量，把共产主义、社会主义革命思想的火种散播在中华大地，极大地提升了中国共产党在广大人民群众中的号召力和感召力，为大革命失败后中国共产党独立领导中国革命运动奠定了坚实的组织基础和社会基础。据统计，1923 年 6 月中共三大召开时，党员总人数 420 名，到 1927 年 4 月中共五大召开时，党员总人数达到 57967 名，已从一个小党发展成为一个名副其实的大党，在当时的中国社会，其数量规模、社会政治影响力等方面仅次于国民党。①

3. 政治竞争(斗争)功能

在中国近现代，各派政治势力或各类政党在运用报刊进行政治宣传、社会动员的同时，还常常利用报刊对其他政治势力或政党予以批评、斗争乃至打压，借以争取广大人民群众对自己的支持，壮大自己的声势与力量，削弱对方的声势与力量。各派政治势力若本着明辨是非、说明真相、阐明真理等目的，利用报刊等大众传媒进行论争，则是一种良性的政治竞争方式；若利用报刊等大众传媒相互之间进行人身攻击、造谣中伤、无情打击等，则是一种应当否定的恶性政治斗争方式。1905 年至 1911 年，历时六年之久的“资产阶级革命派与立宪保皇派之间的大论战”，则堪称良性政治竞争的典范。

1905 年 8 月，孙中山将兴中会与华兴会、光复会等革命组织联合起来，在日本东京成立中国革命同盟会。同年 11 月，同盟会在东京创办其机关报《民报》。以孙中山、黄兴等人为代表的革命派在海外宣传反清革命、发展革命势力的同时，以康有为、梁启超等人为代表的立宪保皇派在海外也很活跃。为了明辨是非、阐发革命真理，争取海外华人华侨对反清革命的支持，《民报》创刊伊始就主动发起了与《新民丛报》为代表的立宪保皇派报刊之间的大论战。《民报》与《新民丛报》之间的

---

① 中国社科院中国特色社会主义理论研究中心：《史诗般的辉煌巨变》，《光明日报》，2011 年 7 月 6 日。

大论战，主要围绕四大问题展开：(1)要不要发动民族革命推翻清朝政府统治；(2)实行民主共和制还是实现君主立宪制；(3)要不要实现土地国有、平均地权；(4)革命会不会引起帝国主义干涉，使中国招致瓜分。两报之间的大论战几经波折，最后以《民报》大获全胜而结束，《新民丛报》因其影响急剧衰减而不得不在1907年冬停刊。

东京的《民报》与《新民丛报》展开大论战的同时，在香港、旧金山、温哥华、新加坡、曼谷、广州等地出版的两派报刊也纷纷展开论战。有的地方两派的论战直到1911年10月武昌起义爆发后才结束。这场大论战，不仅使民主革命思想得到广泛传播，使孙中山的三民主义逐渐深入人心，而且还为辛亥革命做了组织上的准备。大论战后，许多原来支持保皇派的人转变了立场，纷纷退出保皇会而加入同盟会。①

四、公民时代大众传媒的基本属性与功能

（一）公民时代大众传媒的基本属性

公民时代大众传媒的基本属性是社会媒体，具体体现为：媒体创办主体多元化，以社会办媒体为主；以独立的社会性媒体和商业性媒体为主体，政党政治媒体逐步退出主体地位。

我国目前正处于公民社会初步发育时期，公民时代的媒体性质体现得不够明显。而且，我国是发展中国家，要实现社会主义现代化强国战略目标，实现中华民族的伟大复兴，任重道远，因此我国仍将长期处于社会主义初级阶段。改革开放以来，中国共产党率领全国各族人民在建设中国特色社会主义的伟大实践中取得了辉煌的业绩，逐步树立起道路

---

① 方汉奇：《中国新闻传播史》，中国人民大学出版社2009年版，第114页。

自信、理论自信和制度自信。中国共产党在社会主义各项事业建设中的领导地位和长期执政地位是历史的选择和人民的选择。相应地，中国共产党在中国社会主义新闻传播事业建设中领导地位和核心主体地位也是历史的选择和人民的选择。因此，在社会主义初级阶段，我国党和政府的媒体仍将长期处于主体地位。

当然，进入21世纪以来，随着网络新媒体和自媒体的蓬勃发展，特别是随着党和政府大力推动社会主义政治文明和社会文明建设进程，我国网络传媒已呈现出多元主体格局，开始初步体现公民社会的媒体性能。

（二）公民时代大众传媒的基本功能

由于我国目前仅处于公民社会初步发育时期，大众传媒的公民时代性质体现得并不明显，因此，对我国公民时代大众传媒的基本功能难以作出具体分析，只能作一些原则性阐述。

1. 信息传授服务平台

在公民时代，公民要履行宪法与相关法律赋予的权利和义务，其前提是知情权的保障。不知情，公民就难以正常有效地履行法定的权利和义务。因此，大众传媒应为公民获取相关信息提供优质的服务产品，增强服务意识，淡化广告宣传意识。在公民时代，大众传媒的首要功能就是为公民服务，对社会尽责。

在信息爆炸的当今时代，公民面对海量的信息，难辨真伪优劣。大众传媒应打造各类各种权威信息平台，为公民的日常工作、日常生活及履行法定权利和义务提供决策参考。

2. 理性意见交换平台

公民社会本质上是一个法制社会和理性社会，其前提是各类社会行为主体在法律面前一律平等，各类社会行为主体之间尊重彼此的法定权利，公正、公平地彼此相待，摒弃偏见，相互尊重——这就是社会理性。

大众传媒组织本身也是社会行为主体之一，它一方面要理性地对待其他各类社会行为主体(包括每一个公民)，另一方面又要为各类行为主体提供理性意见交换平台。不同的行为主体，因其利益或立场不同，难免观点、意见相异。他们可以通过大众传媒进行理性博弈，多进行换位思考，寻求合理的妥协方案，最终实现双赢——这是公民社会理性的非零和游戏规则。另外，对于一些公共事件或公共议题，各行为主体可通过大众传媒提供的意见交换平台，平等交流，理性互动，最终形成社会共识。

3. 公共事务参与平台

关注、关心并参与社会公共事务，维护社会公共利益，是一个合格的公民的主要素质之一，也是一个成熟公民社会的重要标识之一。公民参与公共事务的渠道与方式有多种，但大众传媒是其中最重要的渠道之一。

参与公共事务既是公民的内在需求，也是公民的法定权利。因此，公民时代的大众传媒应满足公民的需求与权利，建立各类公共信息平台，建设各种参与公共事务的便捷渠道，为公民提供相关的公共服务产品。

4. 公民权利诉求平台

善于维护自身正当合法的权利也是一种重要的公民素质。公民维权的渠道与方式有许多种，比如司法渠道、行政渠道、外力介入和上访等，但诉求于大众传媒无疑是其中的一种重要方式。

在公民时代，大众传媒最基本的职责是为公民服务，维护公平、公正的社会环境。因此，大众传媒应建立相关的维权平台，通过合法的渠道，采取合法的方式，回应并协助公民实现合法合理的权利诉求。

(喻平阶，副教授，主要研究方向为新闻传播史、中国历史文化。)

《申报》与袁世凯政府博弈的历史分析

喻平阶

摘　要：1912—1916年，袁世凯执掌北京国民政府期间，为了强化其专制统治，为复辟帝制扫清障碍，袁世凯政府采取一系列严厉措施对新闻界予以钳制与打压。面对险恶的局势，以《申报》为代表的中国民营报刊，为了自身的生存与发展，也为了维护来之不易的共和体制，它们揭竿而起与袁世凯政府展开了较长时间的博弈和抗争。这场历史博弈的结局是：袁世凯被迫取消帝制，《申报》取得了暂时的"胜利"。以《申报》最终"获胜"的这场博弈，表面上是以《申报》为代表的新闻界与袁世凯政府进行抗争，实质上是维系中国近代报业独特生态的各种社会政治力量在展开博弈。

关键词：《申报》；史量才；袁世凯政府；历史博弈

一、袁世凯政府对新闻界的钳制与打压

（一）创办御用报纸和贿买报刊

1911年爆发的武昌起义，给我国新闻界注入了新的活力。顷刻之

间，政治报刊和政党报刊剧增，新闻事业呈现出前所未有的繁荣景象。在武昌起义后的半年内，全国报纸由100多家猛增至500多家，总销量达到4200万份。这两个数字都超过了历史最高纪录。这一时期被学界称为“报界的黄金时代”。

中华民国成立后不久，袁世凯利用革命形势给清王朝的强大压力和手中的军政大权，以逼迫清帝退位为筹码，为自己谋得了临时大总统的职权，窃取了辛亥革命的胜利成果。袁世凯上台后，表面上赞成共和，暗地里却用极其狡猾的手段实行专制。他在政权相对稳固后，就肆意践踏孙中山初步确立的新闻出版自由原则，使新闻事业的短暂繁荣局面戛然而止。

在袁世凯上台之初，由于民主共和思想和言论出版自由理念深入人心，新闻界十分活跃，“有冠皇帝大限告终，无冠皇帝炙手可热”①。袁世凯也不得不故作尊重新闻自由的姿态，甚至推出一些保护新闻自由的举措，如在国务院特设新闻记者接待室，每天由国务院秘书长亲自出面接待。对社会舆论和新闻界的控制，主要采取创办御用报纸和收买报纸报人以为己用等手段。袁世凯创办或接办的御用报刊，在北京主要有新创办的《国权报》《金刚报》和《亚细亚日报》，在上海主要有接办的《神州日报》，在广州主要有接办的《时敏报》，在长沙主要有新创办的《国民新报》(后改名《大中报》)，等等。在这些报纸中，影响较大的是北京的《亚细亚日报》和上海的《神州日报》。《亚细亚日报》于1912年6月在北京创刊，由袁世凯政府出资10万元开办，声名狼藉的帝制分子薛大可担任主编，丁佛言、樊增祥、易实甫等任撰述，日出三大张，是御用报纸中言论最反动、活动最猖獗的一家报纸。“二次革命”期间，该报领衔发表所谓的《讨贼露布》，以后又连续刊登帝制分子劳乃宣和袁世凯的政治顾问古德诺鼓吹复辟帝制的文章，报道筹安会的劝进活动。袁世凯称帝期间，该报带头改用“洪宪”年号，称袁世凯为“今上”，

① 刘小清：《中国百年报业》，江苏人民出版社2000年版，第49页。

记者署名称“臣记者”。[①] 1915年9月，《亚细亚日报》在上海出版分版，遭到革命党人和爱国人民的强烈抵制，报馆接连两次被炸，勉强拖到1916年1月被迫停刊。1916年3月，袁世凯被迫取消帝制后，北京《亚细亚日报》也随之终结。《神州日报》于1915年被袁党强行接办后，利用它原来在读者中的声誉为袁世凯筹办帝制张目，一时起过蒙骗民众的作用。从表现上看，袁世凯控制与收买的报纸为数不少，如袁世凯的御用党——公民党在各地创办的报纸、在复辟帝制阴谋暴露前基本上亲袁世凯的“共和党—进步党”系统的报纸。此外，像北京的《国华报》《黄钟日报》《大自由报》和《新社会日报》，上海的《大共和日报》和《时事新报》，长沙的《大公报》，广州的《华国报》等，也曾一度被袁世凯收买。据不完全统计，在袁世凯执政期间，直接或间接收买的报纸达125家以上。袁世凯收买报纸和报人的手段，有的是一次付以重金，有的是长期发放津贴，有的是零星施舍，不一而足。

（二）严厉打压反对派报刊

但是，对一批追求民主、革命立场坚定的报刊，袁世凯则毫不留情地进行迫害与摧残。捣毁、查封报馆和殴打、逮捕、驱逐、杀害报人的事件时有发生。1912年6月，袁世凯指使内务部总长赵秉钧出面，派出军警200余人，包围、打砸北京《中央新闻》，绑走该报经理、主笔等工作人员11人。8月，袁世凯政府通过法国驻华公使，指令天津租界当局，将《民意报》逐出租界。上行下效，各地反动势力也开始对革命、进步报刊进行迫害与摧残。在武汉，黎元洪在8月8日下令查封武汉《大江报》，罪名是该报馆为“乱党秘密机关”。《大江报》主笔凌大同被扣以“言论专取无政府主义”的罪名，由黎元洪亲自下令逮捕、斩首，并将头颅挂在城门口示众。接着，在不到半年的时间里，黎元洪又查封

---

① 方汉奇：《中国新闻传播史》，中国人民大学出版社2002年版，第155页。

了《民心报》《民听报》《帝民报》《群报》《民哭报》等革命报纸。在湖南，长沙《大汉民报》因对军队有所批评，被旧军官率队捣毁；《岳阳日报》因对当地筹饷局“不论贫富，值十抽一”的规定表示了一点异议而被当局查封，主笔被捕。在福建，福州《民心日报》《群报》只因消息中揭载了当地官吏的不法行为和同情民军，就被强行查封；《民心日报》发行人受通缉；《群报》总编辑被杖责后收押，两名记者遭暗杀。在四川成都，仅仅在1912年一年内，就有《四川公报》《中华国民报》《蜀报》《蜀醒报》等多家拥护共和的报纸被当地军阀查封或唆使军人捣毁；《蜀报》记者朱山竟以“企图炮轰都督府”的莫须有罪名而被斩首。

即使是同盟会——国民党掌权的地区，一些骤升高位的当权者为维护与发展自己的权势，也动辄封报杀人。原《中国日报》记者、民军总长黄世仲因对遣散民军问题有所不满，被广东代理都督陈炯明杀害。广州《公言报》《佗城报》为黄世仲被杀鸣不平，陈炯明立即下令查封报馆，发行人陈听香被杀害。浙江绍兴军政分府都督王金发纵容士兵将批评他的《越华日报》砸毁，欧伤该报工作人员17人，其中1人伤重不治而死。

袁世凯在其统治地位稍稍巩固后，又以总统、中央政府及其组成部门、各级地方政府的名义发布具有法律效力的命令，进一步钳制新闻事业。

1912年年底至1913年年初，在国会参众两院选举中，宋教仁领导下的国民党取得了压倒多数的胜利，袁世凯的独裁统治受到了严重威胁。于是，袁世凯便唆使赵秉钧，派人于1913年3月20日在上海将宋教仁刺杀。为了瞒天欺世，京师警察厅在1913年3月11日，即宋教仁事件发生前夕，就向各报转发了陆军部、内务部的命令，以防止泄露外交、军事机密为借口，宣告自即日起由陆军部派员对各报拟刊载的新闻稿实行预检，违者军法处之。3月20日宋教仁遇刺后，为防止事件的真相被新闻界揭破，袁世凯又由陆军部出面下令各地报纸：“定二年三月二十一日起，由部派员实行检阅签字办法”。凡登载军事外交事件，不服检阅者，“立即派员究办”，严重者“科以军法”。① 但是，纸终究包不住火。举国上下，舆情哗然。上海《民立报》从宋案发生的第二天起，每天以整版篇幅连续报道宋案的经过，刊登凶手的供词和袁党往来的密电等，用铁一般的事实证明袁世凯就是刺杀宋教仁的幕后元凶。广州创办了《讨袁报》，一些报纸也出版了反袁专刊。即使是在袁世凯巢穴北京出版的国民党报纸，也不顾安危，发表了声讨袁世凯的言论。《民国报》撰文明确指出：“击宋君者非亡命之徒，乃吾人之政敌也。”《国风日报》发表社论猛烈抨击袁政府“谋叛，暗杀，卖国”，是“杀人政府”。一些非国民党报纸这时也看清了袁世凯的嘴脸，加入了反袁宣传的行列。于是，袁世凯不得不亲自上阵弹压舆论。5 月 1 日，袁世凯发布总统令，规定：凡罪案未经审讯前，报纸不得刊载。同月，内务部通令各地报刊不得使用“万恶政府”“政府杀人”“民贼独夫”等字样，违者从严取缔。6 月 17 日，内务部又两次通令全国各报，不得就“宋案”和善后大借款事进行“谩骂”与“泄露机密”，否则按“报律”议惩，公然将已废止的亡清《钦定报律》重新搬回民国的报坛。② 从此，报馆、报人被警告训斥、传讯罚款、搜查封禁，报人被捕被杀的事件接连不断，北京《国风日报》、天津《新春秋报》和《民意报》、汉口《震旦民报》等一大批国民党系统的报纸遭封禁。

为了推翻袁世凯的统治，再造共和，孙中山领导的国民党于 1913 年(农历癸丑年)7 月发起“二次革命”，又称“癸丑之役”，江西、南京、上海、福建、湖南、广东、四川等省市，或宣布独立，或起兵反抗。“二次革命”爆发后，袁世凯政府颁发的新闻禁令更是一个接着一个，并要求全国所有的报刊重新登记注册。

“二次革命”终因敌我力量悬殊而失败。之后，袁世凯政府借军事胜利之淫威，把国民党诬指为“乱党”，对国民党系统的报刊以及其他

---

① 《申报》，1913 年 3 月 28 日。

② 方汉奇：《中国新闻传播史》，中国人民大学出版社 2002 年版，第 157 页。

异己报刊大肆摧残，凡国民党系统的报刊一律扣以“乱党报纸”罪名而查封。

北京、天津、武汉、广州、长沙、成都、福州、南昌、开封等地国民党系统的报刊全部被查封。非国民党系统的报刊，只要有碍袁世凯的独裁统治，也被乘机剿灭。一些本来拥袁的报纸也有因“城门失火”被殃及者。在北京，《超然报》本是军阀江朝宗津贴的报纸，因刊登《顺天府中之黑幕》一则消息，被赵秉钧指为“诋毁军人名誉”而被查封。政治上相当保守的《正宗爱国报》，因一个编辑写的时评中有“军人为国家卖命，非为个人卖命。若为个人，可谋生之处甚多，何必从军”等语，就被扣上“迹近通匪，煽惑军心”的罪名而被查封，该报社长丁宝臣后来也遭到枪杀。① 在广州，袁世凯的代理人龙济光在一天之内就查封了《中国日报》《平民报》《中原报》《民生报》《讨袁报》《觉魂报》六家反袁的国民党报纸。教会报纸《震旦报》因言论激烈而被封，发行人康仲荦被杀。一向“拥护中央”的《粤声报》《民治报》《公论报》等，因被怀疑与国民党的粤军和民军有关联，也先后被查封。在福州，《福建民报》《群报》《共和报》等被封，主笔被捕。在开封，《民立报》编辑敖瘦蝉撰写了一副悼念宋教仁的挽联：“目中竟无拿破仑，宜公先死；地下如逢张振武，说我就来。”这副对联发表后，敖瘦蝉被袁世凯的爪牙逮捕并枪决。② 上海的情况稍有不同。《民立报》《民权报》《民强报》《天铎报》《国民日报》等国民党报纸，因在上海租界内出版，袁世凯政府无权直接查封，但由内务部明令各地“禁止售卖”，致使这些报纸发行受阻，印数骤降至几百份，因经济上难以维持而被迫停刊。《中华民报》则因总编辑邓家彦被袁世凯政府咨请租界当局逮捕、判刑而停刊。据统计，到 1913 年年底，全国继续出版的报纸只剩下 139 家，较之民国元年的 500 多家锐减 300 多家，北京的上百家报纸也只剩下 20 余家。报刊减

---

① 刘晓滇：《中国百年报案撷录》，江苏人民出版社 2001 年版，第 176 页。

② 刘晓滇：《中国百年报案撷录》，江苏人民出版社 2001 年版，第 178 页。

少2/3，报人大批被捕被害，因而在中国新闻史上把“二次革命”失败后袁世凯对新闻界的大扫荡称为“癸丑报灾”。在“癸丑报灾”中劫后余生的报刊，其报馆大多设在上海、天津等地租界里。

二、《申报》老板史量才对局势的考量

（一）史量才接办《申报》

1872年4月，《申报》在上海创刊，创办人是英国商人美查（Ernest Major）。1889年美查返回英国，《申报》改由华洋合股的公司经营，英籍大班诶波诺脱（E. O. Abuthnot）总揽全权。1907年，华人买办席子佩等购得《申报》全部股权，《申报》自此归国人自办。20世纪初，中国时局动荡不安，上海报业市场竞争日益激烈，加上失去了洋商的直接保护，《申报》已举步维艰，勉为维持。早期《申报》在政治态度上谨慎保守，总是自觉或不自觉地站在清政府一边，这使得席子佩等人对《申报》在民国时代的前途命运充满疑虑。因此，席子佩对办报已日益厌倦，多次向友人表示想转让《申报》。史量才闻此讯息后，立即与席子佩接洽，经多次商谈，史量才斥资12万银元购进《申报》全部股权，于1912年10月20日正式签订转让合同。《申报》自此进入史量才时代。

史量才（1880—1934），名家修，原籍江苏南京，后迁居上海。他是晚清秀才，文笔口才俱佳。甲午战争后，他毅然抛弃科举，研究新学。史量才早年跟随开药店的父亲在上海滩闯荡。史量才曾协助洋商经营铁路运输和盐业，后来又投身上海教育界，一边在南洋中学教书，一边开办一所女子蚕业学校。

1911年武昌起义爆发后，江苏的革命党人积极响应，当时，同盟会江苏支部部长章梓向史量才商借女子蚕业学校作为攻取制造局的前线

集中据点，史量才慷慨应允，且分文不取。后因形势变化，商借蚕校一事作罢。民国成立后，史量才因上述与革命党人的渊源关系，社会声望日益提高，以致后来沪军都督府召开一些重要会议也邀其列席。①

进入民国时代，史量才自信凭借上述政治资本，接办《申报》后必能大有可为。但时局动荡、世事难料，正当史量才踌躇满志，准备大展宏图时，却遭遇到中国近现代新闻史上最黑暗的时代——袁世凯专制暴政时期。

（二）史量才的考量

尽管《申报》在“癸丑报灾”中幸免于难，但面对险恶的局势，该怎么办呢？是退缩沉默，还是奋起抗争、展开博弈？是放弃事业与雄心壮志，还是为前途与命运拼搏一次？……这确实要求史量才仔细斟酌，多加考量。从史量才的政治立场和社会良心出发，他的确应该挺身而出与袁世凯暴政抗争，但果真如此做，《申报》的发展和自己的事业很可能毁于一旦。

前途叵测，史量才必须审时度势，必须对历史经验、现实环境及未来发展形势细加考量：

——形势严峻，时局险恶，这对主要依靠外埠发行的《申报》冲击很大，极大地挤压了《申报》新闻业务的空间。若为了勉强维持外埠发行的畅通，对袁政府的暴政保持沉默或退却妥协，这与史量才个人的政治立场和社会良心相违背，最终也会失去民心——这对《申报》而言，更是毁灭性的打击。

——《申报》若奋起抗争，在租界的“庇护”下，最有可能遭遇的现实危机是被袁政府“禁邮禁阅”。1905 年 5—8 月，时任直隶总督的袁世凯就上演过一出“禁邮禁阅《大公报》”的闹剧，不仅没有打垮《大公

---

① 张泊远：《中国近代报人春秋》，四川人民出版社 1996 年版，第 179 页。

报》，反而令《大公报》的销量不降反增。这一历史经验，足以让《申报》抗袁的信心大增。祸福相倚、因祸得福，《申报》在抗袁斗争中说不定能迎来大发展的契机。后来的事实也证明了这一点。

——最重要的是：虽然政局昏暗、时局混乱，但未来的发展形势已显出端倪。

尽管袁世凯滥施淫威，他却从来没有真正控制过新闻界。由于复辟帝制越来越不得人心，大多数报刊都站到了袁世凯的对立面。最先起来反袁的是孙中山重组的中华革命党、老同盟会员和一些民主主义者所办的报刊。1913 年“二次革命”失败后，孙中山再次东渡日本，重组“中华革命党”，并在日本东京创办《民国》杂志和《甲寅》杂志，分别由胡汉民和章士钊主持笔政，进行反袁宣传。接着，孙中山领导的中华革命党又在海外其他地区创办革命报刊或将当地的华侨报刊改组为革命报刊，建立起反对袁世凯的宣传阵营。海外革命报刊的发展，袁世凯当然视为洪水猛兽，下令在国内禁售。1913 年 12 月中旬，袁世凯政府发现美国旧金山华侨报纸《中华民国报》在上海发售，立即以该报“语多悖谬，有害治安”为由下令查禁。由于在海外出版的革命报刊对国内的影响毕竟有限，因而中华革命党志士又潜回上海租界等国内地区，创办宣传反袁报刊。这些革命报刊无不受到袁世凯政府的迫害，但它们的反袁立场在反迫害的斗争中愈加坚定。袁世凯宣布筹办帝制后，原先拥袁、亲袁的报纸和报人，在全国人民反对帝制的强烈意志的震撼下，也转而加入了反袁行列。著名报人梁启超写了一篇反对复辟帝制的《异哉所谓国体问题者》，袁世凯派人送去 20 万元请他不要发表，被梁启超拒绝。这篇文章在《大中华》杂志发表后，各报争相转载，影响很大。在当时，真正死心塌地地为袁世凯称帝作鼓吹的，最后只剩下《亚细亚日报》等几家报纸而已。

在这种情势下，在上海报坛具有举足轻重地位的《申报》若不站出来反击袁世凯暴政，必定难以被上海报界和社会各界谅解，也很可能被社会“公众民心”唾弃。

三、《申报》与袁世凯政府博弈的三大回合

(一)抨击袁世凯政府颁行《报纸条例》

反抗专制政府的压迫，争取新闻言论自由的合法权利，是中国新闻界长期奋斗的目标。《临时约法》的颁布，反对《暂行报律》的胜利，①更鼓舞了中国新闻界争取新闻自由的信心。袁世凯窃取辛亥革命胜利果实，实施新闻统制政策，极力想动用手中的立法权制定报律，钳制新闻舆论，自然遭到新闻界的一致反对。1912 年 6 月，由《申报》《新闻报》《时报》等几家报刊发起组织的中国报界俱进会上海特别大会，专门讨论“报律”问题。有的代表提出“报律推其缘起，因专制时代政府各事秘密”，“畏人宣泄，假报律两字，以为其提防之方法”，现在共和时代，“共和国事务应主放人民，本应无秘密可言”，“报纸可以自由传播”，“若谓损害个人名誉，则民法上当有名誉赔偿之规定，似无需再定专律”。② 会议期间，发生了广东都督仍沿用《大清报律》取缔报纸事件，与会代表一致决议，以全国报界俱进会名义致电袁世凯，要求严厉纠正广东都督的错误，电称：“广东都督妄用前清报取缔报馆，全国报界同感骇惊，请严电申斥，并通令全国各省都督嗣后不得有此等违法举动，以符民国约法言论自由之旨。”③

---

① 1912 年 3 月 2 日，南京临时政府内务部颁布《中华民国暂行报律》，同新闻界约法三章，遭到当时新闻界一致抗议。新闻界质疑内务部越权：中华民国立法权属于参议院，内务部无权颁布法律。孙中山采纳新闻界的意见，于 3 月 9 日发布《大总统令内务部取消暂行报律文》，《中华民国暂行报律》随即废止。

② 《北京中央新闻报馆代表意见书》，《申报》，1912 年 6 月 8 日。

③ 马光仁：《上海新闻史》，复旦大学出版社 1996 年版，第 435 页。

1914年袁世凯政府炮制的《报纸条例》一出笼，便遭到上海新闻界的反对。《申报》率先发表评论予以驳斥，许多报纸也随后著论严厉批驳。4月7日《申报》在短评中指出："报纸者，政府所厌弃之物也，彼之所不欲言者，而报纸则刺刺不休也；彼之所不欲闻者，而报纸又强聒不舍也；彼之所欲掩藏，而报纸发其覆也；彼之所欲进步，而报纸碍其步也。"尖锐地指出了袁世凯为压制报纸宣传而制定报律的实质。《申报》在时评中指出："报纸天职有闻必录，取缔过严非尊重舆论之道，故应取宽大主义"，反对制定报律。《申报》还陆续报道北京新闻界反对《报纸条例》的消息，强调"自新报律颁布以后，中外报纸评论纷纷，多表反对"。5月27日，《申报》在时评《自由平等与法律》中再次指出："权势之辈以蹂躏自由，严分等级为法律，是法律与自由平等不相容也"，抨击袁政府妄图借用法律压迫人民基本民主权利的错误行为，从根本上否定制定《报纸条例》之必要。《字林西报》也发表评论批评《报纸条例》，指出："法令在今日实无规定之章程，唯以地方官之权力绅缩为定"，"随其意向行事"。《报纸条例》只是"纸上之文字，毫无价值"。

（二）巧妙揭露袁世凯贿买报纸的阴谋

袁世凯为复辟帝制营造舆论，1915年8月，袁世凯派人携带巨款到上海收买报纸，《申报》探悉这一阴谋后，采取巧妙手法使之暴露于光天化日之下。9月3日《申报》以答读者问方式刊出启事，公开向社会公众揭露此事。启事说："来电传言有人携款十五万来沪运动报界，主张变更国体者。事之确否，固不敢信，惟有人投书本报询问，此事并及本报宗旨者，故略表数语如下：按本馆同人，自民国二年十月二十日接手后，以至今日，所有股东，除营盈余外，所有馆中办事人员及主笔等，除薪水分红外，从未受过他种机关或个人分文津贴及分文运动。此次即有人来，亦必终守此志。再本报宗旨，以维持多数人当时切实之幸福为主，不事理论，不尚新奇，故每遇一事发生，必察真正人民之利害，秉良心以立论，始终如一，虽少急激之谈，并无反覆之调。此次筹安会之变更国体论，值此外患无已之时，国乱稍定之日，共和政体之下，无端自扰，有共和一日，是难赞同一日，特此布闻。申报经理部、主笔房同启。"①这种斗争方式十分巧妙，表面上是回答读者的问题，声明自己的清白，实际上是对袁世凯政府收买报纸阴谋的深刻揭露。在广大读者的众目睽睽之下，本想接收贿赂的报纸也不敢贸然行事了。

袁世凯对《申报》的巧妙斗争策略，确实恨之入骨，但又不敢公然向《申报》动用暴力，否则就是"此地无银三百两"，不打自招了。另外，《申报》馆，设在租界里，并且具有英商背景，袁世凯即使想打击《申报》，确实有点鞭长莫及。袁世凯要复辟帝制，必须取得外国列强的谅解与支持(如，日本以支持袁世凯做皇帝为交换条件，于 1915 年 1 月 18 日，向袁世凯秘密提出灭亡中国的"二十一条")，因此袁世凯不到万不得已，绝不敢冒着得罪列强的风险，派人到租界对《申报》及其他报刊"动粗"。袁世凯贿买上海报纸难以成功，1915 年 9 月只好派自己的御用报纸——北京《亚细亚日报》到上海出版分版，为复辟帝制营造舆论。

上海《亚细亚日报》创刊前，为提高自己的知名度，扩大影响，在各报刊出启事，声明本报"总撰述为在《时报》《申报》担任北京通信之黄远生先生"。可是上海《亚细亚日报》正在紧锣密鼓筹备出版之际，黄远生由北京抵达上海后，于 9 月 3 日在上海各大报刊出启事称："鄙人现已离京，所有曾担任之《申报》驻京通信员及承某君预约上海某报之撰述，一概脱离。至鄙人对于时局宗旨，与《申报》近日同人启事相同，谨此。"②黄远生此举，无疑向社会各界和公众公开表示与袁世凯政府决裂的态度。

---

① 《本馆答读者质询之启事》，《申报》，1915 年 9 月 3 日。
② 《黄远庸之启事》，《申报》，1915 年 9 月 6 日。

黄远生(1885—1915)，原名基，字远庸，远生是他的笔名，江西九江人。黄远生年少时勤奋好学，曾在两年内连中秀才、举人、进士三榜而名声大噪。辛亥革命后，他弃官从文，全身心投入新闻事业，担任上海《申报》《时报》《东方日报》驻北京的特约记者和北京《亚细亚日报》的撰述。在新闻业务上，黄远生以擅长写新闻通讯而著称于世，被誉为中国新闻通讯的奠基人，是民国初年的名记者之一。戈公振先生在《中国报业史》中称之为“报界之奇才”。民国初年，黄远生的基本政治态度是拥袁反孙的，因而担任过北京《亚细亚日报》的撰述；但随着时局的发展，他逐步认清了袁世凯的反动本质，遂宣布脱离一切政党而独立。袁世凯准备复辟帝制的时候，对他进行多方拉拢，欲借重其文名和声望。黄远生为了摆脱袁党的纠缠，于1915年9月离京逃至上海，在报纸上刊登启事公开表明反对帝制立场，随后因担心袁世凯报复而被迫流亡美国。

《申报》把黄远生的启事放在第一张第一版报头左侧，以大字刊出，连登九天。这对即将出版的上海《亚细亚日报》是一次沉重的打击。上海《亚细亚日报》一出版就收到许多群众的抗议信，有署名“帝制之敌”、“反袁至死”等，并声言将以激烈手段对付之。该报也不得不承认“恫赫之书信来者益多”，请租界巡捕房派巡捕保护。① 但仍不能免遭横祸。在出版的第二天就有人从正门掷入巨型炸弹，炸死三人，伤十余人，馆内设备也遭到严重破坏。《亚细亚日报》并没有吸取教训，停止出版，反而挟政府之力，要求租界当局从严追究。不料11月17日，又有人从二楼窗户投入炸弹，经理刘竺佛受伤，房屋及家具破坏严重，加之四周邻居的反对，该报被迫停刊。

以前，只有袁世凯动用暴力手段查禁报馆、残害报人，现在民众“以其人之道还治其人之身”炸毁袁世凯的御用报社，确是天下奇闻。

---

① 《中国近代报刊史参考资料》，中国人民大学新闻系1980年编印，第227页。

(三)与上海新闻界巧拒"洪宪纪元"

1915年10月，袁世凯政府控制的参政院决定召开"国民代表大会"。在袁世凯爪牙的包办下，导演了一出"国体投票"丑剧。12月，各省"代表"1993人投票的结果，赞成恢复君主体制的正好1993票，各省的"推戴书"上都写着完全一样的字句："恭戴今大总统袁世凯为中华帝国皇帝，并以国家最上完全主权奉之于皇帝，承天建极，传之万世。"12月11日，参政院上总"推戴书"袁世凯模仿古代封建皇帝三次故作"谦让"，参政院三度"劝进"。12日，袁世凯尊重"民意"，宣布接受推戴。13日，袁世凯接受百官朝贺，改中华民国为中华帝国，以1916年为中华帝国洪宪元年，定于元旦举行"中华帝国皇帝"的登基大典。

袁世凯复辟帝制的闹剧正式开场后，袁世凯政府通令全国各地报纸一律采用"洪宪纪元"。袁政府的倒行逆施，遭到上海进步报纸的反对，《申报》也以刊登启事方式予以揭露。1916年1月12日，《申报》在启事中称："昨由日报公会抄录沪海道尹公署来函。径启者，奉内务部佳电开，本年改洪宪元年，业经恭奉明令，乃查上海各报仍有沿用民国五年者，应即知照各报馆，如再沿用，不奉中央政令，即按报纸条例严行取缔，停止邮递，希查照办理等因，相应函致。贵公会查照，希即传知各报迅即遵改，本馆因此不再沿用，特布。"①上海各报虽不再沿用民国纪元，但并未改用"洪宪纪元"，只用西历及旧历纪元。这种既不用"民国纪元"，也不用"洪宪纪元"的策略，充分表明《申报》为代表的上海新闻界与袁世凯不合作的态度。

袁世凯政府对上海新闻界的对抗态度十分不满，再次令江苏巡按使命令淞沪警察厅长"饬知各报遵行"，违者严惩。上海各报迫于压力，不得不改用"洪宪纪元"。但在编排方式上表达自己对袁政府的蔑视态

---

① 《本馆启事》，《申报》，1916年1月12日。

度。1 月 26 日《申报》报头的编排体式是：上行用正常字体排印："西历一千九百十六年一月二十六日，星期三"，接用"旧历乙卯十二月二十二日"，在此之下用极小字标明"洪宪纪元"。粗心大意的读者简直难以发现。同日刊出启事，内称："本报前日接日报公会转录上海警察厅函云：敬启者，上海各报应改用洪宪纪元一案，前奉宣武上将军接准内务部佳电，如再沿用民国五年，不奉中央令，即照报纸条例严行取缔，停止邮递等因，饬行到厅，当经函请遵改在案。兹接上海邮务管理局来函，以此案奉交通部令饬照办。函请查照，前来查各报不用洪宪纪元，即奉部饬，停止邮递，敝厅管辖地内，事属一律，应即禁止发卖，并将报纸没收。弟以报纸为言论机关，且上海各报馆亦与敝厅感情素笃，为再具函奉告，务希贵会转知各报馆即日遵改，如三日内犹不遵改，则敝厅职责所在，万难漠视，惟有禁止发卖，并将报纸没收也云云，本馆故即改，特此布告。"①其他各报大多采用此种手段。这既表明报馆采用"洪宪纪元"出于无奈，请求读者谅解，同时也是揭露袁政府压迫新闻界反动罪行的一种手段，同样起到教育众多读者认清袁政府反动面目的作用。当得知袁世凯的皇帝梦破灭的消息后，各报立即去掉"洪宪纪元"，改用"民国五年"，比中央政府正式通知早两天。

在中国封建时代，皇帝的年号是"皇权正统"的象征，是"普天之下，莫非王臣"的政治文化符号。《申报》等报刊敢于如此巧妙蔑视"洪宪纪元"，确实够"胆大包天"了！

四、《申报》与袁世凯政府博弈的策略评述

史量才接办《申报》时，正值中国政局最混乱的年代：政党纷起，争权夺利，政局始终难以稳定，无法步入正轨。在这种情势下，《申

① 《本馆启事》，《申报》，1916 年 1 月 26 日。

报》难以分辨是非，只求营业发展，在言论方面一时处于朝秦暮楚、无所适从的境地。对时局问题采取早期《申报》不评论或少评论的方针，即使遇到重大问题时，也采取模棱两可的态度。如 1913 年“二次革命”发生后，8 月 18 日《申报》在时评《消除祸乱之真义》中提出，为什么中国纷争不停？是因为“政府仍以严厉之手段防党人，而党人仍以破坏手段对政府”，“则中国从此多事也”。这显然是对袁世凯政府和革命党“各打五十大板”。它呼吁“此后政府专心从事根本之建设，开诚布公以待南方之人民”，而“党人应本其正大光明之宗旨”，“养成有价值之政党，而不可预存有意乘机挑剔之事，与政府为难，以逞其报复之私心”。

由于残酷事实的警示，《申报》进一步从现实中清醒过来，对袁世凯的独裁专制、复辟帝制的面目认识日益清楚，也投入批判袁氏阴谋活动的斗争中来。但是，由于史量才时期的《申报》已是国人民营商业性报纸，尽管有比较“安全”的租界环境作为屏障，但这毕竟不是安身立命的万全之计，加之《申报》背后没有任何政党政治势力可作为靠山，因此，《申报》在反袁斗争中必然要讲究策略，为自己的生存与发展留下后路。史量才出于自己的政治立场和社会良心，让《申报》积极投入(有时起带头作用)反袁斗争，但为了表明民营报刊客观、公正立场，同时也为了让报纸“安全”发展，因而在反袁斗争的激进程度和斗争方式上，与国民党报纸及其他政党报纸都有所不同，其反袁斗争的基本策略是：

(1)时评言论较含蓄，采用春秋笔法。报纸社论是代表编辑部立场观点的权威性言论，是报纸的旗帜，就当前重要事件和迫切问题发表意见，表明态度，负有影响并引导舆论的作用。这时期的《申报》没有设社论栏，只在每日报纸的第一张要闻版的首位，设有“时评”栏目，实际上它担负着社论的使命。中华民国建立之初，《申报》的时评一般文字较长，说理充分。从“宋案”发生后，袁世凯政府对新闻文化界的高压政策日益严重，《申报》时评的文字也渐渐缩短，多者几百字，少者一两百字，其笔法含而不露。在批判袁世凯复辟帝制的斗争中更是如此。如1914年5月30日，《申报》时评《根本错误》中指出：“所以革命者，为欲改革前清末季政治之不良也，不幸革命以后措施未能得当”，不仅未能“去旧谋新”，反而“恢复其固有之原状为最终之目的，是政府之大误也”。① 在批判筹安会的反动行径时，《申报》时评仅以“今之反对筹安会者多以国危民乱之词为恳切之忠告”。1915年7月，在袁世凯复辟帝制闹剧紧锣密鼓地进行时，《申报》连续发表了《暗潮》《宪法起草》《国体》等时评给予批判。在《国体》一文中说：“国体国家之利害，而非个人之利害也”，当今“国家多故之时，国体亦不宜屡变”，若“国体屡变，则一切国内之事无不尽变，国民日在摇摇不定之中”，必将造成“束手无策，而国乱益不可向也”。② 这既表明了《申报》对袁世凯变更国体复辟帝制的批评，也显得言论“客观、公允”。

(2)用转载抨击帝制文章之方式，以表明自己的立场观点。《申报》在反对袁世凯复辟帝制的斗争中，其时评不足以满足广大读者的要求，过于激烈又怕遭到不幸，就用转载其他报刊批判文章的办法，以表明自己的立场和态度。《申报》先后转载了英文《字林西报》《大陆报》、上海《泰晤士报》等报刊上的批判文章。如《美国律师对恢复帝制之忠告》《西报纪上海华人对帝制之态度》《西报论中国之革命》《西报对于中国帝制之抨击》《西报述浙人对帝制之心理》《英文京报论帝制派之失望》等，扩大反对复辟帝制斗争的影响。最为典型的是转载梁启超批判帝制的文章《异哉所谓国体问题者》一文。此文是当时批判帝制影响最大的长篇文章，袁世凯曾派人用巨款收买梁启超，要求不要公开发表，遭到梁启超断然拒绝。1915年8月20日，此文发表在《大中华》杂志第1卷第8期上。为了扩大影响，9月9日《申报》以大字标题、大块篇幅刊登介绍这期《大中华》杂志的广告。内称“梁任公主撰之《大中华》第八期已出版”，“国体问题发生，全国人应研究，本报梁任公主凡三篇，洋洋万

① 《根本错误》，《申报》，1914年5月30日。

② 《国体》，《申报》，1915年7月13日。

言，切中今日情势，为关心时局者不可不读”。附载了三篇论文题目，即《异哉所谓国体问题者》《国体问题与外交》《宪法起草问题答客难》。9 月 10—11 日两天全文转载了《异哉所谓国体问题者》一文。在文前加编者按称“全篇洋洋万言，筹安会中人闻之曾特至天津阻其发表”。说明了此文的重要，更能引起读者的注意。之后又连续发表了梁启超的《国体问题与民国警告》《梁任公与英报记者之谈话》《上袁大总统书》等文章，都是批判袁世凯复辟帝制阴谋的。①

（3）用客观报道方法，反映全国反对复辟帝制的形势，扩大反袁斗争影响。对袁世凯复辟帝制的活动，《申报》同样运用新闻报道手段进行斗争，表面上看是客观报道，各方面的情况都作反映，然而实际上有所侧重，倾向性是很明显的。如报道筹安会的活动就很典型。1915 年 8 月 23 日，在《筹安会发起后之京城各面观》的长篇消息中，报道了赞成与反对者两方面的情况。说“发起者都系官吏”，“赞成派以官僚中人为多，如某次长、某总长及参政院某参政数人”，情况介绍甚为简单。反对派多是“热心国事及失志之人”，以及赵尔巽、汤化龙、贺振雄、蔡谔等“各政党之重要人物”，群众中反对者更多，“连日来上书者不下数千百起”。还全文摘录了一封反对帝制信件的全文，该信指出“筹安会殊属骇人听闻”，是“独不为天下人民生计”的行为，警告筹安会发起者“猛省及早解散此会也”。8 月 27 日报道“京中报界态度”的消息中，其倾向性更为明显。报道赞成派“为亚细亚报与国华报，均筹安会未发起以前，即从事讨论古德诺之政治谈话而极表示赞成态度”，仅此一句。报道反对派则列举了《国民公报》《新中国报》《醒华报》《天民报》等具体批判筹安会反动行为的情形。特别指出“筹安会诸公公然与约法为敌”，“国体屡更非民之福”，“变更现时国体”，在“国法上视之则乱贼也”，等等。这则消息告诉人们，在北京新闻界不支持和反对帝制的是多数，

① 《中国近代报刊史参考资料》，中国人民大学新闻系 1980 年编印，第 236 页。

袁世凯的倒行逆施是十分孤立的，其失败是必然的。

袁世凯逆历史潮流而妄行，悍然复辟帝制，遭到全国各界（以新闻界、政界、军界为代表）的共同讨伐，袁世凯成为名副其实的“孤家寡人”（帝王本是称孤道寡者）。1916 年 3 月 22 日，袁世凯不得不宣布取消帝制，23 日下令废止“洪宪”年号，总共只当了 83 天的短命皇帝。帝制撤消后，袁世凯还想当民国大总统，遭到亿万人民的强烈反对。全国各地纷纷发表宣言、通电，反对袁世凯继续做总统。6 月 6 日，袁世凯在全国人民的唾骂声中死去。

在反袁斗争中，《申报》有胆、有识、有谋略，表现突出，因而社会声望日隆，社会影响力大增。史量才以此为契机，经过苦心经营，使《申报》步入快速发展轨道。1912 年，史量才接办《申报》时，其日发行量才 7000 份，短短几年之后，在 1922 年《申报》五十周年时日发行量已增至 5 万多份，1925 年又增至 10 万多份，1928 年猛增至 14.3 万多份。报社资金积累成倍上升，1912 年史量才筹资 12 万元购得《申报》，1918 年就以 70 万元建造了《申报》大厦。到 20 世纪 30 年代初，《申报》仅有形资产已达 150 万元，已发展成具有相当规模的企业化大报，在全国民营报刊中首屈一指，在全国新闻界的地位举足轻重。史量才时期，是《申报》发展史上的全盛时代。

上述事实说明，以《申报》为代表的新闻界在与袁世凯政府的博弈中取得了胜利。这一次胜利是偶然的吗？为什么标榜“政治中立”的民营报刊也敢于奋起抗争袁世凯暴政？为什么处于弱势的民营报刊却能“战胜”强势的专制政权呢？……要回答这种种疑问，笔者认为只能在中国近代民营报刊的社会生态中寻找答案。

《申报》与袁世凯政府展开博弈，表面上是中国民营报刊与专制暴政相抗争，实质上是中国近代维系民营报刊社会生态环境的各种社会政治力量在更深的层次上展开博弈。

（喻平阶，副教授，主要研究方向为新闻传播史、中国历史文化。）

数字电视资本经营初探

黄　进

摘　要：相比传统的模拟电视，作为信息技术前沿的数字电视有比较优势。世界各国把数字电视的普及作为国家战略给予高度重视。然而，数字信号的转换、数字网络的改造、数字设备的更新以及数字内容的生产需要大量资金。依靠电视的常规经营(广告、节目)难以为数字电视发展提供可靠的资金保障。通过资本经营，实现资本与数字电视的结合。电视媒体可以以此弥补资金的不足，资本获得了新的投资渠道，电视与资本实现了双赢。

关键词：数字电视；比较优势；资本经营

一、数字电视的比较优势

数字电视是指从电视节目采集、录制、播出到发射、接收全部采用数字编码与数字传输技术的新一代电视，是在数字技术基础上把电视节目转换成为数字信息，以码流形式进行传播的电视形态，综合了数字压缩、多路复用、纠错掩错、调制解调等多种先进技术。①

---

① 黄升民：《数字电视产业经营与商业模式》，中国物价出版社 2002 年版，第 3 页。

在以信息为王的时代，数字电视技术被世界各国视为一项战略技术而备受重视。

(1)以卫星数字电视、地面数字电视和有线数字电视为主导的数字电视网络成为正在构建全国统一的“信息高速公路”骨干。中国目前有国家数字干线网4万多公里，全国地方网络370多万公里，连接2亿多家庭，数字家庭1亿多户。卫星数字电视覆盖全国95%以上的地区。在无法联网的偏僻山区、丛林海岛，数字电视成为家庭接受信息的主渠道。

(2)数字电视正引领全社会进入信息时代。数字电视为信息的数字化传播提供了一个全新的平台。通过这个平台，包括电视节目在内，各种形式的数据广播和借助上行通道实现交互业务，使得电视正从单一的广播视频服务向具有交互功能的多媒体服务发展。①

和其他数字网络和传统模拟电视相比，数字电视具有自己独特优势。

(1)提供高质量的视频和音频。电视本身就是提供视音频服务。视频和音频是电视的先天优势。从传统电视的“特丽珑”显像技术和丽音功能到数字电视的高清显示与CD级音质。数字电视真正成为了“家庭影院”。

(2)功能多、用途广。数字电视不仅可以传输数字音视频内容。而且可以充分利用频率的上下沿通道实现双向传输，即用户和经营中心的即时通信。同时高达500兆的带宽不仅可以容纳视频、音频数字信号，还可以进行双向数据传输、宽带网络传输，实现上网、办公、通信、政务、商务等多种功能，使得数字电视机真正成为家庭信息平台。

(3)经营可控、安全传输。数字电视节目传输采用数字压缩和加密技术通过光缆传送到千家万户，在传输过程中实现了保密性和高抗干扰

---

① 黄升民：《数字电视产业经营与商业模式》，中国物价出版社2002年版，第4页。

性，确保了信息安全。作为接收端的数字电视机顶盒采用先进的有条件接收的 CA 技术，用户通过智能卡将用户信息和服务指令实时传送到数字电视经营中心，中心服务器根据智能卡提供的信息为用户提供针对性的服务，从而超越了传统模拟电视只能提供单向的视音频传输服务的单一功能。由于采用 CA 技术，用户的要求在数字电视经营中心均能得到响应，实现了服务的可控性。CA 技术的应用也为数字电视付费业务开展创造了条件。用户可以实现不看电视不收费，多看电视多收费，还可以按频道收费、按节目收费、按时段收费甚至按次收费。

(4)带宽高、资源丰富。我国干线数字电视网络已经实现了光缆化，带宽容量达千兆以上，地方采用同轴有线网络带宽也高达 400~500 兆。模拟电视一个频道须占用 8 兆带宽，采用数字化后，原先一个模拟频道可以容纳 4~5 个 DVD 质量数字频道。理论上讲，普通的同轴电缆网络可以同时传输 200 套以上电视节目，同轴光缆可以传输 400~500 套节目，以中国为例，截至 2012 年，全国开播的数字付费节目就达 144 套，其中电视节目 130 套，广播节目 14 套。数字电视释放了频道资源。频率稀缺的瓶颈得到破解。同时由于有线网络的高带宽(经过改造的数字光纤网络带宽可达 1G 以上)，高速上网和传输高清节目成为可能。

二、数字电视资本经营系统

长期以来，电视是被当作政府的一个宣传部门来进行管理。经费由政府提供，盈亏归公，没有经济指标，经营责任，也没有经营自主权。管理人员由上级任命，享受同等公务人员待遇，业务人员由人事部门调配，信息传播按上级宣传指令行事。在这种情况下，电视谈不上经营。

在传统的模拟电视时代，受制于电视频率资源的稀缺性、传播范围的局限性和行政管理的地域性(我国广播电视行政管理实行的条块分割、以块为主管理体制。国务院广播电视行政管理机关负责业务指导，地方政府领导事业建设）。电视市场分割为一个个区域地方市场，电视媒体数量有限，而地方政府为保护本地的电视媒介设置重重地域壁垒，以此阻滞外来的电视媒体进入。每一个电视媒体只能在自己所属的一亩三分地里“精耕细作”。电视产业既缺少竞争，又缺乏活力。

随着卫星数字技术和有线数字技术逐步替代模拟技术，频率资源的稀缺性瓶颈被打破。卫星电视迫使地方政府不得不“放开天空”，成就了一个全国性的电视市场。广电总局 82 号文要求有线数字网络实行“网台分离、企业经营”，成为电视媒体中最早走向市场，经营最成熟的领域。进入到数字电视时代，真正意义上的电视经营才开始到来。

资本经营是企业战略经营的重要组成部分。长期以来，中国电视经营“重广告”。

资本经营是生产要素优化配置和资产结构动态调整的重要手段。从经济学角度上讲，所谓资本，是指企业从事生产经营活动而垫付的本钱。① 19 世纪，苏格兰经济学家麦克鲁德认为：“资本是用于增值目的的经济量，任何经济量均可为资本。凡可以获取利润之物都是资本。”马克思认为，资本是可以带来剩余价值的价值，资本主要目的是使资本增值。

资本的特征表现为：第一，资本可以表现为多种形态，既可以是货币资本，也可以是品牌资本，还可以是人力资本；第二，资本必须能够带来剩余价值。即资本投入必须带来大于所投入的产出，也就是利润；第三，资本要能够带来剩余价值，就必须不断运动，即投入—产出—再投入—再产出。在往复循环的资本运动中，原始资本才能够获得最大化收益。

在社会主义市场经济条件下，资本对于中国广播电视体制和机制的

---

① 陈明森、林述舜：《中国资本运营问题报告》，中国发展出版社 2003 年版，第 2 页。

改革与发展有重要意义。

(1)有利于提升广播电视的生产力。资本可以带来剩余价值，随着剩余价值的不断资本化，广播电视媒体的资本积累不断提升，从而为广电媒体迅速积累雄厚的经济实力，为做大做强广播电视事业提供坚实的资金支持，提升广电媒体的生产力水平和效益。

(2)有利于优化广播电视产业结构，提高资产运作效率。我国电视媒体通过长期的国家投资和自我积累，聚集了一定的自有资本。长期以来，这些资本基本处于闲置状态，大多以“买枪造楼”(即设备更新，建新办公楼)的形式消耗掉了，没有实现资本的增值。通过资本经营，可以使存量资本转换为货币资本被盘活，实现存量资本的保值增值。

当资本积累达到一定规模，就必然要求按照市场经济规则从事生产经营活动。传统的以意识形态为主导的广播电视管理体制和机制必须进行改革，向着适应市场经济的体制机制转变。促使广播电视事业中凡是能够从事生产经营的部分都可以走向市场，按照企业法则从事生产经营活动。市场经济必然带来竞争，竞争产生资本的集中，可以尽快实现广播电视企业的优胜劣汰，优化广播电视产业结构。同时，资本的集中会使产业资本和金融资本融合，从而培育出具有雄厚实力的广电集团与国际传媒巨头竞争，大大提高我国的综合国力和文化软实力。

(3)有利于推动广播电视的现代企业制度的建立。现代企业制度基本特征是产权清晰、权责明确、政企分开、管理科学。在国有资本占绝对主导地位的广播电视事业，长期以来重宣传轻经营。资本的介入必然要求对广播电视媒体的管理制度、经营方式、经营战略进行一系列变革和创新，以实现资本的增值。这就要求广电媒体将经营管理放在和新闻宣传同等重要地位，做到宣传与经营分离，实行“两条腿走路”，引入现代企业制度，在明确产权前提下，盘活国有资产，壮大广电实力。通过产权流动，将不同利益关系聚合在一起，组成共同利益群，国家以出资人身份对广播电视国有资产进行监管，广播电视媒体以经营者身份承担国有资产的保值增值责任，企业管理层对出资人负责，促使电视媒体真正按照市场规律经营，建立现代企业管理制度。

所谓资本经营，是指以资本急剧增值和市场控制最大化为目标，以产权买卖和“以少控多”为策略，对企业和企业外部资本进行兼并、收购、重组、增值等一系列资本经营活动。①

资本经营的本质是通过资本的交易和使用使资本实现增值，实现资本利益的最大化，即资本产出大于资本投入。资本经营的主要手段包括投融资、企业重组、兼并以及产权交易等。

数字电视是电视发展史上的一次革命。从模拟电视向数字电视转换不只是简单的信号特征的改变，而是涉及从前端的内容采集制作，中端的网络传输到末端的设备接收的整个电视传播流程的系统转型。这一庞大系统的转换需要巨额资金的投入。以有线网络数字化改造为例，中国目前有线电视用户超过 2 亿，“网络整合、网络数字化改造和终端用户的机顶盒投入，平均每户需要 1500 元”②，测算下来，共需 3000 多亿元。全国广播电视行政事业单位(广播电视台)财政收支如表一。这样的巨额投入，仅仅依靠行业自有资本是无力支撑的，必须通过有效资本经营才能完成。

表一　　**全国广播电视事业单位财务收支**③(单位：万元)

年份	收入	支出	盈余
2000	4309786. 75	4152334. 96	157451. 79
2004	6028554. 60	5760748. 29	267806. 31
2012	14978309. 80	14127202. 11	851107. 69

① 朱玉辰：《企业资本运营》，中国财政经济出版社 2000 年版，第 2 页。

② 初蒙：《广电总局欲整合有线网络》，http：//it. sohu. com/20050528/n225737327. shtml.

③ 数据来源：国家广电总局规划财务司 2000 年、2004 年、2012 年广播电影电视业统计资料。

中国的电视台既不像美国商业电视那样完全属于私人企业，逐利性是其本质属性，获取利益是唯一目的；也不像英国广播公司那样属于公共电视，以维护公共利益为己任，全社会负担运营费用，没有衣食之忧。中国电视的特殊性在于它既是事业机构，即“国家为了社会公益目的，由国家机关举办或者其他组织利用国有资产举办的，从事教育、科技、文化、卫生等活动的社会服务组织”。① 同时国家又明确把它定位为第三产业。1985 年，国家把广播电视列入第三产业统计目录，1992 年把广播电视纳入需要加快发展的第三产业行列。在中共中央、国务院颁布的《关于加快发展第三产业的决定》中明确指出：“以产业为方向，建立充满活力的第三产业自我发展机制，现有大部分福利型、公益型和事业型第三产业要逐步向经营型转变。”同年，江泽民总书记在视察《人民日报》时明确指出：“过去我们的传媒只讲宣传，如今在市场经济条件下，新闻传媒既要宣传，又要经营。”这种对传媒的双重属性的认可，一方面保证了国家对新闻宣传的绝对领导，另一方面为中国传媒的产业经营包括资本经营创造了一个良好的政策环境。

数字电视的资本经营是一个大经营系统，包括市场法律环境系统、资本经营系统、品牌经营系统等。

1. 市场法律环境系统

长期以来，我国电视台一直实行事业体制，经营管理活动受到严格限制。法律限制电视台对资本市场的开放，将外来资本拒之门外。

数字电视要想引入外来资本，首先要创造一个良好的市场法律环境，保证市场的开放性、公正性，用法律明确企业产权性质与归属，规范投资者的行为，保障投资者的权益，鼓励投资者进入数字电视领域。

---

① 《事业单位登记管理暂行条例》，国务院 1998 年发布，2004 年修订。

美国为促进包括电视、信息服务在内的信息产业发展，于1996年重新修订《联邦通讯法》，为电视业，尤其是数字电视的发展提供了强有力的法律支撑。该法案打破了原有电视、电信跨行业经营的法律禁锢，允许电视、电信兼并、重组，激活了沉寂许久的电视资本市场，直接促进了电视和电信业的一系列并购，有力促进了数字电视在美国的推广。

我国对广播电视的资本市场立法还是空白。长期以来，我们一直把包括广播电视在内的大众媒介视为意识形态调整的范畴，虽然颁布了《广播电视条例》《有线电视管理暂行办法》等一批行政法规，对电视台、传播网络等进行了法律上的界定，但对于电视领域的资本经营活动却未涉及。虽然国家广电总局出台关于广播影视集团融资和跨媒体、跨地区经营的一些规范性文件。但是这些文件仅是部门规章，法律效力较低。对于投资者而言，缺乏强有力的法律保障，始终是阻碍投资的门槛。因此，在数字电视推广过程中，出现一种“两极化”现象。一极是一些电视台通过自己的特殊身份和地位，利用一些地方政策，在一些地方形成经营垄断，如网络垄断、资本垄断、设备销售垄断等，极力阻止外来资本进入数字电视领域。另一极是，由于没有相应的法律保障，一些电视台在资本经营中，尤其是涉及产权交易、投融资交易，往往处于话语劣势，甚至造成国有资产流失。

由于广播电视事业的高速发展，广播电视业对资本的需求越来越强烈。广播电视业对外来资本的开放程度越来越高。尤其是数字电视的转换与推广需要庞大的资金支持，数字电视节目的制作与生产也有赖于资金的保障。没有一套完善的法律保障体系，不仅业内进行资本经营无章可循，业外资本也会望而却步。有鉴于此，20世纪90年代以来，国家各级主管部门对于包括广播电视在内的传媒业资本经营的相关政策、意见纷纷出台（见表二）。

表二　　我国传媒业资本经营相关规范文件[①]

时间	颁布部门	名　称	主要内容
1992	中共中央国务院	《关于加快发展第三产业的决定》	加快发展第三产业重点是：对国民经济发展具有全局性、先导性的基础行业，主要是交通运输业、邮电通讯业、科学研究事业、教育事业和公用事业。利用金融和税收等经济手段扶持第三产业的发展。
1995	国家广电总局	《关于进一步加强和改进广播电影电视工作的报告》	吸收外资进行广播电视基础设施建设。
1999	国家广电总局	《关于加强广播电视有线网络建设管理意见的通知》	建立企业化的广播电视网络传输公司。以现有广播电视网络资产为基础，以省、自治区、直辖市为单位组建公司，地(市)、县相应建立分公司或子公司，统一经营管理广播电视传输业务。
2001	中共中央宣传部 文化部 国家广电总局 新闻出版总署	《关于文化体制改革试点工作的意见》	新闻媒体实行国有事业体制，要进一步深化内部改革，转换经营机制，加强管理，降低成本，增强活力。要以资本为纽带，推动兼并、联合、重组。探索以电视台为主体整合广播电视资源。广告、印刷、发行、传输等经营服务部分，可转制为企业，面向市场，搞好经营，建立现代企业制度，实行自主经营、自负盈亏、自我发展、自我约束。

① 资料来源：国家广电总局网站(www.sarft.gov.cn)；湖南大学王莎硕士学位论文《20世纪90年代以来中国广播电视产业投融资政策发展研究》；《中国广播电视年鉴》1996—2012年。

续表

时间	颁布部门	名　称	主要内容
2001	国家广电总局	《关于广播影视集团融资的实施细则》《关于广播影视集团实行多媒体兼营和跨地区经营的实施细则》	广播影视集团可以采取在新闻出版广播影视系统内融资、银行信贷、买方信贷、融资租赁、企业债券及股份等形式募集资金。电视剧制作机构经省级以上广电主管部门批准，在集团控股前提下可以吸收国有资本、非国有资本组建股份的制作公司，也可以吸纳境外资本和技术开展影视剧拍摄、制作基地建设。广播电视传输网络公司可以采取新闻出版广播影视系统内融资、银行信贷、买方信贷、融资租赁、企业债券及股份等形式募集资金。经国家广电总局批准，国有企事业单位及国有控股企业可以参与传输干线网建设，系统内资金可以参与分配网建设，但系统外单位不得参与宣传业务和经营管理。广播电视传输网络公司可以吸收国有资本进行股份制改造，集团必须控制51%以上的股份，同一国有企事业单位或国有控股及其关联企业参股省级网络公司股权比例不得超过25%。积极鼓励中国广播影视集团及中央三台（中央电视台、中央人民广播电台、中国国际广播电台）以资本为纽带，采取兼并重组、联合经营等方式，跨地区经营广播电视传输网络，开办地方广播电视分台或与地方广播电视台合办频道、频率、栏目。选择若干具备条件的省级广电集团进行跨地区经营试点。省级广电集团在不新增频道、频率的前提下可以在本省区域内开办分台或与地市合办频道、频率，也可以跨地区经营广播电视传输网络，合办专业频道或栏目。

续表

时间	颁布部门	名　称	主要内容
2004	国家广电总局	《关于推进广播电视有线数字付费频道运营产业化的意见》	用户接入运营机构经省级广播电视行政部门批准，可按照国家广播电影电视总局关于有线广播电视网络融资的有关规定吸纳国有及国有控股企业的资金，广电部门要保持控股地位和实际控制力。
2005	国务院 国家广电总局	《关于非公有资本进入文化产业的若干决定》 《推进试点单位有线电视数字化整体转换的若干意见（试行）的通知》	非公有资本可以投资参股下列领域国有文化企业：出版物印刷、发行，新闻出版单位的广告、发行，广播电台和电视台的音乐、科技、体育、娱乐方面的节目制作，电影制作发行放映。上述文化企业国有资本必须控股51%以上。 非公有资本可以建设和经营有线电视接入网，参与有线电视接收端数字化改造，从事上述业务的文化企业国有资本必须控股51%以上。非公有资本可以控股从事有线电视接入网社区部分业务的企业。 各试点单位要积极扩大投融资渠道，多方筹措资金。可以按照《国家广播电影电视总局、国家开发银行金融合作框架协议》精神，争取国家政策性银行对整体转换的信贷支持，也可积极争取其他银行或金融机构对整体转换的金融支持。根据《国务院关于非公有资本进入文化产业的若干决定》（国发[2005]10号），在确保国有广播影视单位控股51%以上的前提下，可以吸收境内非公有资本参与推进有线电视数字化整体转换及业务开发。鼓励率先实施数字化整体转换的试点单位，采用联合、合作、投资入股以及兼并等方式，跨地区从事有线电视数字化建设和业务开发。

续表

时间	颁布部门	名　称	主要内容
2008	发展改革委 科技部 财政部 信息产业部 税务总局 广电总局	《关于鼓励数字电视产业发展的若干政策》	鼓励金融机构在科学、审慎、风险可控的原则下，积极支持数字电视网络和基础平台建设，进一步为数字电视产业发展提供金融服务。
2009	国家广电总局	《关于加快广播电视有线网络发展的若干意见》	支持国有资本参与有线网络建设和数字化改造，大力培育实力雄厚、影响力大、核心竞争力强的大型有线网络运营企业。鼓励和支持有实力的省级有线网络公司跨省联合重组。
2010	中央宣传部 中国人民银行 财政部 文化部 广电总局 新闻出版总署 银监会 证监会 保监会	《关于金融支持文化产业振兴和发展繁荣的指导意见》	推动符合条件的文化企业上市融资，支持文化企业通过债券市场融资，鼓励多元资金支持文化产业发展。

从表二可以看出，目前我国电视业(包括数字电视)资本运营的规范体系基本建立在国家宏观政策之上，这对外来资本进入数字电视领域起到方向引领作用。但是这些政策意见还仅仅停留在指导性、规范性文件这一层面上，法律效力低(有些还不是法律)、调整范围窄、可操作

性差。在实践当中起到的作用有限。比如省级有线电视网络的跨地区经营还没有实质性地启动，非公有资本进入有线电视数字化改造也没有取得进展。构建一套具有较高法律效力、科学规范、可操作性强的资本经营法律法规体系刻不容缓。

2. 资本经营系统

资本经营主要是通过投融资、企业重组、兼并以及产权交易等使资本运作起来，从中获得增值。典型的资本经营主要手段是上市、银行融资、企业兼并重组以及产权交易等。

目前我国数字电视资本经营的主要手段有：

(1)上市融资。2001年4月3日，中国证监会发布了新版《上市公司待业分类指引》，其中传播与文化产业被确定为上市公司13个基本产业门类之一。其产业内部又分为出版、声像、广播影视艺术、信息传播业等5大类。首次明确电视是经营性产业。电视业可以像其他经营性产业一样，在资本市场开展经营活动。通过上市，电视在资本市场找到了一条便捷的融资渠道，缓解数字电视发展中所需的巨大资金缺口。湖南"电广传媒"是中国第一家上市的电视媒介。1998年在深圳证券市场公开上市后，共募集资金4.46亿元，为构建全省统一的有线数字网络提供了强有力的资金支持，成为湖南省级数字电视网络运营的主体。上市几个月时间里，就把湖南14个地级市中的10个城市的有线网络收入麾下，数字网络业务也成为"电广传媒"的主营业务之一。同样作为上市公司，北京歌华有线仅2004年就通过资本市场以可转债方式获得了12.5亿元资金用于数字电视基础设施建设，相当于北京整个数字电视网络改造投资的1/3。

上市的另一好处在于促使企业产权结构多元化，推进现代企业制度的快速建立。

从表三可以看出，电广传媒中，国有股虽然处于控股地位，但由于国权稀释，形成结构多元化的产权结构，国有股不再是一支独大。这样的产权结构，既有利于保证国有股的控制地位，又可以使企业经营者摆脱传统的“国企”的心态，树立对股东负责的现代企业理念，主动承担经营的责任和风险，不断改善企业经营状况，真正实现企业面向市场，自主经营。

表三 **电广传媒主要股东与持股情况**(截至2002年12月31日)①

股东名称	持股数(股)	所占比例(%)
湖南广播电视产业中心	130000000	50.31
湖南星光实业电视公司	3900000	1.51
湖南金帆投资管理有限公司	2600000	1.01
湖南省金海林建设装饰有限公司	1200000	0.46
湖南省凯地经济发展有限公司	1200000	0.46
湖南汇丰泰科技产业发展有限公司	1100000	0.43
谈桂兰	695557	0.27
博时价值增长证券投资基金	600015	0.23
景阳证券投资基金	550000	0.21
北京财政证券公司	526899	0.20

由于上市能给企业带来的诸多利益，国家非常重视文化企业的上市工作，曾发布多个政策文件积极鼓励包括数字电视在内的相关文化企业上市融资。如2008年国务院发布的《关于鼓励数字电视产业发展若干政策》明确提出，“积极支持数字电视相关企业通过上市、发行债券、上市公司配股和增发新股等方式筹集资金，增加对数字电视产业的投入”。一些国有传媒集团积极开展IPO(首发新股)工作，或者买壳、借壳上市。目前在证券市场上市的电视类传媒公司仅有4家：东方明珠、

① 赵曙光、张志安：《媒介资本市场案例分析》，华夏出版社2004年版，第38页。

中视股份、电广传媒和歌华有线。相比全国的2000多家广播电视台，数量实在太少。这也说明中国电视媒体“小”(规模小)、“散”(市场分散)、“弱”(经济实力弱)现状，很难达到证券监管部门对公司上市门槛要求。电视媒体要想达到上市要求首先还是要苦练“内功”，搞好经营，不断壮大自身实力。

(2)银行融资。上市融资对于绝大多数电视媒体来说还是一种奢望。银行融资就成为资本经营的主要途径。一方面，银行和电视媒体都是国有资本占主导，金融资本进入广电领域不存在政策障碍。国务院在2008年颁布的一号文件《关于鼓励数字电视产业发展若干政策》第6条中明确提出“鼓励金融机构在科学、审慎、风险可控的原则下，积极支持数字电视网络和基础平台建设，进一步为数字电视产业发展提供金融服务”。广电总局在诸多文件中也提出鼓励国有或国有控制资本进入电视领域。另一方面，有学者曾把传媒称作“最后一个暴利行业。”其中的数字电视以其广阔的市场前景、较高的投资回报和良好的收益预期更是传媒行业的“朝阳产业”(见表四)。

表四　**全国数字电视网络及其收入(2007—2011年)**①

时间	数字电视网络用户(万户)	网络收入(亿元)
2007	2600	307
2008	4502	369
2009	6500	418
2010	8799	487
2011	11489	563
2012	14303	660

电视媒体上市融资遭遇高门槛的形势下，大力引进银行资金已成为

① 资料来源：《中国广播电视年鉴》(2008—2012年)。

弥补数字电视发展资金短缺的主要方式。2005 年，国家广电总局和国家开发银行签署了“开发性金融合作框架协议”，国家开发银行不仅提供长期贷款支持各地有线电视数字化整体转换工作，还为国内各城市电视台的数字改造提供无担保贷款，以保证各试点城市有充足的现金流对数字电视进行投资。同年，国家开发银行为中国有线电视公司提供 200 亿元的金融贷款，主要用于有线电视网络整合、用户网升级改造以及相关有线电视数字化发展项目等，并且每年提供不少于 100 亿元贷款支持地方数字网络改造。深圳、太原、广西、青岛等地方网络数字化改造都得到了当地国开行的资金支持。有了银行的支持，对于一些经济实力较弱的地方电视网络无疑是一针强心剂，将快速推进全国有线电视数字的改造进程。

(3)资产重组。企业扩张和发展方式一般有两种。一种是依靠自身积累，通过赚取利润来扩大再生产。一种是借助资本力量，通过兼并或重组吃掉竞争对手或进入新领域来壮大自己。前一种方式扩张速度较慢，而后一种较快。在国外，电视媒体的兼并重组是一种极为正常的经营活动，它在电视产业的资本经营业中占有重要地位。在美国，20 世纪 90 年代以后，随着新《电信法》的实施，取消跨行业兼并的禁令。电视业很快掀起兼并、重组浪潮。

1996 年 6 月，美国 AT & T 用 480 亿美元收购美国第二大有线电视运营商 TCI 公司。

1999 年，沃尔特・迪斯尼公司以 190 亿美元兼并大都会/美国广播公司，有线电视巨头维亚康姆公司以 370 亿美元收购哥伦比亚广播公司。

2000 年，美国在线与时代华纳合并涉及金额达 3500 亿美元，成为世界第一超级媒体巨头。

此外，欧洲的电视媒体也不甘示弱，在全球 1999 年 1 月至 11 月发生的 103 起较大规模电视并购案中，有 63 起与欧洲国家相关，其中 CTL/Ufa 与 Person 合并案，金额高达 190 亿美元。因为大家都认识到，在全球化的浪潮中，只有不断地壮大自己，才有可能在今后日趋激烈的竞争中生存下来。

通过这些兼并、重组，许多电视企业不仅得到了壮大，而且获得了新的融资渠道，或者找到新的经济增长点。美国最大的25家媒介集团都形成了包括了广播、电视、有线电视、卫星电视、杂志、网络、电影、出版、唱片、娱乐、电话、体育、零售、广告等众多产业在内的超级信息传播集团。

我国由于媒体的特殊性质，主管部门对媒体的兼并重组持小心谨慎的态度。随着广电系统改革不断深化，国家广电总局对于广电媒体的兼并重组也逐步放开。2001年，国家广电总局制定的《关于广播影视集团实行多媒体兼营和跨地区经营的实施细则》中提出，广播影视集团实行多媒体兼营和跨地区经营可以通过联合、兼并、重组等形式壮大主业，拓展业务领域。在实际操作中，由于各地的数字电视网络实行“网台分离”，成为企业化公司。因此数字网络的市场化程度最高，兼并重组也往往发生在这一领域。

湖南电广传媒通过入股增持市州网络股份，逐步实现对湖南14个市州网络中的10个进行控股，最终整合为湖南广播电视网络股份公司，为实现全省统一联网搭建一个统一的运营主体。这种方式为省网控股地网提供了有益的借鉴。而中国有线电视网络公司则采取另一种方式对地方网络实行重组。中国有线于2001年全资收购海南有线网络，成立海南分公司，统一管理经营海南的有线电视业务，成为海南省唯一具有有线电视经营权、收费权、建设权和管理权的企业。这为中央网络与地方网络的结合提供了一个可行的模式。然而，即便是这样比较成功的资产重组，背后仍然需要行政权力的推动，而且权力级别越高，兼并重组遇到的阻力越小，真正的市场化兼并重组还不多见。其原因在于：①中国电视网络实行属地投资、属地管理原则，利益格局复杂，一些地方政府或地方电视媒体将网络视作“唐僧肉”，实行地方保护。网络成为利益博弈的筹码。②国家对于媒体的兼并重组设置了重重障碍。如参与兼并重组的企业必须是系统内企业，必须是省级或中央级广电集团。民资、外资不得染指。兼并重组对象严格限定在网络等经营性领域。③媒介兼并重组的法律制度还不完备，影响了企业兼并重组的信心。如兼并重组的资格认定、程序实施、行为审查、利益分配、垄断调查等尚无明确规范。市场经济是法治经济，没有完善的配套法律体系，企业经营陷入无章可循的境地，企业的合法利益无法得到有效保障。

(4)业外资本。20世纪90年代开始，国家就不断放松业外资本进入电视媒体的限制。先是允许业外资本参与广播电视基础设施建设。然后实行"制播分离"，允许业外资本参与节目制作和广告经营。根据国务院《关于非公有资本进入文化产业的若干决定》，非公有资本可以进入电视领域的有：广播影视节目制作、影视剧制作、节目发行、影视基地建设以及电视网络的建设。进入21世纪，数字电视的兴起和发展需要大量的资金投入，对业外资本的需求更是"如饥似渴"，业外资本进入数字电视的主要形式有：①入股上市电视企业。几家电视上市企业中，业外资本占据相当比重。如电广传媒业外资本占49%，其他几家电视传媒上市公司也都有业外资本的参与，通过参股上市企业，业外资本得以直接或间接进入电视业。②投资参股网络建设。数字网络建设需要大量资金。一些网络公司和业外资本携手合作中信国安把有线电视网络业务作为核心主营业务，先后参股长沙、江苏、合肥等地数字网络建设。截至2013年年底，该公司累计投资了17个有线电视项目，项目涉及7省13个地市，网络覆盖人口近2亿人，总投资额超过28亿元。公司投资的有线电视项目入网用户总数约2631万户，其中数字电视用户约1971万户，成为中国除广电系统以外的最大的有线网络投资商。③投资数字频道。数字电视的一大优势就是突破了模拟电视的频率资源瓶颈。电视台利用数字技术可以开发大量的频道资源。目前国家广电总局批准的数字付费频道达130余套(见表五)。大量数字频道的开发对内容需求大增。由电视台制作节目传统模式无法适应数字电视频道开发的要求，这给非公有资本进入电视媒介提供了机会。

表五　　　　**全国开办数字付费频道列表**①

业务	序号	开办主体	频道名称
全国覆盖的付费电视	1	中央人民广播电台	央广健康
	2	中央人民广播电台	央广购物
	3	中国国际广播电台	环球购物
	5	中央电视台	卫生健康
	6	中央电视台	风云足球
	7	中央电视台	高尔夫·网球
	8	中央电视台	央视文化精品
	9	中央电视台	风云音乐
	10	中央电视台	第一剧场
	11	中央电视台	怀旧剧场
	12	中央电视台	风云剧场
	13	中央电视台	世界地理
	14	中央电视台	电视指南
	15	中央电视台	国防军事
	16	中央电视台	女性时尚
	17	中央电视台	央视台球
	18	电影卫星频道节目制作中心	家庭影院
	19	电影卫星频道节目制作中心	高清电影
	20	电影卫星频道节目制作中心	动作电影
	21	中央新闻记录电影制片厂	证券资讯
	22	中央新闻记录电影制片厂	老故事
	23	中央新闻记录电影制片厂	新科动漫
	24	北京科学教育电影制片厂	中学生

① 资料来源：国家广电总局网站，http：//www. sarft. gov. cn/catalogs/default/20090731151912150426. html.

续表

业务	序号	开办主体	频道名称
全国覆盖的付费电视	25	北京科学教育电影制片厂	发现之旅
	26	中国教育电视台	早期教育
	27	中国气象局	中国气象
	28	中华文化促进会	书画
	29	中华文化促进会	音像世界
	30	中国健康教育中心	百姓健康
	31	北京广播电视台	优优宝贝
	32	北京广播电视台	车迷
	33	北京广播电视台	考试在线
	34	北京广播电视台	四海钓鱼
	35	北京广播电视台	环球旅游
	36	北京广播电视台	新娱乐
	37	天津电视台	时代家居
	38	天津电视台	时代美食
	39	天津电视台	时代出行
	40	天津电视台	时代风尚
	41	天津电视台	搏击
	42	山西广播电视台	彩民在线
	43	山西广播电视台	老年福
	44	山西广播电视台	优购物
	45	太原市电视台	玩具益智
	46	内蒙古电视台	城市建设
	47	辽宁广播电视台	游戏竞技
	48	辽宁广播电视台	电子体育
	49	辽宁广播电视台	网络棋牌
	50	辽宁广播电视台	新动漫

续表

业务	序号	开办主体	频道名称
全国覆盖的付费电视	51	辽宁广播电视台	家庭理财
	52	吉林电视台	篮球
	53	上海广播电视台	东方财经
	54	上海广播电视台	动漫秀场
	55	上海广播电视台	游戏风云
	56	上海广播电视台	全纪实
	57	上海广播电视台	七彩戏剧
	58	上海广播电视台	法治天地
	59	上海广播电视台	魅力音乐
	60	上海广播电视台	劲爆体育
	61	上海广播电视台	都市剧场
	62	上海广播电视台	欢笑剧场
	63	上海广播电视台	极速汽车
	64	上海广播电视台	幸福彩
	65	上海广播电视台	金色
	66	上海广播电视台	生活时尚
	67	上海广播电视台	新视觉
	68	江苏电视台	靓妆
	69	江苏电视台	财富天下
	70	江苏电视台	幼儿教育
	71	浙江广播电视集团	留学世界
	72	浙江广播电视集团	数码时代
	73	安徽广播电视台	家家购物
	74	安徽广播电视台	人物
	75	江西电视台	风尚购物
	76	山东电视台	收藏天下

续表

业务	序号	开办主体	频道名称
全国覆盖的付费电视	77	山东电视台	读书
	78	青岛市电视台	中华美食
	79	河南电视台	梨园
	80	河南电视台	武术世界
	81	河南电视台	文物宝库
	82	河南人民广播电台	说文解字
	83	湖北电视台	孕育指南
	84	湖北电视台	碟市
	85	湖北电视台	职业指南
	86	湖南广播电视台	先锋纪录
	87	湖南广播电视台	乒羽
	88	湖南广播电视台	快乐垂钓
	89	长沙市广播电视台	现代女性
	90	广东南方广播影视传媒集团	邮轮旅游
	91	广东电视台	高尔夫
	92	广东电视台	欧洲足球
	93	广东电视台	英语辅导
	94	广东电视台	快乐宠物
	95	广东电视台	会展
	96	广东电视台	快乐益智
	97	深圳市电视台	DV 生活
	98	重庆电视台	汽摩
	99	成都市广播电视台	美食天府
	100	贵州电视台	天元围棋
	101	贵州电视台	摄影
	102	陕西电视台	法律服务
	103	陕西电视台	宝贝家
	104	甘肃电视台	家政

续表

业务	序号	开办主体	频道名称
省内覆盖的付费电视	1	北京广播电视台	京视剧场
	2	北京广播电视台	爱家购物
	3	北京广播电视台	动感音乐
	4	北京广播电视台	弈坛春秋
	5	北京广播电视台	置业
	6	河北电视台	河北杂技
	7	太原市电视台	家庭消费
	8	吉林电视台	东北戏曲
	9	黑龙江电视台	黑龙江考试
	10	江苏教育电视台	学习
	11	宁波广播电视集团	教育在线
	12	福州市电视台	家禧购物
	13	山东电视台	齐鲁剧场
	14	山东电视台	居家购物
	15	山东电视台	欢乐童年
	16	长沙市广播电视台	现代房产
	17	长沙市广播电视台	家庭消费
	18	广东南方广播影视传媒集团	天天购物
	19	广东电视台	岭南戏曲
	20	广东电视台	房产
	21	深圳市电视台	宜和购物
	22	重庆电视台	魅力时装
	23	重庆电视台	新财经
	24	新疆电视台	娱乐巴扎
	25	新疆电视台	天山剧场
	26	新疆电视台	教育在线
截至 2012 年 11 月，共有 104 套全国覆盖、26 套省内覆盖的付费电视			

2005年广东电视台与三家民营企业正式签约，合作发展《欧洲足球》《高尔夫》和《英语辅导》三个付费频道。非公有资本参与投资运作，从节目开发到后期制作主要由民营节目制作商完成，广东电视台则承担了节目审查、编播及频道策划、运营、管理等工作。

从总体上看，我国电视媒介的资本经营水平并不高。我国现有几大广电集团的成立多是行政干预的结果，而不是真正意义上市场与资本的结合。因此在集团成立之后，仍然是“各家吃各灶的饭”，并没有建立统一的管理体系，更谈不上按照企业经营规律进行融合与经营。从某种意义上说，我国广播电视媒介的资本经营还处于初级阶段。

（黄进，法学博士，讲师，研究方向为法制新闻传播。）

【新闻业务】

信息链视角下提升房地产新闻报道传播影响力策略探析

——以《21世纪经济报道》地产版为例

吴玉兰　商跻雯

摘　要：房地产业是整个国民经济发展中的支柱性行业，我国房地产新闻报道对于住房商品化的良性发展以及国家经济政策的全面解读都具有重要影响。本文以信息生态理论视角下的信息链构建为切入点，以《21世纪经济报道》地产版面为分析样本，揭示了当下我国房地产新闻报道中存在的同质化运作、缺乏深度解析以及话语结构失衡等问题，以提升房地产新闻报道传播影响力作为整体导向，探讨了如何根据受众的不同需求，创造性的发掘信息、利用信息，打造出房地产新闻报道的传播影响力，以实现媒体品牌建设的可持续发展。

关键词：房地产新闻报道；信息生态系统；信息链；传播影响力

改革开放以来，伴随着我国社会主义市场经济的深入发展和城市化进程的不断推进，我国房地产行业也日趋成熟。尤其自1998年，国务院明确提出停止住房实物分配，逐步施行住房分配货币化等一系列新政策开始，房地产行业不仅成为国民经济的支柱产业和新的经济增长点，更牵涉众多关联产业的发展，对各方的经济利益和社会效益起着关键性制衡作用。

在这样一个相互影响、互相渗透的产业经济背景下，各种利益相关者之间急需进行信息的交流和传递，与之相应的房地产新闻报道也日渐成为各类报刊关注的重点，部分媒体开始设有专门的地产板块，以实时关注报道房地产业服务新闻。以专业财经媒体《21 世纪经济报道》为例，其每周四第 21、22、23 版固定为地产版，内容分布相对平均，其中 21 版为地产首页，22 版为要素市场，23 版为区域焦点，主要以报道城市房地产动态和房地产企业的市场动态为主。本文从信息链的视角切入，以《21 世纪经济报道》9 月至 12 月地产板块共 82 篇相关报道作为分析文本，探讨如何在信息的生产、流通、交换等联动环节中，通过合理化资源配置，实现以信息开发为中心的品牌价值转换与建设，在信息的多元服务中，提升房地产新闻报道的传播影响力，助力媒体品牌的可持续发展。

一、信息链与房地产新闻报道概述

信息链，是被置于信息生态理论构架下的重要理论。“信息生态”一词最早于 20 世纪八九十年代开始被西方学者所使用，它主要用来表达生态观念和日益变得重要和复杂的信息环境之间的关联。在国内有关学者对信息生态系统的研究中，李美娣明确提出了信息链的概念，她认为，信息生态系统的基本构成要素是信息、信息人和信息环境，信息链通过信息的流动使无数信息场(亦称信息空间，指信息存在及其作用的个别场所)连接起来，从而形成某种方式的链条。尽管信息流的载体是物理性质的，但却借此促成了整个信息生态系统的信息流通。① 她强调，信息链是信息生态的“灵魂”，没有信息链，任何信息生态都无从谈起。

房地产新闻报道就是媒体对有关房地产领域相关事实的报道，具体

① 李美娣：《信息生态系统的剖析》，《情报杂志》1998 年第 4 期。

包括房产新闻和地产新闻以及同房地产有关的经济、政治、文化等相关报道。① 近年来，在社会主义市场经济背景下，住房的市场化使房地产的生产和消费变得灵活起来，其相应的信息流通也呈现大量迅速而又供不应求的特点。

一方面，从信息链视角看，房地产新闻报道架起了房地产业和相关利益群体之间的一座桥梁，它在快速、准确地传递市场信息和产业动态，塑造社会舆论导向，拓展房地产行业的产业服务和市场渠道建设等方面发挥了不可忽视的作用。另一方面，提升房地产新闻报道的传播影响力，需要以信息生态系统下的信息链为突破口，来解释房地产新闻报道与其所处环境之间的关系。通过承载信息流动的整体系统中不同部分的共同改进和协同进化，使信息的生产者、传递者、消费者和分解者等不同信息主体之间既有明确的角色分工，又能在不同的阶段和场所互相转换，形成传播合力，推动和提升房地产新闻报道的传播质量和传播效益。

二、信息链视角下当下房地产新闻报道现状

由于房地产行业作为支柱产业的特殊性以及其本身就具有较长的关联产业链，近年来，随着住房制度改革和城市土地使用制度改革的不断推进，房地产行业的迅猛发展已经引起了众多相关产业的连锁反应。因此，房地产新闻报道在实现不同组织间信息生态系统中的信息共享，以及为组织在进行决策行为时提供信息参考起着至关重要的作用。以《21世纪经济报道》中的地产板块为例，我们看到在当下房地产新闻报道的信息传播中，存在着以下问题：

---

① 牛耀红：《当前我国房地产新闻消息来源偏向研究》，兰州大学硕士学位论文，2010 年。

(一)大信息流，小信息量

信息供需双方存在的信息差距是信息流动的客观基础，为了满足不同主体的信息需求，大众媒体的房地产新闻报道数量日益蔚为壮观。依赖于媒介的受众定位和经营方式而生存的房地产新闻报道，在其版面设计和栏目设置中，日益形成一个以房地产企业的市场动态为主的大信息流，但实用性信息量却呈现出一种无法与消费者市场完全对接的状态。在房地产新闻报道中，碎片化的信息太多而利用率并不高时，信息量是一次性消费，造成大面积的信息流传递的是泛滥的同质化信息，很难给消费者留下实质性印象的小信息量。

在信息传播领域，消费者付出时间和注意力来换取信息的使用价值，而信息使用价值的关键则是交换物对交换双方的有用性。以本文所搜集到的房地产新闻报道样本为例，以房地产企业市场动态为报道对象的新闻占样本总量的37%，而这其中又以少数大型房企为主。具体分布如图1所示：

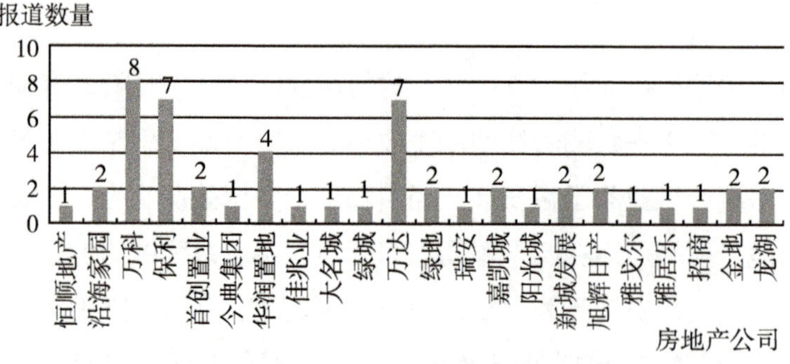

图1　房地产企业报道数量统计

由图1可见，在房地产新闻报道向房地产企业市场动态倾斜的整体趋势下，其报道对象主要集中在万科、保利、万达等房企大佬。仅以

2012年11月1日地产板块的11篇报道为例，其中5篇都是关于万达集团：《城市综合体：狂欢背后的泡沫》《万达的数字化复制术》《万达模式：快的烦恼》《再问万达模式：运营之痛》《资产圈：万达绿地扩张的秘密》，共占当日报道总量的42%，在余下的报道篇目中，38%被有关绿地集团资本扩张的信息所瓜分。

当然，一方面，这与新闻生产中组织内部的利益诉求与组织外部的商业影响不无关系。虽说这些房地产企业作为业界领军者具有一定的代表性，但当产业链上的其他利益相关方作为读者在把脉房地产市场发展时，则无法得到足够的关于中小房企生存状态的相关信息，没有对比就会产生信息链的断层，影响读者对地产整体发展态势的认知。另一方面，大量的房地产企业经营的报道也不利于作为普通购房者的读者针对自己的购房需求作出合理选择，反而容易陷入这样一种尴尬情境：读者每天面对的信息流越来越大，而可实用的信息量却越来越少。

（二）重主线信息链，轻副线信息链

戴伊克在《作为话语的新闻》一书中将新闻报道文本结构区分为“主线信息链”和“副线信息链”，其对应关系如图2所示：

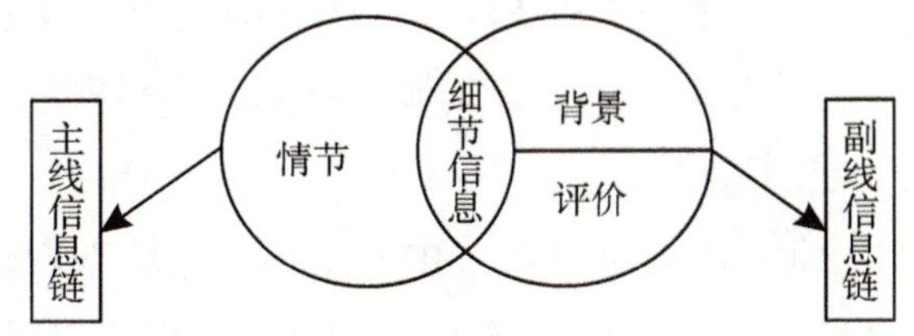

图2　主副线信息链和新闻图式结构成分的对应关系①

依据图2所示，主线信息链是文本的中心内容部分，是读者进行阅

① 杨尔弘等：《事件信息结构分析》，《中文信息学报》2012年第3期。

读和理解最重要的部分。而副线信息链的作用则在于使读者加深对新闻报道的认识和理解，深化新闻的主题。①

本文所搜集的房地产新闻报道样本其报道方式如图 3 所示：

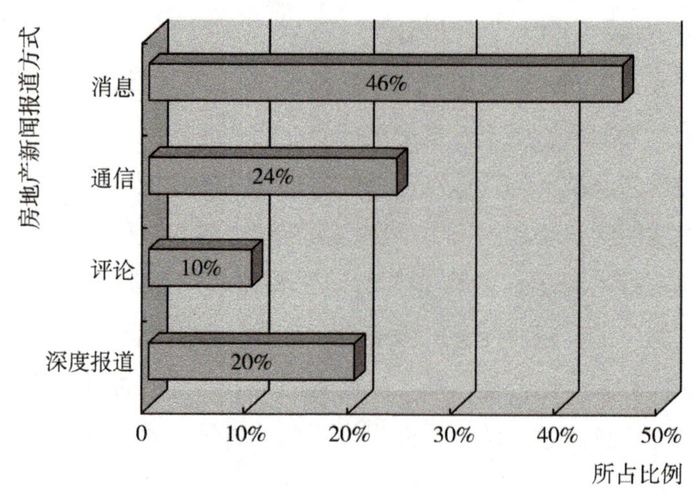

图 3　房地产新闻报道方式占比分析

从图 3 中我们可以看出，作为构成房地产新闻报道主线信息链的消息类报道在总体报道样本中占比 46%，而以“背景”、“评价”等副线信息链为侧重的深度报道和评论仅占比 20%和 10%。房地产新闻报道不仅要关注发生在房地产业界的现象，还要加强对隐藏在现象背后的深层次问题的解析，言论、观点、声音是显示媒体传播影响力的利器，也是推动房地产业发展的法宝。

11 月 23 日，北京市规委公示 CBD 核心区 5 地块规划设计方案，涉及的 6 栋楼均有增高，部分高度增加超过 80 米，引起广泛关注。随后，北京有关方面披露，调整只涉及高度，没有增加建筑面积和规模，因此不需要补交土地出让金。《21 世纪经济报道》刊出《惊奇的集体行动：

① 杨尔弘等：《事件信息结构分析》，《中文信息学报》2012 年第 3 期。

北京 CBD 写字楼更改规划玄机》(2012-12-06)，报道围绕五地块的竞买价格和高度变迁等主线信息链作了大量翔实的叙述，但 CBD 5 地块调整引起关注的实质更在于其背后的土地出让制度，特别是土地招标困局，如何使其更公开、更公平等副线信息链，可惜报道对其语焉不详，鲜有涉及。

《21 世纪经济报道》的办报理念是“新闻创造价值”，其内涵是向核心读者群提供有效的信息和观点，① 然而，与其作为核心价值体现的办报理念形成鲜明对比的，则是其在形成房地产新闻报道观点时的粗线条处理方式。从某种意义上来说，也与中国当下的社会语境，传统文化中的中庸主义以及媒介组织外部的政治控制、经济控制、行业控制等具有密切联系。

(三)信息点利益不均，信息链表达断层

信息生产者、信息组织者、信息传递者、信息消费者和信息分解者在一定的信息环境中处理信息，构成信息链，并成为信息链中的信息节点(如图 4 所示)。

但各个信息节点在我国社会中占有的资源不一致，所处的地位不平等等现状导致房地产新闻报道中媒介常常沦为私人话语空间，而利益群体话语权的不均衡所导致的话语表达断层，又使得媒体的社会公器角色往往处于缺位状态。房地产开发商、地方政府相关部门和一些“专家学者”、房地产研究机构同部分媒体联手，占据房地产新闻报道信息链中的话语制高点，并形成一个行业性的“话语链”，而反映下游节点买方的声音则少之又少，普通购房者、失地农民和城市拆迁户等利益群体很难争取到自己的话语权，在集体性失语的螺旋中导致供需关系日趋对立。

---

① 刘雁霞：《论新兴财经报纸的品牌建设策略与主要发展瓶颈》，《安徽文学》2010 年第 5 期。

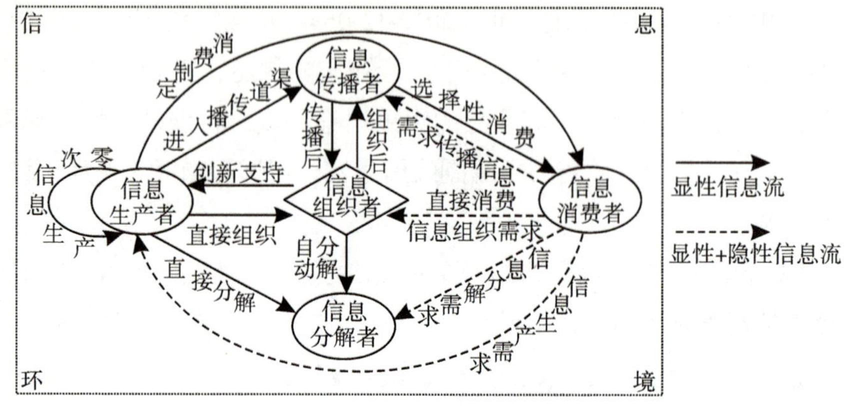

图 4　信息生态系统链结构①

从信息供给方来看，消息来源是媒体建构新闻的重要指标，消息来源的选择往往能够体现媒体报道的基本态度和政治倾向。本文所选样本中的消息来源统计结果如图 5 所示：

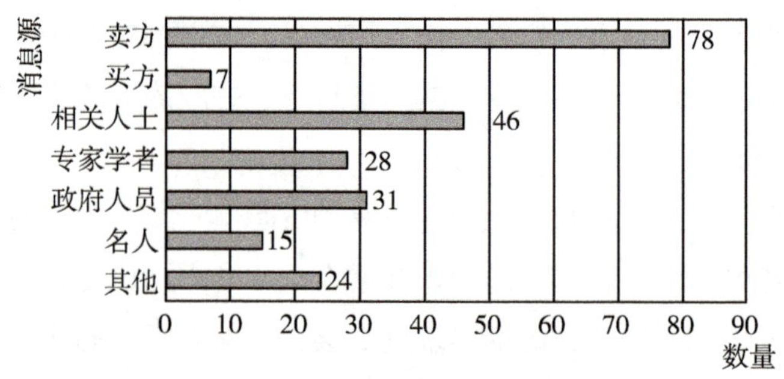

图 5　房地产新闻报道消息来源统计分析

由图 5 可见，卖方与买方的消息源比例悬殊，买方消息源只有卖方消息源的 9%，这反映了媒体在消息来源上的不均衡性。例如在《五万元一个号北京“倒房号”重现江湖》(2012-12-13) 这篇与消费者排号、摇

---

① 马捷等：《信息生态系统的信息组织模式研究》，《图书情报工作》2010 年第 10 期。

号、优先选房等切身利益紧密相关的报道中，我们看到的消息来源为华远地产董事长、东亚新华地产营销中心总监以及自称与开发商有内部关系的倒号人士和其他业内人士，但作为信息链上的直接信息消费者——购买方的声音却未曾出现，其利益表达的集体性失语，直接影响受众对信息的选择性消费及分解再传播等流通过程。

根据媒体报道内容的不同，房地产新闻报道的信息链中常现的表达断层，与媒体定位、信息点利益不均密切相关，也是媒介运营市场化过程中的一种表现。《21世纪经济报道》关注的是代表社会生长力量的企业精英和商业经营，在这样一种读者定位下，其选择处于房地产信息链首端的商家作为主要报道对象和信息来源，将不可避免地造成房地产市场上的“信息不对称”，使消费者处于信息弱势地位。

三、提升房地产新闻报道传播影响力策略

中国人民大学喻国明教授认为，传媒经济在本质上是一种影响力经济。“媒介真正具有价值的并不是眼球本身，而是它对眼球背后的那个人群所产生的影响力。也就是说，如果一个媒介真正的影响力是靠吸引那些主流人群，并且媒介的内容能够为这些主流人群判断社会、了解社会、作出决策打下深刻烙印的话，那么你就是一个有影响力的媒介，你的社会价值和市场价值就高。”①从信息链视角来探讨提升我国房地产新闻报道的传播影响力，则要力图通过缩减传授信息差，延伸战略信息点，平衡与优化信息链等一系列相关资源的调配与组合，在最大限度实现信息节点全部价值的基础上，使房地产新闻报道与媒介品牌产生联动效应，共同作用于媒介的可持续发展。

---

① 喻国明等：《传媒竞争力：产业价值链案例与模式》，华夏出版社2005年版，第67~82页。

(一)缩减传授信息差，提高房地产新闻报道的传播力

传播影响力是“传播内容到达后的效果及其再释放能力和结果”①，即信息接收行为完成后，其对个人和社会实际生成的影响力度。信息差理论认为信息需求的产生是源于消费者自身某方面信息的不足，产生了信息差，所以信息差就是消费者在进行某项活动时所需要的信息的量与其目前所拥有的关于该项活动的信息量之间的差值。② 我国目前的房地产市场上存在着牵涉受众生活的种种矛盾：房价涨幅过高过快，普通百姓难以承受；住房保障制度不完善，廉租房、经适房、限价房等建设迟缓；公积金管理制度混乱；由土地开发滋生的腐败问题；房地产企业追求利益最大化而导致的物业纠纷、业主维权等。房地产新闻报道必须聚焦于这些矛盾的认识和处理，致力于消除受众的信息差值，才能突破大信息流、小信息量的窠臼，更好地服务于其目标受众。

以《21 世纪经济报道》为代表的专业财经媒体在进行房地产经济新闻报道时应同一般都市报区隔开来，具有宏观视野，更多的是以产业经济学理论为指导，从产业经济结构、产业布局、产业纵深发展等角度来探讨房地产市场问题，既能从国民经济全局着手又能将其作为一个整体加以研究，凭借专业的观察、记录和预测能力，渗透专业思考，赢得公众信任。对于其信息内部的人群，媒体也可以进一步依据其利益立场、文化积淀和价值取向细化为不同种类，在报道文本的信息链设计上要尽可能为用户提供具有针对性的个性化服务，满足不同受众的多样化信息需求，并使其与媒体本身的功能性目标相结合，提升房地产报道的传播力。

---

① 俞虹：《分众时代电视社会影响力分析》，《中国广播电视学刊》2004 年第 12 期。

② 张军：《网络信息链的动力与动态演化》，《图书馆学研究》2009 年第 4 期。

(二)延伸战略信息点，增强房地产新闻报道的影响力

影响力是“信息对一定范围内主流社会的人群在政治、经济、文化等社会各个方面的思想或行为产生影响的能力”。①《21世纪经济报道》作为专业财经媒体，其房地产新闻报道的信息吸收和利用效率将直接影响到整个房地产信息链的生态发展，只有不断延伸战略信息点，提高信息利用率，形成多层次信息覆盖，才能更好地为最终的信息消费者提供及时、准确、有用的信息，使消费者不断从该节点获取信息，实现信息的交换价值，从而实现媒体市场影响力和社会影响力的立体化构建。

具体而言，报道房地产新闻要坚守新闻专业主义精神，在政府和市场两种强大的力量之间保持清醒和独立，分析各种行业政策、法律法规、基础设施建设和历史文化因素对宏观信息链的影响，在对各种影响因素进行量化的基础上，观察发现各环节在信息链中的作用，利用其所掌握的对比性信息资源，过滤出对整个信息链的发展具有重要控制性影响的战略信息点，使其服务向具有控制性影响的战略信息点延伸。例如，党的十八大报告提出，要“改革征地制度，提高农民在土地增值收益中的分配比例”。在我国当前城乡二元体制下，这一政策的执行，牵扯着各方的利益神经，而如何从土地开发、产权所有、城市工业化、地产市场化、环境生态化以及政策透明化等角度过滤出关键性战略信息点，使其报道在广泛覆盖的基础上所有侧重，在专业深入的基础上有所延展，成为受众的信息接收节点，是增强房地产新闻报道影响力的重要着力点。

通过延伸战略信息点，房地产新闻报道能够切实帮助决策者对房地产整体的运行势态进行监控，调整现行政策，使房地产信息链上的各个信息节点能够形成互惠共生的关系，促进信息链内在优势的巩固以及房

---

① 李岚：《电视的核心价值在于影响力》，《广告大观综合版》2005年第7期。

地产新闻报道传播影响力的提升。

(三)平衡与优化信息链，助推房地产新闻报道的创造力

信息链是信息生态系统中不同信息人种之间信息流转的链式依存关系。由于“需求信息的结构、内容、呈现形式、服务方式的变化以及随着环境的改变和需求的满足，各种需求信息对信息人重要性的变化等等”①所导致的信息需求的变化，又往往要求信息链结构和功能作出相应的适应性调整。当结构竞争具有比规模竞争更广阔的发展空间和增长潜力时，创造力便成为新闻媒体与时俱进的特性使然。以《21 世纪经济报道》为例，只有通过平衡与优化房地产新闻报道信息链，提升信息综合分析与整合创新能力，才能使媒体拥有更多的社会话语权，从而在受众反馈与媒介互动的基础上进一步推动房地产新闻报道的社会创造力及传播影响力，使媒体对社会的反作用呈现出良性发展态势。

在房地产新闻报道的信息链中，由于不能充分满足信息链上下游节点对信息的结构、形式和服务方式等方面的需求，造成一定程度上的信息浪费与信息错位。平衡与优化信息链，就要求房地产新闻报道必须充分利用各种信息资源，创新信息组合结构，开发出能够引起大众认同和参与的媒介动员，提高信息生产效能，使受众通过不同渠道，在媒介参与和互动中得到相应的信息满足，并在此基础上使信息服务增值为受众的情感认同和价值共鸣，从而反作用于其相应的社会角色与社会行为。换言之，就是要做新闻知识生产，② 即不仅要提供接近事实的报道，还要使之成为一种知识乃至常识融入读者的生活；还要能够“看到事物的关联度，小中见大，由表及里”③。

---

① 张军：《网络信息链的分析流程与重构方法》，《现代图书情报技术》2009 年第 3 期。

② 李鸿谷：《三联的知识生产》，http：//www. docin. com/p-118227434. html.

③ 林北方：《胡舒立和新闻专业主义》，《南方人物周刊》2008 年第 19 期。

房地产新闻报道只有通过平衡多元化的信息传播渠道和优化信息组合结构，创造性地将媒体的社会责任与读者的社会责任有机融合起来，才能在维护信息生态系统和谐运作的同时，扩大媒体的信息生产能力和经济效益，提升房地产新闻报道的传播影响力。

结　　语

由于房地产业是整个国民经济中的先导产业，房地产新闻报道在传递产业市场动态、拓展产业服务渠道等方面具有重要影响，从信息、人与环境的互动关系中对房地产新闻报道的信息链进行分析，能在一定程度上对房地产业的良性发展起到积极的推动作用，也有利于实现各方的信息对称和提升房地产新闻报道的传播影响力。

（原刊于《新闻大学》2013 年第 3 期）

（吴玉兰，新闻学博士，教授，主要研究方向为新闻传播实务、媒介发展。商跻雯，中南财经政法大学新闻与文化传播学院硕士生。）

我国农民工报道的发展历程研究
——以《人民日报》为例

李道荣　刘　亚　徐剑飞

摘　要：本文以《人民日报》为例，以内容分析法中的主题分析对我国农民工报道的发展历程进行了研究。结合我国户籍制度的变迁，本文对我国农民工报道的历史作了阶段性划分，对各历史阶段的报道内容、报道特点和报道态度作了分析与概括。

关键词：农民工报道；发展历程；《人民日报》

新闻媒体作为时代的感应器官，其农民工报道也随我国户籍制度的变迁和城市化进程的变化而变化，可以说，我国农民工报道的历史就是一部改革开放前后两个不同阶段"三农"政策的演变史，是一部中华人民共和国成立以来城市化的发展史。为了准确把握我国农民工报道的发展脉络，我们选择《人民日报》为研究样本，以中华人民共和国成立初期至 2013 年的有关农民工报道为研究的内容，主要以内容分析法中的主题分析来探讨我国农民工报道的发展脉络。

我国农民工报道是与我国户籍制度的发展变化紧密相关的，所谓农民工，是指外出在城镇务工经商而户口却仍在农村的劳动人口，故研究农民工报道的发展脉络必须以掌握我国户籍制度的变迁为前提。本文将我国户籍制度的变迁分为三个阶段：中华人民共和国成立到改革开放之前（1949—1978）；改革开放到 20 世纪末（1978—2000）；21 世纪以来

(2001 年至今)。根据这三个阶段我国户籍制度的发展变化，我们可以窥测我国新闻媒体农民工报道大致的发展演变脉络，因为这些户籍政策不仅深深地影响着我国农民和农民工的生产生活，也深深地影响着我国农民工报道的内容选择和立场态度。

一、中华人民共和国成立到改革开放前的农民工报道(1949—1978)

我们对改革开放以前的《人民日报》的资料进行搜集整理时发现，“农民工”一词在这一时期并没有在报纸上出现过，《人民日报》经常以“民工”“城市务工者”“城市农民”“进城务工人员”“流民”“盲流”等词汇来称呼进城务工人员，因此，我们只能以这些词来考察当时对农民工报道的情形。之所以把改革开放前以这些词为核心的报道放入农民工报道之中来考察，出于两方面的考虑：一是因为那时所说的“民工”有两种人，一种是在政府动员或号召下参加修筑公路、铁路、堤坝或帮助军队运输等工作的人，他们从事的不是纯粹的第二、三产业，我们称之为准农民工；另一种是进城务工经商的人，当时虽然不称为农民工，却是实实在在的农民工。至于“流民”“盲流”之类的说法，其所指称的大多数其实都是进城务工经商或想在城市讨生活的农民，即农民工。二是用农民工来指称这部分人，便于考察农民工的源头，说明农民工渊源承继关系。

中华人民共和国成立初期到改革开放前的这一时期，《人民日报》的农民工报道随着国家户籍政策的变化和形势的发展体现出从正面肯定到负面批评的态度变化。

(一)自由流动时期(1949—1952)：以正面报道为主

1949 年 9 月 29 日，通过了中国的根本大法——《中国人民政治协商会议共同纲领》(简称《共同纲领》)，其在第三章“公民的基本权利和义务”中第90条规定：“中华人民共和国公民有居住和迁徙的自由。”①

在中华人民共和国成立初期的国民经济恢复时期，国家百废待兴，1950年6月，农村地区开始全面土改，许多以前流落在外的农民纷纷返乡分田地，实现了“耕者有其田”。这一时期，就生活质量来说，城市和农村的差距并不大，城市对农民进城的拉力和农村对农民离乡的推力较弱，农民进城务工数量并不多，所以国家并没有颁布限制农民进城就业的政策。在这一时期，农民是可以自由流动的。

但到了1952年，情况发生了变化。同年7月25日，政务院第146次政务会议批准的《政务院关于劳动就业问题的决定》指出，农村中已出现了剩余劳动力，这些剩余劳动力目前是在无组织无计划地盲目地向城市流动着，由此增加了城市中的失业半失业现象。为此要有计划、有步骤地向东北、西北和西南地区移民，进行垦荒，扩大耕地面积。

这一时期是党和政府有关经济社会发展的探索期，国家的大政方针直接影响了媒体对于民工问题的关注，最直观的表现就是报道数量较多和新闻品种较为丰富。对《人民日报》这一时期的农民工及相关报道进行汇总，得出相关数据(见表1)。

表1　**1949—1952年《人民日报》农民工报道数量统计**

年份	1949	1950	1951	1952
数量	8	23	23	5

这一时期《人民日报》的民工报道总体上是以正面报道为主，其主要内容是在政府的号召组织下民工修堤、挖河、筑路和抗美援朝，构建了良好的民工群体形象。如1951年4月6日第4版的《英雄的志愿援朝的中国民工们》，1951年8月7日第2版的《工农联盟的伟大力

① 《建国以来重要文献选编》第11册，中央文献出版社1994年版，第18页。

量——记修建润河集分水闸的工人和民工》等。

这一时期农民进城务工和基层政府阻挠的现象在《人民日报》中也有反映，如 1951 年 9 月 29 日第 2 版刊登的读者来信《壶关、长治某些政府机关不应阻挠农民进城就业》，信中说明了农民进城的理由和作用。当时的农民进城务工虽然要有当地政府的证明，但大体上还是被允许的。

(二)控制流动时期(1953—1957)：从正面报道转为负面报道

农村剩余劳动力不断向城市转移，给农村和城市都带来了一系列的问题。1953 年 4 月，政务院发出了《关于劝止农民盲目流入城市的指示》，“盲流”这个概念就是这时提出来的。该文件提出要禁止企业自行招收农民为工人，政府与单位不得为农民流动开具介绍证件，动员农民还乡。

1955 年 6 月 9 日，国务院第 11 次会议通过了《国务院关于建立经常户口登记制度的指示》，这个指示的发布标志着我国开始实行严格的户籍制度。对中央有关农民进城问题所发布的大部分文件，《人民日报》都进行了宣传报道并解读。

除此之外，《人民日报》也对农民进城的原因进行了客观的分析。如 1953 年 4 月 7 日刊登在头版的报道《各地大批农民盲目流入城市 各省县人民政府和党委应采取妥善办法加以劝阻》，就从多个方面分析了农民流入城市的原因：“不少农民不安心于农业生产，想进城寻找工作；不少建筑工程单位盲目地乱拉乱招工人；有些地区发生春荒，区乡政府随便动员农民外出求生，以减轻自己的‘负担’；此外，有些乡村干部因为有违法乱纪行为或违犯婚姻法的行为，乘机外出躲避；有些还乡转业的荣誉退伍军人，不愿在农村劳动生产，想到城市工作，也是农村人口流向城市的原因。”应该说，这些原因的分析是系统的、客观的，同时也说明了当时城乡生活水平的差距，农村的推力和城市的拉力对农民的迁移已经发生作用。

这个时期，《人民日报》的民工报道开始出现泾渭分明的两种态度倾向。当报道由政府号召组织民工进行国家的基础设施建设时，《人民日报》所构建的民工形象都是积极正面的，如《人民日报》1953 年 7 月 12 日第 2 版的《拉萨河谷的藏族民工修路队》，1954 年 8 月 2 日第 2 版的《淮河沿岸广大民工紧张防汛抢险》等；当报道农民到城镇购物或务工经商时，民工的形象则是消极负面的，如 1956 年 8 月 15 日第 4 版刊登的《柳州读者的呼声 希望我们的城市整洁一点》，1956 年 11 月 22 日第 3 版的《北京市放宽市场管理后出现新问题 一些农民专门经商投机贩运 商业部门组织工作组调查研究解决这个问题》，如果说前面那篇报道描写了农民进城的“脏”，那么后面这篇报道则写了农民进城的“乱”和“差”。

这一时期的《人民日报》有关农民工报道的具体数量(见表 2)。

表 2 **1953—1957 年《人民日报》农民工报道数量统计**

年份	1953	1954	1955	1956	1957
数量	10	3	7	8	3

从报道数量上来看，《人民日报》在这段时间有关农民工报道的数量减少并呈下降趋势。对农民工的报道风向也从先前的正面报道为主变成了后期的负面报道。在对农民进城的负面报道中，除了描述农民进城所造成的脏、乱、差的形象外，还有一些文章理性地探讨分析了城市的就业岗位不足、生活的基础设施跟不上因而必须控制农民进城的问题。

(三)禁止流动时期(1958—1977)：以负面报道为主

1958 年到 1977 年，中国经历了“大跃进”、三年困难时期和十年“文化大革命”。户籍制度的管理特点是严格控制农村人口流入城市，压缩城市人口，精减职工。1958 年 1 月 9 日，第一届全国人民代表大会常务委员会第九十一次会议通过了《中华人民共和国户口登记条例》。该条例以法律的形式改变了 1949 年《共同纲领》中关于公民居住、迁徙自由的规定。其中，第 10 条第 2 款规定："公民由农村迁往城市，必须持有城市劳动部门的录用证明、学校的录取证明，或者城市户口登记机关的准予迁入的证明，向常住地户口登记机关申请办理迁出手续。" 1959 年，中共中央又接连发布《关于制止农村劳动力流动的指示》《关于制止农村劳动力盲目外流的紧急通知》等文件。

这段时期，《人民日报》有关民工的报道承续了前一时期的特点：一方面，对民工在政府组织号召下参加国家基础设施建设持赞许的态度；另一方面，强化了对农民进城务工的批判，对农民进城流动彻底否定。在这漫长的二十年时间里，农民工的报道少之又少，甚至出现了 5 个年份里没有一篇农民工的报道(见表 3)。农民已被城乡二元户籍的分割制度牢牢地束缚在土地上，体现在农民进城流动问题的报道，其题材也主要限于这样几个方面：一是对农民进城问题的政策报道和解读；二是城市居民动员非城市户口的亲属返乡；三是用工单位清退在城市打工的临时工；四是批评"文革"中到城市串联的农民。

表 3　　**1958—1977 年《人民日报》农民工报道数量统计**

年份	1958	1959	1960	1961	1962	1963	1964	1965	1966	1967
数量	3	2	3	1	1	1	0	0	2	3
年份	1968	1969	1970	1971	1972	1973	1974	1975	1976	1977
数量	3	0	1	0	1	0	2	2	2	5

这里要指出的是，这段时间有关民工和户籍政策的报道意识形态色彩浓厚，对政策的宣传解读僵硬。如 1958 年 1 月 10 日的评论《让户口登记工作更进一步为人民服务》，文章在颂扬了当天发表的《中华人民共和国户口登记条例》体现了我国社会主义制度的优越性之后，也不忘

对历代的封建政权和西方资本主义国家的户籍制度进行批判。城乡分割的二元户籍制度，本来就是不公平的社会制度，禁止农民进城务工经商本来就是反现代化、反城市化之举，虽然我国当时不具备容纳大量农民进城务工经商的种种条件，但据此来批判西方的自由迁徙居住的户口管理制度，只能说是牵强附会之说。

二、改革开放到 20 世纪末农民工报道(1978—2000)

经统计，1979 年《人民日报》有关“农民工”的报道有 6 篇；1980 年至 1989 年十年间有关“农民工”的报道有 42 篇；而到了 1990 年至 2000 年的十一年间，这一数字则有明显的增长，达到 55 篇。

报道数量的变化，从一个侧面反映出政府、媒体和民众对“农民工问题”的日渐关注。这种关注的背后，显示的是时代的发展变化，农民工在这个时代中扮演着不可或缺的角色，农民工问题已成为这个时代不可回避的话题，而媒体对农民工及农民工问题的报道，也成为这个时代政治、经济、社会变化的缩影。本文把这一时期的农民工报道分为三个阶段，分别是限制农民工流动时期、允许农民工流动时期、控制与规范农民工流动时期。

(一)限制流动时期(1978—1983)：在限制中赞美

1978 年，我国开始进入改革开放新时期，国家逐步开展小城镇户籍制度改革，户籍制度管理进入了半开放期。① 这一时期我们称为限制农民流动时期。限制农民流动时期的政策主要是鼓励农民向乡镇企业转

---

① 周楠：《河南户籍制度改革的现状评析及对农民工市民化的影响》，《北方文学(下半月)》2012 年第 9 期。

移，限制农民进城就业。这一时期是“上山下乡”知青的返城高峰期，城市面临着很大的就业压力，国家不支持农民进城，媒体对农民进城务工也持批判态度。

这一时期，《人民日报》对于农民所创造的“离土不离乡，进厂不进城”的当地转移就业模式给予了肯定，并作了相关报道。仔细分析这些报道，不管是农民进入乡镇企业当工人，还是跨区域的长途贩运，抑或是合股经营办厂，都可算是当时活跃在乡镇的经营第二、第三产业的农民工了，这些报道都可算是农民工的有关报道。

值得一提的是，“农民工”一词在这一时期的《人民日报》上已多次出现。第一次出现的时间是 1980 年的 8 月 19 日第 5 版的《小议“全面的物价利益原则”》，作者为李德章，这是一篇讨论性的文章。“农民工”一词在这篇文章中共出现四次，这是《人民日报》在报道的文章内容中第一次出现农民工的提法。《人民日报》在报道的标题中首次出现“农民工”一词则是在 1982 年 1 月 31 日的报道《干部带头清退自己安排的亲友 安徽十万多农民工返乡务农 城乡配合做好思想工作 解决农民工回乡后的困难》。仔细分析这两篇文章，有两个共同的特点：一是使用“农民工”一词时都是指在城市就业而户口在农村的农民；二是使用“农民工”一词时其语气基调都是负面的，是指在城市流动的农民，是计划外用工的农民。这种用法为后来媒体报道中对农民工的“污名化”做了铺垫。

这一时期，《人民日报》对农民工的报道多数情况下使用的还是“民工”一词。就民工报道来说，这一时期的报道题材主要体现在三个方面：一是对在乡镇企业工作的农民工报道；二是对“对越自卫反击战”中支前民工的报道；三是对参加国家基础设施建设、抢险救灾的民工的报道。对这三个方面题材的报道，《人民日报》都持正面肯定或赞美的态度，而对农民进城务工经商的现象，不仅报道的数量少，而且持否定的态度。

（二）允许流动时期（1984—1988）：在流动中劝阻

1984 年 10 月，国务院发布《关于农民进入集镇落户问题的通知》，规定凡在集镇务工、经商、办服务业的农民和家属，在集镇有固定住所、有经营能力或在乡镇企事业单位长期务工，准落长期户口，口粮自理。1984 年，在经过两年多的物价体制改革试验后，深圳市在全国率先取消一切票证，粮食、猪肉、棉布、食油等商品敞开供应，价格放开。1985 年，公安部发布《关于城镇暂住人口的管理暂行规定》，取消了 3 个月暂住期限的上限规定。

在这个时期，城市开始经济体制改革，第二、三产业得到发展，尤其是沿海开放城市，经济得到快速发展，产生了大量的劳动力需求。而在 1984 年，农业大丰收，农村却出现了卖粮难的现象，农民收入下降。城市的拉力和农村的推力又开始发挥作用，而先前横亘在农民进城务工经商的几大中间因素开始松动，有些并消除。如农村已实行家庭承包责任制，农民获得了劳动自主性，能够自由决定劳动内容和劳动时间；农民能够在城市居住，并能在自由市场上购粮，生活资料能有保障；农民能够在城市寻找到工作岗位，挣钱比农村快。于是，农民除了大部分人在家务农和在乡镇企业务工外，还有一些有一技之长的人开始进入城市。据统计，从 1985 年到 1988 年的四年之内，全国产生了 5000 万流动人口，其中 2/3 是从事经济活动的农民工。①

但此时的城市管理者和市民们，还未从心理上做好接纳这些“外来者”的准备，加上农民工涌入城市后带来的人口拥挤、市容的脏乱差、犯罪案件增加等一系列现实问题，使得城市居民对农民工有了颇多怨言和质疑。面对城市日渐增多的农民工，城市管理部门采取了相关措施，

---

① 李强：《当代中国社会分层与流动》，中国经济出版社 1993 年版，第 110 页。

首先是广州、海口等地开始采取紧急措施疏散农民工，同时各地开始发布有关“打工不易，请勿听信谣言”之类的消息，劝阻农民不要轻易外出打工。

这个时期，《人民日报》对农民工大量进入城市寻找工作的行为经历了从认可到劝阻的态度变化。在1986年之前，《人民日报》对大量农民涌入城市进行了客观报道，但1986年下半年之后，对农民工的负面报道开始增多。在各地城市管理部门采取疏散农民工的相关措施之后，《人民日报》为配合政府的工作，报道了一些城市、用工企业所采取的劝阻、清退农民工的做法。

这一时期，《人民日报》在总体的农民工报道中已出现了一些明显的变化，除继续对参与国家基础设施建设的民工进行报道并持赞许的态度外，增加了对城市农民工的报道，以“农民工”“务工者”“务工人员”“盲流”等词汇为核心词的报道总量超过了以“民工”为核心词的报道总量。这就说明农民工报道在这个时期已偏重于入城打工的农民工报道。

（三）控制和规范流动时期（1989—2000）：从批评转为包容

中国当代的民工潮始于1989年。如果说1989年之前的农民涌入城市打工是民工潮的一种萌动，那么，到了1989年，这种萌动则演变成了席卷全国的浩浩荡荡的潮流。造成这种情形的原因是多方面的，首先是1984年国家对农民进城务工经商政策的松动；其次是自1988年开始国家对经济的治理整顿，乡镇企业发展迟滞，城市基建压缩；再次是一部分先前入城打工的农民赚钱返乡后所制造的示范效应。于是，1989年春节刚过，从四川、河南、湖北、陕西、安徽等省份出发的数百万农民工，爆发性地集聚迁徙，去西北、东北、广东谋生，把全国的铁路、车站挤得前所未有的爆满；许多农民工到达上述地区后，因找不到工作而流落街头，也给当地社会治安造成了混乱。

面对这种似乎突如其来的农民工潮水，国家并未做好准备，并试图加以控制。1989 年 3 月 4 日《国务院办公厅紧急通知各地严格控制民工外出 组织力量做好劝阻、疏运和动员返乡工作》。《人民日报》对这次民工潮给予了高度重视，在报道国务院办公厅紧急通知的前后，对民工潮的各个方面都进行了充分报道并进行了分析，如 1989 年 2 月 20 日第 2 版的《外省数万民工滞留广州》，1989 年 3 月 4 日第 2 版的《民工潮涌到西北 兰州站人满为患》，1989 年 3 月 14 日第 5 版的《他们为什么涌进城？——北京站前与民工的对话》，1989 年 5 月 23 日第 6 版的《民工浪潮的困扰》等。

难能可贵的是，《人民日报》对 1989 年民工潮的报道并未持一味批评的态度，而是从实际出发，在批评劝阻的同时，保留了一份冷静与理性，对如何客观合理辩证地评价农民工，如何提高农民工的素质进行了探讨。

国家的严格控制，并未阻挡农民工在各大城市的流动。1992 年邓小平同志南方讲话之后，中国确立了社会主义市场经济体制，国家的经济建设驶入快车道，市场的用工需求进一步凸显，用工政策也随之灵活放开。再加上农民工群体通过任劳任怨地辛勤工作，为城市建设和服务作出了实实在在的贡献，使得城市市民对这一群体的看法也逐步改观。在这种情况下，国家对农民工流动的政策也由先前的严格控制变为规范管理。1992 年年底，全国各地先后放开粮食及其他产品价格，1993 年，粮票取消，在城市打工的农民不再需要到市场上购买高价粮；1995 年，公安部发布《暂住证申领办法》，明确离开常住户口所在地，拟在暂住地居住一个月以上年满 16 周岁的人员，应当申领暂住证；1997 年 6 月，国务院批转公安部《关于小城镇户籍管理制度改革的试点方案》，根据此方案，已在小城镇就业、居住、并符合一定条件的农村人口，可以在小城镇办理城镇常住户口；1998 年 8 月，国务院批转公安部《关于当前户籍管理中几个突出问题的意见》，主要规定：实行婴儿落户随父随母志愿的政策；放宽解决夫妻分居问题的户口政策；投靠子女的老人可以在城市落户；在城市投资、兴办实业、购买商品房的公民及其共同居住的直系亲属，符合一定条件可以落户，户籍制度进一步松动。

在1992年之后的这一时期，《人民日报》对进城农民工的报道主题已从先前单一的劝阻批评转变为多方面的肯定包容，其报道题材已变得多种多样。梳理这时期农民工的报道主题和题材，主要有以下几种：农民工进城务工经商的政策及春运报道；输出地与输入地农民工有序流动管理的经验介绍；专家和媒体就如何引导“民工潮”的建议；对农民工劳动红利的肯定和农民工人物的刻画；市民对农民工的评价和市民、政府对农民工的关怀；农民工用工信息与职业培训报道；农民工权益受损与权益维护报道；农民工心声反映；农民工不良行为和犯罪报道。

综上所述，《人民日报》这一时期理性看待农民工问题的声音逐渐占了主流，从前期的质疑、排斥转变为理解、关切和包容。对农民工报道态度的转变，既说明农民工在城市建设中发挥的作用越来越大、地位逐步提升，也反映了媒体和社会大众对这一群体的逐步认同与接纳。

三、21世纪以来的农民工报道(2001年至今)

据国家统计局发布的《2013年全国农民工监测调查报告》显示，2013年全国农民工总量26894万人，比上年增加633万人，增长2.4%。其中，外出农民工16610万人，增加274万人，增长1.7%；本地农民工10284万人，增加359万人，增长3.6%。《人民日报》的农民工报道在进入21世纪以来也显现出了新特点和新态势。突出的表现就是数量和篇幅的增加及题材内容的丰富。我们把这一时期分为引导农民工流动和鼓励中小城市户口放开两个时期。

(一)引导流动时期(2001—2011)：为权利保障呼吁

2001 年 3 月 30 日，国务院批转公安部《关于推进小城镇户籍管理制度改革意见的通知》，提出对办理小城镇常住户口的人员，不再实行计划指标管理，规定在县级市市区、县人民政府驻地镇和其他建制镇，符合相关条件的农村人口可根据本人意愿办理城镇常住户口，解决农民进城问题。

这一时期，国家取消了原来针对农民工的有关限制性政策，专门针对农民进城就业需要办理的一系列证卡已开始逐步取消，农民工的就业环境也得到了极大改善。城市的就业服务体系逐步向农民工开放，对农民工的流动改变了以往以堵为主的控制方式，转而采取以疏为主的引导措施。《人民日报》有关农民工的报道在数量上出现了迅猛上升的发展态势(见表 4)。

表 4　**2001—2011 年《人民日报》农民工报道数量统计**

年份	2001	2002	2003	2004	2005	2006	2007	2008	2009	2010	2011
数量	17	27	89	151	175	150	171	78	66	140	159

总体来说，这个时期的农民工报道在报道政策的同时，开始更多关注农民工的生存情况，包括欠薪、工伤事故和子女的教育等问题，对农民工的权益维护给予了更多的关注，并寻求更好的解决方案。

在这一时期农民工权益维护报道中，影响最大的是对时任国务院总理温家宝为农民工讨薪的报道。《人民日报》2003 年 11 月 10 日第 13 版《惊动总理的民工欠薪》一文记叙了温家宝为重庆农民熊德明一家追讨工钱的事情，这一报道从一个侧面反映了国家领导人对农民工权益维护问题的关注。此事见诸报端后引起强烈的社会反响，并推动了中央和地方政府对解决农民工欠薪问题的政策措施的出台。

农民工的权益包括政治权益、经济权益、社会权益、文化教育权益。在《人民日报》这时期的农民工权益维护报道中，报道最多的是农民工的经济权益的保障与维护。在农民工经济权益的维护报道中，除了报道农民工的欠薪问题之外，农民工的劳动安全方面的问题也是报道的一个着力点。在农民工文化教育的权益维护上，关注点则放在了农民工职业培训、子女教育和文化生活几个方面。

随着我国经济开始转型，社会和企业对农民工的职业技能也有了更高的要求。如何提高农民工职业技能，让他们更高效地投入到经济建设中，成为了农民工报道的又一重要话题。2010 年，《国务院办公厅关于进一步做好农民工培训工作的指导意见》指出，要"逐步建立统一的农民工培训项目和资金统筹管理体制。到 2015 年，力争使有培训需求的农民工得到一次以上的技能培训，掌握一项适应就业需要的实用技能"。为此，《人民日报》加大了农民工职业技能培训方面的报道，并刊发了一些优秀农民工在职业技能提升方面的事迹。

农民工的各种权益维护问题是这时期《人民日报》农民工报道的重点。除此之外，还对每年的农民工春运、农民工的农村土地流转、政府和社会对农民工的关怀、民工潮、民工荒等多个方面进行了报道。

(二)鼓励中小城市户口开放时期(2012 年以后)：人本化趋势增强

2012 年 2 月国务院办公厅发布了《国务院办公厅关于积极稳妥推进户籍管理制度改革的通知》，规定了今后出台有关就业、义务教育、技能培训等政策措施，不与户口性质挂钩，继续探索建立城乡统一的户口登记制度，逐步实行暂住人口居住证制度。该通知提出要着力解决农民工实际问题，要求各地的就业、义务教育等新政策不要再与户口挂钩，同时允许来自农村的务工人员获得中小城市的户口。

2013 年 6 月 26 日召开的第十二届全国人大常委会第三次会议上，

国家发改委主任徐绍史作了《国务院关于城镇化建设工作情况的报告》。徐绍史称："我国将全面放开小城镇和小城市落户限制，有序放开中等城市落户限制，逐步放宽大城市落户条件，合理设定特大城市落户条件，逐步把符合条件的农业转移人口转为城镇居民……有序推进农业转移人口市民化，按照因地制宜、分步推进、存量优先、带动增量的原则，以农业转移人口为重点，兼顾异地就业城镇人口，统筹推进户籍制度改革和基本公共服务均等化。"①这是我国第一次明确提出各类城市具体的农民工城市化路径。围绕农民工市民化的国家新政策，这一时期我国的农民工报道的人本化趋势增强。

围绕国家的农民工户籍变动的新政策，农民工的市民化问题是这两年中《人民日报》及国内媒体农民工报道的热点话题。2012 年《人民日报》农民工报道数量为 129 篇；2013 年农民工报道数量为 103 篇。

这时期《人民日报》农民工报道的人本化趋势增强，体现在除了继续关注农民工各方面权益的维护，还把报道触角延伸到农民工在城市生活工作的各个方面，如农民工的思想观念、对城市生活的态度、对未来的打算、居住饮食状况、婚姻情感、个性心理等。

2013 年 8 月 13 日第 19 版的《内心一直有件事等着我做》，讲述一群曾从事泥工、管工、电工、木工的"80 后"、"90 后"农民工，因为对摄影的爱好，自主创业打造摄影工作室的故事。值得注意的是，全文仅在介绍他们出身的时候，提及他们曾是农民工，在之后的行文中，"农民工"三字再未提及。作者有意忽略这些人的农民工身份，是希望读者把这些人作为与城市青年一样的身份来看待。像这样讲述农民工逐梦题材的报道在这一时期的《人民日报》的农民工报道中时常出现。

2013 年，改版后的《人民日报》更注重采用可视化的图片与图表对农民工进行报道，让数据更明晰，能更生动有趣地描述事件。比如，在

---

① 徐绍史：《国务院关于城镇化建设工作情况的报告》，http：//www.npc.gov.cn/npc/xinwen/jdgz/bgjy/2013-06/27/content_1798658.htm.

2013 年 1 月的 27 篇农民工报道中，采访农民工个人报道 11 篇，共使用图片 11 张。可以看出，这时期《人民日报》农民工报道的方式更加灵活，农民工政策的宣传解读也由以前侧重于官员专家转变为更加注重农民工自身的话语，以农民工的视角报道政策，反映他们的需求。这些事例表明，《人民日报》农民工报道的亲民化、人本化趋势增强。

在中国共产党第十八次全国代表大会上，26 名农民工党员进入代表行列，第一次以群体形象出现在全国党代会上。① 在第十二届全国人民代表大会上，又有 31 名农民工成为全国人大代表，而第十一届全国人民代表大会，仅有 3 人是农民工。与之相应，与农民工参政议政相关的新闻报道也开始活跃起来。如 2013 年 3 月 12 日第 5 版《31 位代表，身后是 2.6 亿农民工》；2013 年 3 月 12 日第 9 版《掂掂农民工代表建议的分量》。2013 年，《人民日报》所发文章涉及农民工参政议政的共有 17 篇。而这一数据，在 2012 年仅有 4 篇。由此体现了社会认可了农民工在我国经济社会发展中作出的贡献，其社会地位得到提高。

结　　语

通过对《人民日报》1949 年至 2013 年农民工报道的研究，我们发现《人民日报》农民工报道在历史的演进过程中的四大特点：第一，在报道态度上，受我国户籍制度的变化左右，随政府对农民工政策的变化而变化，对农民工报道的主题经历了从肯定到否定到包容再到肯定的变化过程；第二，在报道内容上，以党和国家的户籍政策的宣传解读为主体性内容，同时兼顾农民工的工作生活状况；第三，在报道形式上，体裁、品种、手法不断丰富，报道数量由平稳到衰减到增多再到激增，表

---

① 新华网：《组图："我们身后是千千万万的农民工兄弟"》，http://politics.people.com.cn/n/2012/1114/c1026-19574819-1.html.

明农民工成为近些年来的一个热点话题；第四，在社会功能上，注重舆论引导，在不同历史时期做好党和政府的农民工政策宣传的同时，也注意发表一些不同的看法，平衡不同的观点，以促进社会的稳定和谐为报道的目的。

（原刊于《当代传播》2016 年第 1 期）

（李道荣，教授，主要研究方向为经济新闻、写作理论。刘亚，中南财经政法大学新闻与文化传播学院硕士研究生。徐剑飞，中南财经政法大学新闻与文化传播学院硕士研究生。）

试论《洛杉矶时报》经济报道的利益偏向

张　颖

摘　要：商业社会中媒介的关注焦点在于商业利益集团、投资者、政治与经济权力精英阶层的经济利益；而媒介通过此种偏向性的经济报道形式，抑制了攸关普通民众利益的经济政策与议题在公众中的广泛探讨，从而维护了既有的社会经济秩序。对《洛杉矶时报》的经济报道进行内容分析的结果显示，报道焦点集中在影响商业公司和投资者的事件和问题。研究结果显示，即使商业公司与投资者的经济发展态势良好，新闻媒体对于攸关这个阶层的经济议题的关注仍远远超出对一般劳工阶层经济状况的关注。

关键词：经济报道；利益偏向；商业利益集团；劳工阶层

新闻媒介对经济的报导以及随之而来的政治后果，一直都是学界关注乃至争论的焦点之一。部分新闻传播领域的学者认为，西方商业社会中，新闻从业人员通常对商业利益集团抱持一种批评，乃至是敌对的态度；加之西方资本主义国家一贯鼓吹其"自由公正"的政治理想，据此推断，在西方商业社会的新闻媒介中似乎应该存在大量的负面经济报道。然而多数学者并不赞同此观点，他们认为商业社会中媒介的关注焦点在于商业利益集团、投资者、政治与经济权力精英阶层的经济利益；而媒介通过此种偏向性的经济报道形式，抑制了攸关普通民众利益的经济政策与议题在公众中的广泛探讨，从而维护了既有的社会经济秩序。

为了解以美国为代表的主流商业社会中经济报道的偏向性，以及此报道偏向形成的原因，笔者选取了较具代表性的《洛杉矶时报》20世纪90年代的经济报道为素材来进行内容分析研究。

20世纪90年代末至今，美国加利福尼亚州经济的成长模式加剧了州内原已存在的经济不平等状态。当商业公司和投资者们享受着不断上升的赢利和收入时，州内的普通劳工阶层则面临了停滞不前的薪资水平和有限的全额工作机会。基于此种经济状况，有学者认为，如果新闻媒体普遍支持“自由公正”的社会/政治理想，我们将会看到更多媒体正视州内大规模的低薪资劳工阶层的存在，并在经济报道中强调这些问题。然而，事实并非如此。对美国加利福尼亚州最大报纸《洛杉矶时报》(简称《时报》)的经济报道进行内容分析的结果显示，虽然《时报》刊登了林林总总的经济报道，但报道焦点集中在影响商业公司和投资者的事件和问题。研究结果显示，即使商业公司与投资者的经济发展态势良好，新闻媒体对于攸关这个阶层的经济议题的关注仍远远超出对一般劳工阶层经济状况的关注。

一、关于商业社会中经济报道偏向性的假设

总结学界长期以来形成的媒介经济报道的四个主要特征，笔者推导出以下关于经济报道偏向性的假设：

特征一：媒介强调负面经济新闻

传统的自由主义者视“出版自由”为构成民主社会不可或缺的重要指标之一。他们认为，一个充满活力且多元化发展的文明社会，需要有自由独立的新闻媒介来承担监督国家权力机构的重任，以防止专制政权的出现。他们相信，在政府出现腐败现象时，自由独立的新闻媒介可以及时有效地警示公众，从而及时有效地推动那些被曝光的违法、腐败行为或者政府无作为等弊病的革除。新闻媒介这种被称为“看守者”

(watchdog)的职能，被认为是制衡民主社会体系的重要力量。

但也有一些当代的学者认为，新闻媒介在执行“看守者”这一职能的过程中变得越来越偏执，并形成了所谓“坏新闻偏好”的报道取向。他们认为，新闻媒介过于关注负面的经济新闻，而非均衡地报道经济现状。这种报道取向导致经济报道无法准确地反映当前经济现状与社会经济发展的长期趋势。赫伯特·斯坦的早期研究指出，正是由于媒介过度强调负面经济新闻，从而造成了美国民众普遍对经济现状存在误解，而这些误解最终扭曲了美国的民主进程：一方面，这些误解造成当政者寻求不适当的经济政策；另一方面，这些误解也使得所谓的“革新派”激进政治家在政治竞选中握有更高胜率。① 从以上看法不难推导出第一个假设：

假设1：负面经济报道在数量上远超过正面经济报道。

对于美国新闻媒介过度强调负面经济新闻的原因，一个最显著的理由就是新闻媒介希望借此来吸引对既有的政治、经济秩序抱持不满态度的民众。罗斯曼和利切特研究认为，与商业利益集团领导阶层的保守派政见相比，美国的新闻从业人员更多地抱持着自由主义的左翼(相对于较为保守的右翼共和党政见)政见。② 20世纪六七十年代，美国绝大多数新闻从业人员都投票支持民主党总统候选人，同时新闻从业人员群体也强烈支持联邦政府加强对于经济和社会安全的宏观调控措施。赫伯特·斯坦则认为，新闻从业人员对负面经济新闻的强调是为了推动美国所谓的“自由公正”的政治理想的达成。③ 鉴于劳工福利是左翼自由派政见的关注焦点，我们有理由认为媒介会着重报道美国宏观经济发展政

① Herbert Stein, “Media Distortions: A Former Official's View.” Columbia Review of Journalism 13, (1975), 41.

② Stanley Rothman & Robert S. Lichter, “Media and Business Elites: Two Classes in Conflict?” The Public Interest 69, (1982), 117.

③ Herbert Stein, “Media Distortions: A Former Official's View.” Columbia Review of Journalism 13, (1975), 37.

策对劳工阶层基本福利的严重忽略，这也就带出了以下假设：

假设2：负面经济报道更多聚焦于影响一般劳工阶层的问题而非影响商业利益集团或投资者的问题。

特征二：经济报道的"金主"角度

不同于古典自由主义的观点，马克思主义的社会理论将民主社会描述为阶级统治的工具。安东尼奥·葛兰西认为，在民主社会中，精英阶层通过文化霸权维护其社会经济特权。这种微妙却普遍存在的精英霸权，诱导广大民众接受与精英阶层利益一致的世界观。而大众媒介更多地沦为了隐瞒这种广泛存在的社会经济不平等的工具。持这种"文化霸权"观的学者认为，媒介通常站在给予其经济支持的商业利益团体一边，以有利于维系现有社会经济秩序的方式来描绘当前的经济图景。考察新闻媒介企业的所有权结构，我们就不难理解经济报道为何会更多地反映大商业集团的利益：在少数大商业集团把持了美国最大的几家新闻机构的状况下，很难想象这些新闻机构会大肆挞伐那些可以令其母公司受惠良多的经济政策。① 而且，媒介的最主要收入来源来自大商业公司的巨额广告收入，而非数量有限的普通民众的新闻订阅费。这些广告大客户通过广告费的支付实际变成了媒介产业的幕后金主，这也极大地降低了媒介经济报道去批评现有经济秩序的意愿，从而形成了另一个妨碍新闻媒介公允地报道经济新闻的因素。② 尽管不少学者认为，新闻从业人员的政见在很大程度上影响了新闻报道的内容，但持"文化霸权"观的学者则强调新闻从业人员更多受制于其商业雇主，并由此在经济报道中维护了大商业集团的利益。上述观点让笔者作出了以下假设：

假设3：媒介很少刊载有关劳工阶层经济事务问题的报道。

假设4：媒介很少提及改善劳工阶层福利待遇的经济改革。

---

① Edward S. Herman, The Myth of the Liberal Media: An Edward Herman Reader, (New York: Peter Lang Publishing, 1999), 11.

② Ben H. Bagdikian, The Media Monopoly, 6th edition, (Boston: Beacon Press, 2000), 105.

特征三：媒介重视精英的观点

对于美国的社会权利结构，莱特·米尔斯作了如下描述：20 世纪美国官僚统治不断扩大与集中，形成了由少数人控制国家绝大部分权力的格局。① 这些“权力精英”占据了美国社会最重要的政府及私营机构领导阶层的职位，他们秉持相同的文化与政治信念，分享一致的经济利益，是美国的实际统治阶级。持“权力精英”观的学者认为，美国的主流媒介与这些权力精英有着千丝万缕的联系；与之相反的是，新闻媒介与公众利益集团、工会乃至广大草根阶层间，则显然缺乏这种紧密的联系。② 不少学者肯定，美国主流的新闻媒介在政治与经济事务上与大型商业利益集团及其他权力机构保持一致意见。同时，由于不少知名记者和媒体编辑本身就是国家精英阶层的成员之一，这也造成了主流媒介几乎从不质疑国家现有的经济体系和权力结构的状况。③ 正是由于新闻媒介与权力精英间广泛存在的社会、经济与组织联系，使得新闻媒介无可避免地在重大经济事宜上与商业利益集团保持了相同的看法，并将报道焦点更多集中到影响社会精英阶层的经济事务上；而攸关普通劳工阶层经济利益的议题则受到了新闻从业人员的冷落。这种精英偏向最终也影响了新闻媒介经济报道的方式、角度与论调。由此可以推导出以下假设：

假设 5：媒介在经济报道中更强调影响商业公司和投资者的事件或问题，从而忽略了影响劳工阶层的事件或问题。

特征四：媒介依赖“官方消息源”

影响新闻报道内容与论调的另一主要因素是新闻信息源。为了提高

---

① Wright C. Mills, The Power Elite, (New York: Oxford University Press, 1956), 3.

② Roya Akhavan-Majid & Gary Wolf, “American Mass Media and the Myth of the Libertarianism: Towards an ‘Elite Power Group’ Theory”, Critical Studies in Mass Communication 8, (1991), 39.

③ Peter Dreier, “The Position of the Press in the U. S. Power Structure”, Social Problems 29, (1982), 298.

工作效率，记者们通常会锁定在新闻事件发生几率较高的地点采集信息，或是向固定、可靠的信息源索取信息。① 因而，类似纽约证交所、华尔街、联邦储备银行、劳工部等地就毋庸置疑地成为了经济新闻的主要信息源。新闻媒介对官方信息源的高度依赖，导致经济报道源自政府高层财经发言人或商业集团的比例远远高于源自工会发言人或普通劳工代表。这引出了以下假设：

假设6：新闻从业人员很少使用工会领导人、普通劳工或其发言人作为经济报道信息源。

基于新闻报道客观性的工作准则，新闻记者不应该在报道中表达自己的意见，而信息源却可以有其意见倾向。因而在很多时候，对新闻媒介报道政治、经济事务与公共政策时的角度与论调产生影响的，是信息源的政治、经济立场，而非报道记者的政见倾向。②

顺着这个研究思路，有不少研究者表示，新闻媒介对重大社会经济事宜的报道，从另一个角度反映了不同社会经济利益团体在吸引媒介注意力的能力上存在很大落差。这些学者认为，信息搜集的过程在很多时候是反向的：不同的社会经济利益团体会不断寻求机会向媒介提供他们的意见与观点；在此情况下，商业集团或其他有影响力的政治、经济机构具有相对的资源优势，能够顺利接触到新闻媒介并传达其意见、看法；反之，无权无势、缺乏组织的普通民众则很难直接向媒介表达自己的意见。③ 此研究思路引发了以下假设：

假设7：媒介在报道正面经济新闻时多数援引企业发言人或政府官员的文章，而非工会领导人、普通劳工或其发言人的文章。

---

① Edward S. Herman, & Noam Chomsky, Manufacturing Consent: The Political Economy of the Mass Media, 2nd edition. (New York: Pantheon, 2002), 18.

② Peter Dreier, "The Position of the Press in the U. S. Power Structure", Social Problems 29, (1982), 298.

③ Peter Dreier, "The Corporate Complaint Against the Media", American Media and Mass Culture: Left Perspectives. (Berkeley and Los Angeles: University of California Press, 1987), 72.

二、以《洛杉矶时报》经济报道的内容对上述假设进行分析验证

20 世纪 90 年代是美国加利福尼亚州经济发展的特殊历史阶段。20 世纪 90 年代初期，由于国防开支的大幅缩减，造成加州数以万计的高薪职位的消失。但随后，在 90 年代的中后期，以硅谷为中心的高新科技产业与其他低技术的制造业、服务行业的迅猛发展，使得加州经济迅速反弹。然而，不同于早期国防产业以高薪职位为主，新的服务业与制造业主要提供的是低薪、兼职、短期的合同职位。由此带来加州在相当长时期内，高科技与投资密集型公司的荣景，与低技术、服务性行业低薪职位苦苦挣扎的两极分化局面。扣除通货膨胀因素，1992—1998 年加州大型商业集团利润增长达到 300%，而同期的税率增长仅为 20%。① 这一时期内，普通劳工阶层的利益增长则显著低于整体经济的发展水平：剔除通货膨胀因素后，劳工阶层的工资仅仅停留在七年前的相同水平。这个历史时期的加州经济，呈现出总体经济高速增长、商业公司和投资者利润暴增，而劳工工资水平停滞不前的两极分化格局。为检验前述的七条假设，笔者选取此特定时期内，加州最大规模的报纸同时也是自由主义报刊代表的《洛杉矶时报》(简称《时报》)的经济报道为研究对象，随机抽样了 201 篇经济报道进行内容分析。针对此特殊历史时期内，加州出现的公司利益大幅攀升而劳工工资待遇停滞不前的两极分化经济格局，作为加州最大报纸的《时报》是如何报道经济的呢?

1. 以负面报道为主?

对《时报》201 篇相关经济报道的内容分析显示，这些报道主要反映

---

① 加州经济统计数据，http://www.dof.ca.gov/HTML/FS_DATA/STAT-ABS/Statistical_Abstract.php.

了商业利益集团的经济利益。虽然过半报道包含一定的负面经济新闻，这与学界认为媒介的“负面新闻偏好”特征一致，但与劳工阶层相关的经济事务显然普遍受到媒介的忽略。

假设 1 认为，负面经济报道在数量上远超过正面经济报道。要验证这个假设，笔者首先对报道样本进行了分类：第一类是报道失业率或通胀率下降、股指创新高、高新科技企业成功范例等利好消息的单纯正面报道；第二类是报道劳资纠纷、公司减资、低技术劳工就业困难等不利消息的单纯负面报道；其他既涉及利好也涉及不利经济因素的中性报道则全部归入第三类。报道分类的结果显示，仅有 7.5%(15 篇)的报道是完全负面的，相较于近 40%(79 篇)完全正面的经济报道，这似乎与负面新闻主导的假设截然相反。但如果把中性报道(107 篇)也考虑进去，则超过六成的经济报道或多或少包含一定的负面信息。

假定较长的报道篇幅和能否登上报纸的头版，是判断一篇经济报道重要与否的指标，那么对 201 篇经济报道的版面和篇幅的分析表明，正面经济报道更受青睐：77.2%(61 篇)的正面经济报道有机会登上报纸的头版，且报道的平均篇幅为 1413 个单词；而负面经济报道登上头版的机会仅为 33.3%(5 篇)，平均篇幅则为 1232 个单词。这样的结果显然与认为新闻媒介偏好负面报道的假设 1 相左。

2. 负面报道关注的焦点

假设 2 认为新闻从业人员的自由主义政见和对商业利益集团的敌视态度，会使得负面经济报道更多关注那些影响劳工阶层的经济事务；而假设 3 和假设 5 则代表了相反的意见，认为深深植根于资本主义精英权力体系的新闻媒介，无法跳出自身的阶级局限性，因此更多地关注那些影响商业利益集团的经济事务，而非影响劳工阶层的经济事务(假设 3 和假设 5)。

为了验证这三个相互矛盾的假设，笔者将 122 篇中性或负面的经济报道分为三个主题类别：关注商业利益集团；关注普通劳工阶层；关注一般性经济议题(即关注整体的经济表现，而非特定阶层经济发展状况的报道)。分类结果显示，仅有 14.8%(18 篇)的中性或负面经济报道关注了影响劳工阶层的经济事务；而 31.1%(38 篇)关注了影响商业利益集团的经济事务；其余 53.3%(66 篇)则讨论了加州的整体经济发展状况。(若仅考虑 15 篇完全负面的经济报道，尽管关注劳工阶层的报道数以微小幅度超出其他两类主题，但由于样本数太小，其分析结果不具有统计有效性，故不纳入分析考量。)

同样以报道版面和篇幅作为报道重要性的依据，相关分析显示：多达 73.7%(28 篇)的有关商业利益集团的负面经济报道出现在了报纸头版，其平均篇幅达到 1447 个单词；相对的，仅有 22.2%(4 篇)的有关劳工阶层的负面经济报道登上了头版，平均篇幅为 1315 个单词。这个结果显然支持了假设 3 和假设 5，而否定了假设 2。

3. 经济改革的相关报道

假设 4 认为，经济报道很少提及针对现有经济体制的改革措施，特别是当改革措施主要惠及劳工阶层时。201 篇样本报道中仅有 31 篇包含有经济改革内容。从报道版面和篇幅来看，谈论经济改革的报道仅有 29%的几率登上头版，平均篇幅为 1217 个单词；非经济改革主题的报道则有 67.1%的几率出现在头版，篇幅也较长(平均 1336 个单词)。

考虑到经济改革的对象，关注旨在帮助商业利益集团的经济改革的报道，显然更受媒介青睐：这类报道有 83.3%的机会出现在报纸头版，平均篇幅达到 1569 个单词；而关注惠及劳工阶层的经济改革的报道仅有 14.3%的头版几率，平均篇幅则为 1120 个单词。这样的分析结果支持了假设 4。

4. 信息源

假设 6 认为，新闻从业人员很少采用工会领导人、普通劳工或其发言人作为经济报道信息源。对样本经济报道的信息源的分类结果表明：

仅有7.9%的报道以工会领导、普通劳工或其发言人为信息源；最大的信息源是财经/政府发言人(22.7%)；其次是商业公司(21.3%)；然后是社会学家和其他专家学者(19.3%)；再是政府官员(18.8%)；接下来是社论专栏作家(5%)以及多种信息来源的报道(5%)。这个分析结果表明，《时报》经济报道的信息源主要来自商业利益集团与政府，多达62%的样本报道采用了此类信息源。同时，采用此类信息源的经济报道有高达83%的几率出现在报纸头版；以工会领导人、普通劳工或其发言人为信息源的报道出现在头版的几率则为56%；而以社会学家和其他专家学者为信息源的报道仅有17.9%的机会登上头版。这个结果与假设6基本吻合。

5. 信息源与报道内容

假设7认为，新闻媒介在报道正面经济新闻时大多会援引企业发言人或政府官员的言论与文章，而非工会领导人、普通劳工或其发言人的言论与文章。分析结果显示：以政府官员为主要信息源的经济报道中，半数为正面报道，而仅有2.6%为负面报道；而以政府官员和商业公司共同作为信息源的经济报道中，48.9%是正面报道，负面报道仅占4.4%。这样的分析结果显然支持了假设7。负面经济报道的最主要信息源则是社会学家与其他专家学者，超过82%以他们为信息源的报道是负面或中性的；而以劳工阶层及其发言人为信息源的报道中56%为负面或中性报道。此外，以社会学家与其他专家学者为信息源的经济报道更多涉及整体经济议题和惠及劳工阶层的经济改革。

三、商业社会中无可否认的经济报道利益偏向

这项研究着重考察了在美国这个典型的商业社会中，新闻媒介的经济报道具有何种偏向。在理想的民主社会中，媒介应充分发挥其看守者

职能，对社会经济体制存在的问题予以曝光，并促进公众广泛开展关于适当的经济改革政策的理性讨论。然而不难看出，现今商业社会中的新闻媒介在这一点上还远远未能达到理想的目标。① 鉴于媒介企业与商业社会的经济与权力体系、大型商业财团、投资者乃至政府当局都有着千丝万缕的联系，而新闻媒介机构对于政治、经济精英集团都有着高度的信息依赖，这些因素都无可避免地造成了媒介“亲商业利益”的经济报道偏向。

在20世纪90年代这一特殊历史时期里，加州经济迅速增长，而州内的商业利益集团与普通劳工阶层却体验了截然不同的繁荣后果：当商业利益集团享受着收入和利润稳步增长的同时，绝大部分的劳工阶层却面临工资水平停滞不前，且全日制工作机会数量有限的境遇。在此情形下，如果多数的新闻从业人员秉持着自由主义或“反商业利益”的政见，我们会期待这一时期的经济报道能更多地反映影响劳工阶层的经济议题。而现实情况与此截然相反。对《时报》经济报道的内容分析显示：涉及劳工阶层经济事务的经济报道在数量上远远不及涉及商业利益集团的经济事务的经济报道；即使在这些有限的劳工阶层相关经济事务报道中，也存在篇幅较短，且难以登上报纸的头版的问题；惠及劳工阶层的经济改革政策也较少成为经济报道的对象；工会领导、普通劳工或其发言人也很难成为《时报》经济报道的信息源，仅有不足8%的样本报道采用了工会领导、普通劳工或其发言人作为信息源。

这样的结果质疑了商业社会中经济报道“负面新闻偏好”的存在。如果新闻从业人员秉持自由主义或“反商业利益”的政见的情况属实，并且新闻从业人员的态度能够对经济报道的内容与论调产生实际的影响，那美国大大小小的新闻报刊将充斥着林林总总反映美国广大低收入劳工阶层经济问题的报道。但由此研究结果来看，身为自由主义报刊代

---

① W. Gamson, D. Croteau, W. Hoynes & T. Sasson, “Media Images and the Social Construction of Reality.” Annual Review of Sociology 18, (1992), 373.

表之一的《时报》将经济报道焦点汇集在了与商业利益集团的利益休戚相关的经济议题上，而在此研究所覆盖的期间，加州的商业利益集团与投资者们充分享受了经济的繁荣所带来的高收益；与之相对的是州内绝大多数普通劳工，他们经历的则是普遍的工资水平停滞不前。一方面，对于影响商业利益集团利益的经济事务，媒介给予了充分的关注；另一方面，媒介对影响普通劳工的经济事务较为忽略，尤其是有关广大低收入劳工阶层的经济问题。

尽管新闻从业人员大多受过良好的教育，对社会问题普遍抱持着左翼自由主义观念，但这无法顺理成章地推导出这些新闻从业人员在经济事务上也抱持同样的左翼自由主义态度；相反，由于新闻从业人员大多身处于美国社会阶级结构中的较高层级，他们对于经济事务的态度更多是中间偏右(趋于保守)、趋于维护现有经济秩序的。①

而以新闻从业人员的政治倾向作为一个决定经济报道内容与论调的关键因素，也并不恰当。如同主流商业社会中其他商业机构的雇员一样，新闻从业人员也是以其雇主的商业利益为最大工作目标的。这种组织性的约束，与新闻从业人员所属政治、经济阶层等其他结构性约束一道，解释了为什么在商业社会中，经济报道无法单纯地反映记者与编辑的政见，而是更多地反映了大型商业集团的领导层与投资者的利益的原因。尽管美国的新闻媒介也时常批评商业利益集团和现有的经济体制，但媒介产业与商业经济体系间千丝万缕、斩不断理还乱的内在联系将二者的利益牢牢地绑在一起，这也再度解释了商业社会中经济报道对商业利益集团而非普通劳工阶层的利益偏向。

（原刊于《新闻前哨》2011 年第 10 期）

（张颖，传播学博士，讲师，主要研究方向为媒介产业、新闻传播学研究方法。）

① David Croteau, "Challenging the 'Liberal Media' Claim: on Economics, Journalists' Private Views are to Right of Public", (1998), http://www.fair.org/images/challenging.pdf.

从新闻改革的视角审视民生新闻发展三阶段

石永军

摘　要：本文从新闻改革的视角入手，认为民生新闻的产生发展实际上是由中国新闻改革的进程决定的。在从宣传本位向新闻本位转换的历史大背景之中，民生新闻的产生发展必然经历三个阶段：边缘突破，挺进主流，价值回归。

关键词：民生新闻；边缘突破；挺进主流；价值回归

民生新闻节目的出现，改变了中国电视高高在上的一贯姿态，开始采用“受众本位”、“平民视角”，关注底层和民生内容，具有本土化、服务性等新的特征，因而被学者认为是继《东方时空》、1997 年香港回归直播等事件之后中国新闻传播观念的第四次革命。① 民生新闻走到今天已经有近十个年头，公众不再像一开始那样对它偏爱有加，而是对它表现出来的一些负面倾向，比如题材琐碎化、内容庸俗化、叙述浅薄化、形式粗糙化等，给予了尖锐的批评。民生新闻的发展方向是什么？本文从新闻改革的视角入手，认为民生新闻的发展可以分为三个阶段：边缘突破，挺进主流，价值回归。电视民生新闻曾经从边缘开始突破，

---

① 胡智锋、李刚：《变革、困境与开拓——从零距离升级改版看中国民生新闻的新突破》，《中国广播电视学刊》2009 年第 6 期。

成就一段辉煌之后，如今又陷入了彷徨之中，唯有认清自身的角色与使命，回归到新闻的本来价值上，才能够确保自身的健康发展。

一、边缘突破——平民视角百姓事

因为长期以来受到“宣传本位”电视传播观念的影响，曾经的电视新闻采用一种高高在上的“官方播报”的姿态，报道的内容和形式比较僵化，老百姓不爱看，电视新闻逐渐沦为边缘化的媒介，在受众当中的影响力非常有限。然而在电视媒体“市场化”运作的过程中，情况则悄然发生了变化，电视这昔日不可一世的“王谢堂前燕”，无可奈何却不可避免地需要“飞入寻常百姓家”，以换取自身的经济生存。

电视新闻发展的空间在哪里？

新闻是讲故事，视听兼备的电视新闻更是需要讲故事。电视新闻的规律是新闻故事化、故事情节化、情节细节化。其中的核心就是情节，而情节就是冲突，是矛盾，这是电视抓住受众的重要元素。可是，当时的现实环境能让电视新闻展示矛盾冲突吗？

在中国，传媒制度实际上是政治制度的一个重要组成部分。① 以重大事件报道为例，1997 年 1 月 18 日颁布实施的《国务院关于加强抗灾救灾管理工作的通知》规定：“公开报道灾情，要实事求是，有利于社会安定和抗灾救灾工作，防止产生消极影响。……凡公开报道要慎重，报道内容要按规定经有关部门审核。”决定虽然强调报道的及时与公开，却依旧着眼于政治影响这个出发点，要求以正面宣传为主。内容的审查制度更是新闻媒体及时客观全面报道突发事件的束缚。因此，在涉及重

---

① 廖圣清、张国良、李晓静：《论中国传媒与社会民主化进程》，《现代传播》2005 年第 1 期。

大事件报道时，媒体从业者仍是如履薄冰，实践中仍有许多红线不能触碰，许多问题十分敏感，重大新闻迟报、少报、不报的情况屡见不鲜，舆论监督很难开展。这些状况与电视的情节传播特点不相符。

为了赢得受众和市场，地方电视媒体开始从边缘突破，在不踩越宣传红线，甚至是回避时政新闻、重大突发新闻的前提下，进行社会新闻民生化表达。将目标受众定位于本地的普通市民，将内容定位于老百姓的身边人身边事，采用“民生内容、平民视角”，生产出适合本土受众需要的新闻节目。例如某节目的口号是：给咱爸咱妈说点事儿，采用平民化的视角来说平民感兴趣的身边事。从报道方式讲，老百姓身边的事情既可以敞开报，敞开议，从内容上，又切合“三贴近”的原则。报道当中监督批评的对象多是个人、企业，少量涉及政府部门的批评报道，其对象一般处于社区居委会、街道办事处这个较低层面，批评的内容多是基层干部不作为或乱作为等现象。这种监督批评只涉及个体，不涉及群体，既不会影响社会稳定，又有利于高层领导机关施政权威和效率的提高。高层的认可，使民生新闻获得了较大的施展空间。可以说，聚焦低层，选题琐碎是民生新闻与生俱来的特点。从受众的角度看，民生新闻关注普通百姓的现实生活，让民众前所未有地感受到媒体对自身的“依赖”和自己对媒体的“话语主导权”，民生新闻迅速获得了民众的认可。

民生新闻实质上是电视产业发展、新闻传播规律、政治宣传规制之间相互作用、达成默契的阶段性产物，一时间风行于中国各地方电视台。

由于民生新闻与生俱来的选题局限性，加上“形而下”经济压力以及同质节目之间的白热化竞争，使民生新闻逐渐地“迎合”观众的趣味而不是发挥媒介的预警功能“尊重”观众，关注的多是“市井新闻”而非真正关乎民生的新闻。其表现出的“娱乐化”、“低俗化”倾向，引发了社会大众的审美疲劳以及学者的激烈批评。有学者将目前民生节目存在的问题归结为“三伪问题”①：“伪民生”——日常生活琐事的“视觉疲劳”(醉、骗、色、赌、祸、吵、水、火、打)；“伪人文”——私密生活空间的肆意侵入；“伪监督”——焦点问题报道的浅尝辄止。节目的格调不高以及观众的审美疲劳导致收视率的下降，民生新闻到了必须进行“二次革命”的时候。

二、挺进主流——“小民生”变“大民生”

恰逢此时，媒体生态环境发生了较大变化。

2003 年，也就是民生新闻叫响的第二年，爆发了“非典”(SARS)事件。“非典”报道在中国新闻传播史上是一个重大转折，促使我国建立起公开、及时报道疫情灾难新闻的传播机制。此后一系列政策如中共十六届六中全会文件明确要求：“通达社情民意，引导社会热点，疏导公众情绪，搞好舆论监督。健全突发事件新闻报道机制，及时发布准确信息。”2005 年《关于进一步加强和改进舆论监督工作的意见》，2006 年《国家突发公共事件总体应急预案》，2007 年《中华人民共和国突发事件应对法》及《中华人民共和国政府信息公开条例》都对重大事件中的新闻发布、舆论引导和媒体管理工作进行了不同程度的规范。“推进信息公开透明”、“支持和加强舆论监督”、“增强媒体社会责任感”等观念逐渐在全社会达成共识。2007 年 6 月，《突发事件应对法草案》提交全国人大常委会二审，删除了第 57 条中新闻媒体不得“违反规定擅自发布”突发事件信息的规定，同时还删除了第 45 条中“并对新闻媒体的相关报道进行管理”这句话。这些删改，不仅避免了规范主体不明确带来的权力滥用、媒体的监督权受到限制，而且从危机传播的角度来看，这一做

---

① 摘自“第三届全国省级台民生新闻协作体年会第四届全国 SNG 协作体年会”石长顺发言，http：//www. tjtv. com. cn/system/2008/11/26/003801052_03. shtml.

法符合信息传播和新闻工作的特点。在突发事件发生以后，媒体及时报道能够保证信息的流通，防止流言的扩散，从而促进事件的处理和应对工作。① 2008 年的两件大事从正反两方面强化了报道的开放程度。首先是拉萨事件的教训，3 月 14 日拉萨发生骚乱之后，国内新闻媒体的缺位和失声，对中国形象造成了较大的负面影响。在 5・12 汶川地震中，情况则发生了转变。大众传播渠道的自由通畅，特别是电视媒体首次全程直播救援行动，把灾区现场的惨景和救援队伍的活动直接告诉国内群众，直接告诉全世界人民，最大限度满足了国民的知情权，使人们都能够在第一时间获知真实资讯，让世界看到了当代中国的坚定与自信。

以上是从外部环境看，民生新闻获得了更大的话语空间。另外，对于地方电视媒体而言，民生新闻改变有其内在推动力——媒介产业的发展。市场化的运作使媒体重拾“双重售卖”的基本特征。夺取主力消费人群即社会中间阶层的注意力资源成为媒体竞争的焦点。而社会中层在早期民生新闻的受众份额中所占比例偏低。因此，拓展受众范围，提升节目品质成为赢得竞争的必然趋势。

在外部言论环境改善和媒体自身发展内外两股动力的推动下，民生新闻开始了既保留原有根据地、又向新的“主流”受众群体“挺进”、扩展的这个阶段，也就是民生新闻目前正在寻求突破提升自我的阶段，可称为“大民生”阶段。这个阶段有以下两大特征。

第一，拓展报道领域。民生报道的内容，由原来的一些“软性”的趣闻轶事和身边琐事，拓展到了与民众利益攸关的社会、政治信息与服务，如房产、金融等国家宏观政策，以及医疗、教育等公共问题。大民生就是把关注的眼光、报道的领域从鸡零狗碎、鸡毛蒜皮的日常生活、市井生活转向范围更加广阔、层次更高的社会生活，从一味的“软新

---

① 谢耘耕：《我国突发事件报道的演变轨迹》，http://blog.sina.com.cn/s/blog_4772a3310100fv3m.html.

闻”走向“软硬兼顾”，从有趣好看，走向好看有用。大民生就是媒体不仅要在百姓身边事上下功夫，更要在重大事件、时政报道上发出自己的声音。时政报道包括党和国家重要法规、政策的决策制定过程、执行过程和执行结果；各级党政领导岗位的人事变动；党和国家领导人的外交国务活动，等等。这些报道对国计民生、公众和社会方方面面都有着不同寻常的影响力。如果说新闻报道是新闻媒体的核心部分，那么时政报道就是新闻报道的核心部分。时政报道不突破，就难言新闻改革的成功。①

第二，拓展报道深度。从播报新闻到播报观点、从一面词到多面词、从单纯的“喉舌”到能影响公共政策的“意见领袖”。将可以深入挖掘的选题进行有效的策划，引导社会热点，利用“议程设置”功能，为人们设置谈论的话题，把民生新闻做成城市的会客厅，一个真正的交流平台，成为人们观察生活、交流沟通、获得生活乐趣必不可少的信息平台。这是抓住市民阶层特别是中产阶层的关键所在。

三、价值回归——“公共价值”阶段

中共十七大政治报告中明确指出：“要保障人民的知情权、参与权、表达权、监督权。”“四权”的提出为民生新闻的发展提供了更广阔的“远景”。新一轮新闻改革将从维护公民的“四权”入手，从体制上建立一系列保障，确保公民能够通过公开的渠道获得信息，能够通过公开的渠道表达他们的意见，尤其是不同意见或反对意见——就是中国新一轮新闻改革的目标。② 而民生新闻也将开始价值回归之路。

---

① 李良荣：《当前中国新闻改革的基本特点——纪念新闻改革25周年》，《现代传播》2004年第5期。

② 李良荣：《艰难的转身：从宣传本位到新闻本位》，《国际新闻界》2009年第9期。

知情权是监督权、参与权的实现前提。公民有权依法及时、足量了解党和政府重大决策制定的依据、内容、过程以及国家事务、经济事务、社会事务的各种信息，了解党的各级领导干部及政府官员同政务相关的个人品行、收支、家庭等情况。若传媒不能及时了解这些情况，就无法有效地实施舆论监督；公民如果不能及时了解这些情况，也无法通过新闻传媒或其他途径实施对党和国家机关及官员的群众监督。① 表达权则是监督权、参与权的实现途径。公民表达可分为群体利益的表达和公民对重大政治、经济、社会、文化等公众问题发表见解与主张的权利。② 表达权的实现，能够保障公民可以通过新闻媒体在内的各种渠道公开表达观点和意见，实现对社会公共事务的批评、监督和参与。

如果知情权和表达权不能在民生新闻上得到真正贯彻，民生新闻也就失去了其蓬勃发展的根基与生命力。民生新闻的发展，最终要回归到自身的价值本位上去，即：客观展现复杂的社会问题，真实记录事件的发展过程，通过提供理性的言论园地——即哈贝马斯所说的“公共领域”，“发布并解释新闻信息，表达并且平衡意见，组织‘社会对话’”。③ 由此，改变新闻媒体唯上和唯己的出发点，将服务公众、维护公众利益成为制度下的一种自觉。“新闻本位、舆论监督、人文关怀”，强调公民参与和公共审议，这是在第二阶段基础上对民生新闻质和量的进一步提升。通过民生新闻高层次的有效运行建立起国家、社会及公民之间的对话机制和模式，使新闻重新成为社会这艘大航船的“瞭望者”和监督公权的监督者，并实现媒介的产业价值，包括品牌的经济效益和社会效益。

不过，特别值得注意的是，民生新闻的阶段调整需适度渐进，稳步

---

① 童兵：《新闻传媒舆论监督的历史使命》，《新闻爱好者》2008 年第 1 期。

② 李树桥：《公民表达权：政治体制改革的前提》，《中国改革杂志》2007 年第 12 期。

③ 喻国明：《民生新闻：未来十年的发展机遇和角色转换》，《现代传播》2009 年第 4 期。

前行，在前进的途中保持自身的特色，并与制度环境、公民意识和公众媒介素养的进步保持步调一致，与时俱进，过快或过慢都可能让媒体付出代价。1956 年《人民日报》改版就提出，要将报纸办成人民的报纸，是“人民的公共的武器，公共的财产。人民是它的主人”，要允许“开展自由讨论”。① 可是近半年之后此次改版即告流产。江苏卫视《1860 新闻眼》在参与了几年的民生新闻竞争之后，于 2004 年打出过“公共新闻”的旗帜，2004 年曾直播过江苏省厅级干部“公推公选”，报道了许多严肃的公共新闻。后因为各种原因，节目未能继续。但“公共新闻”所蕴含的“公共价值”理念与民生新闻未来的发展方向是相符的，其核心就是使公众参与到政治民主化进程中去。“培养和营造公民社会、监督和构建公共领域、报道和指导公共事务、交流和引导公共意见”(孙旭培)，这本应是新闻媒体应有的社会责任。

所以，民生新闻构建公共话语平台是媒介在较高层次的一种自觉行为，不仅牵涉一个媒介功能转变的问题，还关涉媒介的自身实力、公众媒介参与意识以及一个良好的政治、文化生态环境。由此可见，民生新闻的高层次转化还要一段相当长的时间。

结　语

也许过了若干年，回过头来看看走过的路，人们就会发现，这些年中国的新闻业处于从宣传本位向新闻本位转换的历史阶段之中。其中，都市报和电视民生新闻分别在报纸和电视方面充当了先锋。从这个层面上讲，民生新闻的本质是新闻人对新闻本质的一种自觉或不自觉的迂回追求，是对宣传本位的突围，在一定的历史条件下是一种必然的选择。

---

① 《中国共产党新闻工作文件汇编》下，新华出版社 1998 年版，第 112、110 页。

而这也决定了民生新闻具有历史阶段性，在媒介生态环境允许的情况下，它必定脱离琐碎，回归到新闻本质。将来的新闻不管称“民生新闻”、“公民新闻”还是“公共新闻”，不同的，仅仅是名称而已。

（石永军，新闻学博士，教授，研究方向为广播电视实务与理论。）

【新媒体研究】

微博舆论传播中的涨落规律与引导

余秀才　熊　昊

摘　要：本文在城管打死瓜农事件研究中，主要以舆论的爆发、舆论的形成、舆论的消散和舆论的平息四个阶段，具体分析重大突发公共事件中微博舆论的传播的涨落规律和特征。

关键词：重大突发公共事件；微博舆论；评价数据指数；涨落规律

一、研究方法

本文将湖南临武城管打死瓜农事件分为四个阶段，搜集新浪微博所有这四个阶段的微博帖子作为研究对象。分别以湖南临武城管打死瓜农事件与新浪微博作为研究对象，是因为这二者在舆论传播中都具有代表性和研究价值。

湖南临武城管打死瓜农事件发生在 2013 年 7 月 17 日 10 点多，湖南临武城管局工作人员在执法过程，与当地南强莲塘村农民邓正加发生争执和冲突，城管的殴打导致邓正加当场死亡。该事件发生后引起舆论强烈反弹，该事件当事人一方 4 名城管分别获刑 3 年 6 个月至 11 年有期徒刑，城管局正副书记分别被免职，家属获赔 89. 7 万元。

选择新浪微博作为媒介研究对象，是因为微博在中国当前是最具影响力和代表力的微博场。2009 年 8 月，新浪网推出“新浪微博”内测版，它一开始只是模拟 Twitter 社交网站，仅仅用于人际沟通以及交友和电子日记等功能，后来随着技术发展和用户壮大，发展成为中国最具代表的新锐媒体之一。之所以选择新浪，是因为新浪是国内微博四大网站（新浪微博、腾讯微博、搜狐微博、网易微博）之一，在重大突发公共事件微博舆论中，新浪微博同其他网站也有明显不同，其参与度与媒体属性更是领先于其他三大网站，成为微博舆论的主要舆论场。2011 年第一季度，新浪微博占据国内微博用户总量的 57%，达到 1 亿多人，活动总量占国内活动总量的 87%。① 根据 RedTech Advisors 披露的数据，在中国众多的微博服务提供商中，新浪的用户量和活动量都是最大的。

由于样本量巨大，在分析四个阶段样本时，本文采取判断抽样的方法，选取四个阶段的临界点时段的抽样帖子作为分析样本。判断抽样（judgment sampling）又称立意抽样（purposive sampling），它是研究者根据研究的目标和自己主观的分析来选择和确定研究对象的方法。② 判断抽样的主要优点在于可以充分发挥研究人员的主观能动性，特别是当研究者对研究总体的情况比较熟悉、研究的分析判断能力较强、研究方法与技术十分熟练、研究经验比较丰富时，采用这种方法往往十分便利。③

鉴于重大突发公共事件微博舆论传播规律和特征的需要，本文采用判断抽样法研究城管打死瓜农事件。根据信息特征和传播者情况，本文将城管打死瓜农事件的信息分为原创信息与转发信息，将信息语言分为刺激性语言（夸张、炫奇、讽刺、挖苦、幽默等观点和语言）和一般性

① 参见 http://msn.chinabyte.com/580293/096791119227.shtml.

② 赫然、张荣艳：《中国社会纠纷多元调解机制的新探索》，《当代法学》2014 年第 3 期。

③ 风笑天：《社会学研究方法》，中国人民大学出版社 2009 年版，第 145～146 页。

语言(简述事件内容和观点的平淡语言)。将传播者分为事件相关机构(包括政府、公安、司法、法院等相关机构)，事件当事人甲方、事件当事人乙方，微博意见领袖(包括微博上认证的传统媒体、传统媒体人士、微博大V等知名人士)，一般微博用户。传播者态度分为中性、支持当事人甲方、支持当事人乙方三种。

我们分别以“城管打死瓜农”为关键词，分别在百度和新浪搜索该事件的百度指数与微指数，搜索结果如图1与图2：

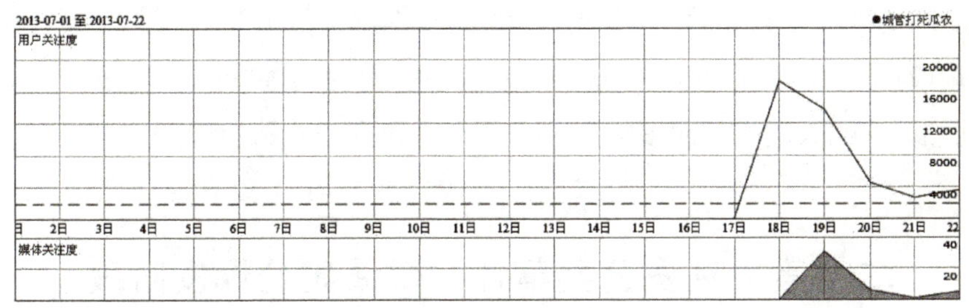

图1 城管打死瓜农的百度指数

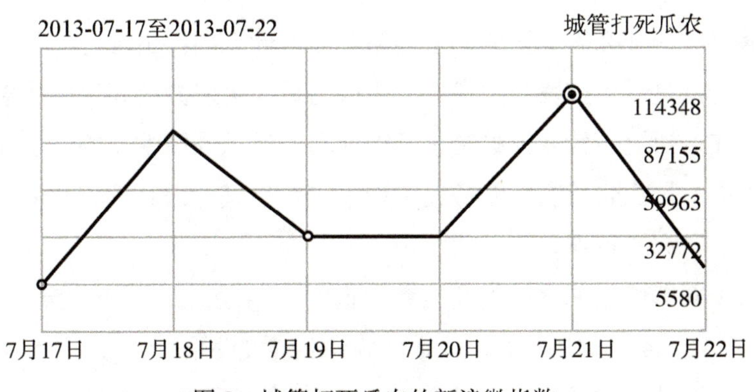

图2 城管打死瓜农的新浪微指数

从城管打死瓜农事件的百度指数和微指数看，2013年7月17日、18日、21日、22日分别为该事件的四个关键点。从某种程度看，帖子的活跃程度和数量代表了舆论的强度，一般也表明事件舆论的形成。利用新浪微博搜索引擎的高级搜索，以城管打死瓜农事件为关键词，可以看出从2013年7月17日至22日，几乎任何时段都有微博关注此事件。17日，从10点到23点，共搜集到5196条微博；18日，从0时到12时，共搜集到41655条结果；19日，从0时到23时，共搜集到13915条微博；20日，从0时到23时，共搜集到9029条微博；21日，从0时到23时，共搜集到5281条微博；22日，从0时到23时，共搜集到2006条微博。从17日到22日的微博搜集结果看，18日明显是舆论的最高峰，此后舆论急转直下，渐渐趋于平静。因此，结合在新浪微博中从2013年7月17日到22日的所有帖子，本文将2013年7月17日、18日、21日、22日四个时段分别作为该事件舆论传播的四个阶段，并分别抽取这四天的相关时段帖子，作为舆论研究样本和对象。

二、重大突发公共事件的微博舆论爆发阶段

微博舆论爆发期又称浅舆论阶段，该时段舆论中，什么样的微博帖子能够存活？什么人所发的帖子能够存活？什么事件引发的帖子能够存活？这些都是重大突发公共事件能否成为重大突发微博舆论传播事件的关键所在。反之，什么样的帖子不能存活？什么人所发布的帖子让微博舆论熄火？什么时段所发帖子让舆论平息？也是重大突发公共事件微博舆论传播研究的重点。

人民网舆情监测室在监测网络舆情时，曾经总结了一条宝贵经验，那就是“黄金4小时”原则。从微博舆论传播的时间点看，重大突发公共事件在微博传播的4小时之内是微博舆论引导的黄金时间。也就是说，在事件信息微博传播4小时之内，该事件的微博帖子有可能引发难以收拾的重大微博舆论事件，同时如果相关政府机构或意见领袖引导及时，关于该事件的微博舆论有可能平息，或者向良性方向发展。因此，重大突发公共事件发生的4小时是考察其微博舆论传播的关键时段。微

博上，重大突发公共事件能否成为舆论焦点，关键在于其传播的微博帖子信息是否具有“引爆点”。网络空间是一个观点自由表达的平台，在这平台上的点要想成为网民的关注点，形成舆论，议题就必须要有一个引爆点。这个引爆点按照格拉德威尔在《引爆点》一书中所阐述的引爆理论，必须要有三个原则。第一是个别人物法则，如联系员、内行和推销员的推动作用；第二法则是附着力因素，流行物本身所应具备的要素，它至少具有给人留下深刻印象的力量；第三法则是环境威力法则，强调发起流行的环境极端重要。①

重大突发公共事件发生后，在前4个小时内，能否迅速成为舆论关注点，首先要看信息的质量，一般包括重大突发公共事件的类型、规模和性质，信息传播者的身份。从信息内容表达上看，一般刺激性内容容易引发公众关注。其次信息留白，即信息带有某种不确定性，给人留下想象的空间，也比较容易引起微博用户的关注。城管打死瓜农事件发生后，在前4个小时内，在新浪微博上共有11条微博。其首条微博为××小夕的微博用户在2013年7月17日13:14所发，其内容如下：

> ××小夕：就这样，一个活生生的生命死在了城管的践踏下湖南临武一个瓜农被所谓的城管给活活打死，这个社会是怎么了？@董毅智律师@袁裕来律师@新浪湖南@郴州新闻头条。

从内容上看，微博用户××小夕所发的微博内容明显为刺激性语言，而且态度倾向明显，如“活活打死”、“这个社会是怎么了”等，但是该微博在发表后并未在微博上引起多大的关注，纵观整个事件的微博

① 转引自罗昕：《网络舆论暴力的形成机制探究》，《当代传播》2008年第4期。

舆论传播过程，该微博的影响力①很低，其转发量仅有 10 条，评论 6 条，点赞和收藏为 0 条。

湖南临武城管打死瓜农事件真正在微博引爆，最初是在 2013 年 7 月 17 日 13:40，一个叫新民周刊杨江的在微博上发布了这样一条微博：②

> 网传湖南临武今日中午，一个城管当街砸死了一个卖西瓜的农民。目前这条消息真伪尚未得到确认。http：//t. cn/zQG4hKi

该条微博一经发布，迅速受到网民广泛的关注，短短一个小时之内，就被微博用户转发数百次，评论数十条。从影响力角度看，该条微博可谓整个城管打死瓜农事件的引爆点，很大程度上促发和引起了整个微博舆论进程，而新民周刊杨江在整个事件进程中也扮演了民间意见领袖的作用。意见领袖最早是 1944 年美国学者拉扎斯菲尔德、贝雷尔森、甘地特，在研究 1941 年和 1944 年的研究报告《人民的选择：总统选举战中选民如何考虑投票》中提出。在 1955 年，拉扎斯菲尔德又与卡茨合作，在《个人的影响：人在大众传播流通中的作用》一书中认为，意见领袖的作用只有通过媒介的中介才能发挥应有的作用。英国传播学者麦奎尔也认为："观念常常是从广播与报刊流向舆论领袖，然后由舆论领袖流向人口中的不太活跃的部分。"③

新民周刊杨江关于城管打死瓜农的微博成为引爆点，绝非偶然。首先，从背景上看，杨江属于新民周刊首席记者，新民周刊是上海第一份

---

① 影响力研究在政治经济学、社会学等领域广泛应用，一般认为是用一种他人乐于接受的方式，改变他人的想法和行为的能力。为了研究的目的，本书将微博的影响力界定为所发帖子的赞、转发和评论的综合。微博的影响力主要考察的是微博用户粉丝以及其他微博用户的行为，主要包括发布转发、赞、评论、收藏等行为。

② 网眼榜：《临武小贩之死时间脉络梳理》，http：//www. wyyyy. com/Comment/contents/4266/1010. html.

③ 周庆山、梁兴堃、曹雨佳：《微博中意见领袖甄别与内容特征的实证研究》，《山东图书馆学刊》2012 年第 2 期。

综合性新闻周刊，发行量和影响力巨大，是具有全国影响力的传统媒体之一。杨江作为传统媒体记者，具有丰富的信息资源，同时在微博上又以个人身份出现，扮演意见领袖角色，其粉丝达到89411位，在微博上具有一定的影响力。其次，从微博内容上看，杨江的上述微博看似平淡，其实颇具技巧，该微博并未使用任何张扬和刺激性文字，显得客观理性，甚至稍显平淡(如"网传湖南临武今日中午，一个城管当街砸死了一个卖西瓜的农民"①)，但却留了白(如目前这条消息真伪尚未得到确认)。从事件类型看，当街打死人当属重大突发公共事件，但事件是否属实，作者并不确定，这就给观众留下了好奇、质疑与查证的空间。从微博帖子走势上看，也确实如此，该帖微博发布后不久，就有微博用户在转发该微博时回应:②

> @小纯××小纯：新闻是真实的，我家是临武的，死者是我外婆的亲弟弟……今天出来卖西瓜，被城管围着打，然后当场打死……可怜啊，粗暴的城管！没有人性!!大家转发起来！百分百真实的!!

在转发、求证和回复、评论的过程中，一些微博大V和意见领袖也开始慢慢加入进来，城管打死瓜农事件也开始在微博乃至整个互联网络扩散，微博舆论也开始慢慢形成。如微博大V于建嵘在转发时发表倾向明显的评论，而新民周刊杨江则给予了及时的回应:③

---

① 网眼榜:《临武小贩之死时间脉络梳理》，http://www.wyyyy.com/Comment/contents/4266/1010.html.

② 张巍巍:《快来看，城管又打死人了》，搜狐评论，http://star.news.sohu.com/s2013/linwu/.

③ 张巍巍:《快来看，城管又打死人了》，搜狐评论，http://star.news.sohu.com/s2013/linwu/.

死者曾拼死从打人者身上抢下胸牌，胸牌主人为临武县城市管理行政执法局执法三大队大队长廖卫昌。//@于建嵘：城管维护城市秩序没有问题，但使用暴力致人死亡，则罪责难逃。//@小纯××小纯：新闻是真实的，死者是我外婆的亲弟弟……今天出来卖西瓜，被城管围着打，然后当场打死……

@新民周刊杨江 http：//verified. weibo. com/verify

网传湖南临武今日中午，一个城管当街砸死了一个卖西瓜的农民。目前这条消息真伪尚未得到确认。http：//t. cn/zQG4hKi

从城管打死瓜农事件的微博可以看出，在重大突发公共事件发生的初始阶段，事件的性质与微博的语言表达形式固然重要，但微博发帖人的身份更为重要，因为它直接决定了所发微博的影响力和生命力。如微博用户××小夕虽然最先发布城管打死瓜农信息，且用刺激性语言来吸引眼球语言，并且有意将微博以@ 的形式通知给微博大 V 和传统媒体董毅智律师@ 袁裕来律师@ 新浪湖南@ 郴州新闻头条，但所引起的回应却依然寥寥。直到新民周刊杨江发布该事件的微博信息后，该事件才在微博平台迅速引起轰动。

三、重大突发公共事件的微博舆论形成阶段

从城管打死瓜农事件的微指数趋势图和所搜集的发帖数量看，到 2013 年 7 月 18 日 9 时左右，该事件的微博评论达到顶峰，微博舆论开始形成，此后，微博舆论开始走下坡路，直至最终在 22 日左右彻底平息。

从事件发生过程看，微博在 18 日 9 时达到顶峰同事件本身的发展息息相关。在 7 月 17 日，事件发生后，从新民周刊杨江的微博看，微博上关于该事件的舆论已经开始发酵，此后，众多微博大 V 和传统媒

体也纷纷加入，关于该事件舆论的沉默螺旋也开始逐步运转。然而反观当地政府，对该事件的处理和反应处置十分失当。例如，17 日 10 时 50 分瓜农死亡，下午 13 点 14 分自新民周刊杨江发布微博开始，该事在网络迅速扩大，但当地政府并没有在黄金第一时间出来对该事件进行说明，也没有任何处置措施，任由舆论在微博发酵、流传。不仅如此，到 18 日凌晨，当地政府更是做了为该事件微博舆论火上浇油的事。17 日，瓜农邓正加亲属几十人守护出事地点和尸体，下午当地警察开始封锁街道。18 日凌晨 4 点，路灯突然熄灭，警察开始强制清场，并开始抢夺瓜农尸体，死者遗体被从现场运回家乡。当地政府的作为，进一步激化了事件矛盾，也让该事件舆论形成过程中的沉默螺旋加速形成。

为了进一步分析城管打死瓜农事件舆论的形成过程，需要分别选取当事人双方、事件相关政府部门、微博大 V 等意见领袖、传统媒体、一般微博用户在微博舆论传播过程所扮演的角色和所起到的作用。因为该事件在 18 日 9 时左右舆论达到最高峰，加之样本量巨大，因此本书选取该事件 9 点左右的所有新浪微博帖子，对该事件作详细分析。18 日 9 时，在新浪微博搜索引擎中共搜集到帖子 6203 条，本文主要从这些帖子中进行筛选，以便考察当事双方、政府相关部门、传统媒体、意见领袖在该事件中的舆论作用，以及舆论的总体倾向。

在微博舆论传播中，当时双方在微博上并不活跃，17 日至 18 日，均未见当事双方在微博上发声，这同宜黄拆迁事件不同，该事件中，当事人一方钟九妹在事件发生时，即时通过微博向外发布信息，在事件中充当了意见领袖的角色，对事件的发展和舆论形成发挥了重大的作用。该事件中，一开始只有当事人亲属通过微博传递信息，如微博名为@小纯××小纯的，在转发新民周刊杨江时，再次确认事件的真实性，并在微博中透露死者的身份是其外婆的亲弟弟。而直到 7 月 20 日，死者的女儿才开始在网上发表了几条微博信息，由于舆论已开始处于消退期，加之没有任何实质内容，所引起的关注和轰动并不大。

让人值得沉思的是，事件发生后，截至 7 月 18 日 9 时左右，事件当事人乙方的临武城管局和临武地方政府并未在微博上发表任何信息和声明。这也间接助长了微博舆论形成中，沉默的螺旋加速向同情瓜农、谴责城管局一方发展。

以18日9时为例，仔细研究城管打死瓜农事件的微博帖子，发现在该事件中，沉默的螺旋起到重大作用，舆论的形成呈现J形结构。研究中发现，在该时段，临武县当地政府和事件当事人一方城管局在微博上没有任何声音，即在舆论传播中当事人一方和相关政府管理机构集体失声。此种情况的发生一方面固然是当事人一方在事件发生时明显理屈，另一方面与当地政府对事件的处置失当，以及对微博舆论的传播反应不灵敏和引导不力所致，从而也部分导致了自己在微博舆论传播中明显处于不利位置。

此外，在该事件的沉默螺旋运转过程中，传统媒体和意见领袖明显起了对舆论的推波助澜和引导作用。通过分析该时段所发的帖子的影响力，发现传统媒体中广州日报、人民日报、羊城晚报等以及网络媒体今日头条在微博舆论形成过程中，发挥了巨大作用。

在城管打死瓜农事件舆论形成过程中，除传统媒体发挥巨大作用外，@记者曹晓波、@新民周刊杨江、@范炜等微博大V作为意见领袖也发挥了巨大作用，其中曹晓波和杨江皆是传统媒体记者，但是在微博中二者皆是以个人身份出现。这些微博大V们的加入和推动以及更多的微博民间意见领袖加入，与微博上的传统媒体一起推动了汹涌的舆论浪潮的到来。

从以上传统媒体和微博大V所发的微博看，微博的内容有两种：一种是对该事件发展进程的客观陈述，如人民日报和新民周刊杨江的微博；另一种是客观陈述中蕴含倾向的词语，如死者尸体被“抢走”，家属称警察高喊“不让路的就死”等，这些貌似客观却略带倾向性的词语直接引导了广大微博用户群在微博舆论形成中同情瓜农一方的舆论到来。为了验证该事件舆论形成中，在传统媒体、网络媒体和微博大V们影响下，舆论是否如沉默螺旋理论所述一样朝一方发展，本文采用内容分析法，对7月18日9时的6203条微博进行仔细分析发现，6203条微博竟然没有一条微博是替舆论另一方临武城管局辩解和说话的，微博用户的微博要么是对该事件消息的转发，要么是评论，而评论中，除开几条与该事件无关的插科打诨外，无一例外都是对瓜农的同情，以及对城管局和当地政府的不满。

为了进一步验证城管打死瓜农事件中，微博大V等意见领袖与一般微博用户在微博舆论形成过程中的关系，本文使用一找微分析可视化软件，选择新民周刊杨江的微博“网传湖南临武今日中午，一个城管当街砸死了一个卖西瓜的农民。目前这条消息真伪尚未得到确认。http：//t. cn/zQG4hKi”①的转发和评论传播途径进行可视化处理，路径显示如图3所示：

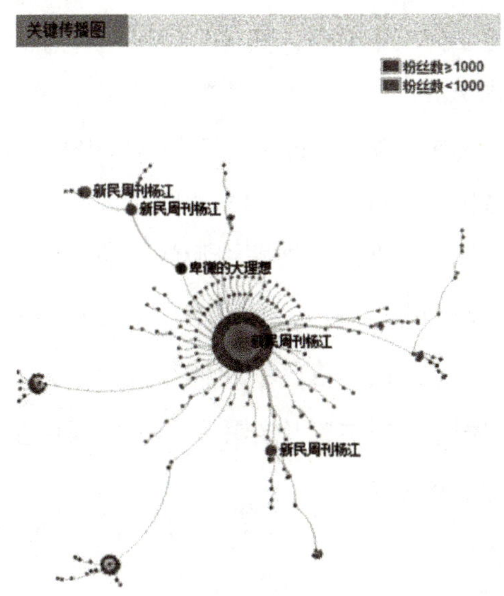

图3　新民周刊杨江的“城管打死瓜农”帖子传播路径图

---

① 参见 http：//weibo. com/14797707325/AorctwXXT? type = comment # _rnd505228521774.

从图3可以看出，新民周刊杨江是典型的民间意见领袖，围绕该微博的所有转发微博、评论微博以及赞都是围绕杨江展开，外围仅有@卑微的大理想、@舞美大师、@天涯社区、@老徐时评等微博用户形成了几个不大的传播中心，但跟新民周刊杨江的发射状传播态势比，这些微博用户在传播中仅算得上是几朵不大的浪花，而其他微博用户则如涓涓水细流，在新浪微博上大家共同融汇成一条颇为壮观的舆论溪流。

在对新民周刊杨江微博传播的可视化分析中，另一有趣的发现是：相对于转发和评论，短链点击数竟然多达15598条，这一方面说明微博用户需要对事件发展进程及真相的迫切了解，另一方面也说明相关链接对微博用户的态度和倾向有很大影响作用。此外新民周刊杨江的微博在可视化过程中，也呈现了另一些有趣的现实，如对该微博的转发和评论及点赞中，真实用户占74%，疑似水军竟达26%，这些用户中，男性用户占59%，女性用户占41%，其中黄V用户占8%，微博达人占30%，普通用户占62%。在传播的终端分布中，来自网页微博的占41%，iphone客户端占21%，Android客户端占18%，位居传播终端的前三甲。以上传播状况可视化图标如图4所示：

通过对城管打死人事件的微博舆论形成阶段分析，可以看出在重大突发公共事件中，如果事实清楚，且当事人一方及相关政府管理部门对舆论反应迟钝、应对不及时，在传统媒体和微博意见领袖的报道与引导下，在舆论传播过程中沉默的螺旋作用下，微博舆论会很快一边倒呈现“J形”发展，形成舆论突变。

四、重大突发公共事件微博舆论传播的消散阶段

舆论的趋缓一般有以下原因。其一是舆论如同浪潮，有起有伏、有涨有落，达到最高峰必然下跌。其二是在舆论形成后，事件的发展出现

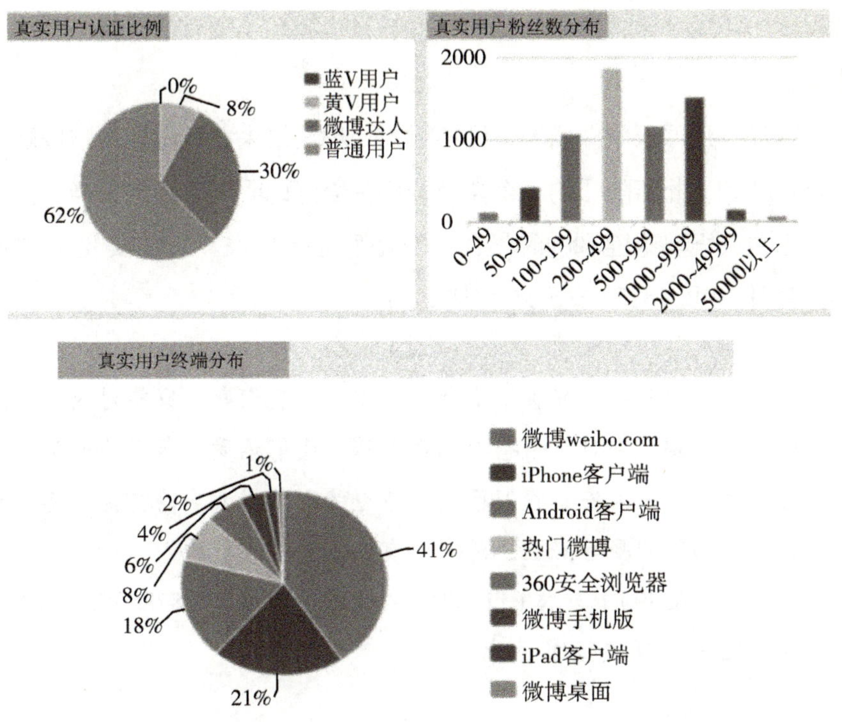

图4 新民周刊杨江“城管打死瓜农”帖子的媒介传播图

了使得舆论趋缓或者更加极化的变化。

城管打死瓜农事件中，在7月18日9时左右舆论出现高峰之后，当地政府积极采取了许多应对措施，使事件发展朝向主流微博舆论，即同情和安慰瓜农一方的发展，从而使得舆论得以缓和。如7月18日之后，当地政府举行了新闻通报会，称事发后城管队员已经被警方控制。到了19日，临武县公安局发布消息称，涉事的城管已经全部被以涉嫌故意伤害罪刑事拘留。20日，临武县召开常委会议，分别免除了临武县城管局主要领导的职务，并赔偿死者家属89.7万元。

在城管打死瓜农事件中，当该事件受到立案调查，且家属也获得优厚抚恤之后，可以说是微博舆论彰显了威力，基本取得了胜利。这在某种程度上增加了微博意见领袖的成就感，也满足了民众的同情心和话语成就感。

城管打死瓜农事件微博舆论传播的处理与结果，是微博用户情感的满足和胜利，此事随后的一个情节与插曲恰好说明了这一点。当微博用户们正在庆祝舆论胜利的时候，一个账号为@瓜农邓正加女儿V的微博在7月19日18:32发表如下①文字：

> 现在政府已经妥善地安抚好了家人，我们整个家族对政府的处理表示满意，今日下午爸爸已经下葬，我们承受了很多的痛苦，逝者已去，入土为安，我们已经不希望受到外界太多的打扰。感谢市县相关部门的妥善安置，感谢所有关心支持我们的人。
>
> 赞(18349)| 转发(115571)| 收藏 | 评论(188786)7月19日18:32来自新浪微博

该条微博一发，很快被转发和评论十几万条，立时在网络引起舆论哗变，大家纷纷质疑该微博的真实性。因为此女前后的发言反差巨大，此前曾一直要求相关政府给予说法，但转眼间，却在微博中感谢政府。对此，楚天金报官方微博称：[我们需要一个解释]今天，@瓜农邓正加女儿加V微博账号上线，14:50和14:53连发2条微博，转发迅速逼近10万；突然，该账号加V认证神秘消失，网络一片哗然；18:30，以上2条微博突然全被删除，变成了“很满意，感谢相关部门”……背后的蹊跷，大家自行想象。随后，在19日9时20分，央视网记者曹晓波称其在现场曾采访过邓正加女儿邓艳玲，据该女称账号为@瓜农邓正加女儿的微博，先是加V号，后又去V，最后又加V，所有这些账号的

---

① 新华舆情：《新华社连发三问追问临武瓜农案》，新华网，http://big5.xinhuanet.com/gate/big5/news.xinhuanet.com/yuqing/2013-07/20/c_125037996.htm.

内容都是她本人所为。在确证账号真实后，网上舆论突起汹涌，众网友一方面质疑瓜农邓正加女儿，另一方面则质疑官方在背后做了某种勾当。很快，账号为@瓜农邓正加女儿的微博就删除了该条帖子。

从@瓜农邓正加女儿的上述微博可以看出，微博中舆论出现突变并非只在舆论开始形成阶段，在舆论形成后，随着事件发展，舆论也会发生突变，甚至会走向完全相反的方向。因此关于突变，不仅见于重大突发事件的爆发突变，也见于舆论突变。1972 年法国数学家雷内·托姆在《结构稳定性和形态发生学》一书中的突变理论，以拓扑学为工具，以结构稳定性理论为基础，提出了一条新的判别突变、飞跃的原则：在严格控制条件下，如果质变中经历的中间过渡态是稳定的，那么它就是一个渐变过程。比如拆一堵墙，如果从上面开始一块块地把砖头拆下来，整个过程就是结构稳定的渐变过程。如果从底脚开始拆墙，拆到一定程度，就会破坏墙的结构稳定性，墙就会“哗啦”一声，倒塌下来。这种结构不稳定性就是突变、飞跃过程。① 突变理论在社会现象的一个用归纳为某种量的突变问题，人们施加控制因素影响社会状态是有一定条件的，只有在控制因素达到临界点之前，状态才是可以控制的。一旦发生根本性的质变，它就表现为控制因素所无法控制的突变过程。重大突发事件中，正是由于事件发生突变，才引起微博用户情绪的突变，随即也引起微博舆论的突变。

五、重大突发公共事件微博舆论的平息阶段

重大突发公共事件中的微博舆论往往一波三折，在沉默螺旋作用下，微博舆论虽然会很快形成，但其间往往也会发生突变和反复，如果突变之后很快遭到修正，那么舆论势头还会延续以往，并且事件舆论往

---

① MBA 智库百科：突变理论，http：//wiki. mbalib. com/wiki/突变理论.

往也会随之缓和并渐至平息。城管打死瓜农事件中，虽然@瓜农邓正加女儿V的微博遭到质疑，但其后她迅速删除，并延续其此前一贯立场，而当地政府部门关于此事的处理更加果断迅即。因此，到7月22日，微博舆论虽然不乏尖锐之词，但舆论腔调总体偏软，最主要的是，传统媒体与微博大V们都认为事件解决已到尾声，也普遍在舆论声浪中退隐熄声，因此微博舆论已经从激流澎湃转向静水深流。

仔细观察7月22日的2006条新浪微博，期间并未见传统媒体、网络媒体和微博大V等民间意见领袖发声。这2006条帖子主要分为三种：一种是对该事件相关信息的跟踪报道；一种是对当地政府部门对该事件的处理表示不满；还有一种则纯粹是一些与此事无关的边缘信息。而所发的帖子由于缺少重量级媒体和意见领袖参与，因此每条帖子的转发和评论很少，微博帖子的影响力和能量辐射也相应很少，最终导致舆论进入尾声。

小　　结

从城管打死瓜农事件可以管窥部分重大突发公共事件在舆论爆发和传播中的传播特征和传播规律，即一般重大突发公共事件的舆论爆发分为四个阶段：舆论爆发期、舆论形成期、舆论消退期和舆论平息期。

在舆论爆发期，重大突发公共事件要想成为舆论热点，首先是事件本身必须对社会影响巨大；其次该事件在微博上的发布必须有一个舆论爆破点，这个爆破点要么在语言表达上刺激轰动，要么在信息内容上留白以便引起人们的好奇与质疑；同时，舆论爆发的初级阶段，传统媒体和民间意见领袖的参与也极其重要，它往往决定某个重大突发公共事件的微博帖子能否在网上存活，以及能否引起舆论轰动。

在舆论形成期，在传统媒体与微博大V的介入下，微博舆论往往会形成沉默的螺旋，如果事件的相关当事一方陷入沉默，会加剧沉默螺旋的形成，从而迅速形成巨大的舆论声浪。微博舆论形成，会对社会形成巨大的影响，会促进重大突发公共事件进一步发展或者被迅速处理解决。

在舆论的消散和平息期，有时会出现与此前所形成舆论的不同突变，但大多数情况下，随着事件的发展和平息，舆论也会渐趋平息。在舆论的消散和平息期，媒体与意见领袖活动减少，相关微播发言多为普通微博用户所为，微博帖子的能量减弱，影响力减少，舆论渐渐平息。

总之，重大突发公共事件的微博舆论传播规律和特征就如同潮水和波浪，有起有伏，其舆论传播同事件性质与大小、事件的发展、媒体与意见领袖的参与息息相关，也同一般用户的心理和情绪密不可分，微博舆论的传播是一个复杂且有规律可循的社会现象和过程。

（余秀才，传播学博士，教授，主要研究方向为网络传播、新媒体研究。熊昊，中南财经政法大学新闻与文化传播学院硕士。）

从三鹿毒奶粉事件看媒体报道的“失”与“得”

余秀才　黄　静

摘　要：本文以三鹿奶粉事件为例，对媒体在此事件报道中的“得”、“失”进行剖析。认为媒体在此事件报道中的遗憾与失误主要表现在缺乏早期的预警与监督，并对这种缺失的原因作具体分析；而媒体在三鹿奶粉事件报道中的作用则主要体现在媒体的公信力、媒体对信息的及时透明传播、媒体的正确舆论导向上。最后本文对三鹿奶粉事件中媒体的表现进行反思，并对媒体传播功能的完善提出可行性建议。

关键词：媒体报道；职业道德；公信力；舆论引导；信息预警

1999年，比利时等国发生“二噁英事件”，给国外相关国家的乳制品行业造成了沉重打击。然而中国奶粉行业对国外乳制品行业的遭遇似乎极端漠视，并未从事件中汲取丝毫的经验教训。转眼到2004年，中国就爆发了阜阳奶粉事件，在阜阳市工商局和疾病控制中心联合公布的调查报告上，45种不合格奶粉的名单上赫然印着石家庄三鹿乳业股份公司生产的三鹿婴幼儿奶粉的名称。事后事件的责任处理虽然轰轰烈烈，然而以三鹿为龙头的中国奶粉行业依然我行我素，对事件的负面影响未引起重视。终于到2008年，整个中国奶粉界“不在沉默中爆发，就在沉默中灭亡”了。中国奶粉业的龙头老大三鹿企业生产的三鹿牌婴幼儿奶粉中含有化工原料三聚氰胺，导致全国数千例婴儿患病，数名婴儿死亡。很多中国奶粉企业也牵涉其中。事件影响异常恶劣，引起国内外广泛关注，中国整个奶粉的民族品牌深受此事件所累，乳制品业界一片萧条。

这里面首要的原因是对中国奶粉企业缺乏行之有效的社会监督，这种社会监督主要包括质量监督和媒体监督。本文以此次三鹿奶粉事件为例，对该事件中媒体的责任以及媒体报道的“失”与“得”进行剖析与论述。

一、三鹿奶粉事件媒体报道之“失”

作为大众传媒，其传播功能有四项，其中最重要的就是监测环境和对社会各部分的协调。监视环境即用“新闻”不断向整个社会及时报告环境的变动与危害。在现代社会里，大众传播活动被认为是社会的“守望犬”，在危机的潜伏期，媒体的预警功能对于个人、组织和社会都非常重要，是其他任何传播形式都无法取代的。

中国媒体在三鹿事件中最大的遗憾是缺乏媒体应有的预警与监督职能。虽然《东方早报》记者简光洲率先点名揭露报道三鹿毒奶粉问题，但依然难以掩饰媒体在整个三鹿事件预警与监督期间的集体“失语”问题。因为早在简光洲报道之前，新西兰地方政府已经开始就毒奶粉问题向河北地方当局进行交涉，然而交涉无果。而且离记者报道揭发之日，三鹿毒奶粉已经危害了数千名儿童的健康并致数名儿童死亡，可见毒奶粉在社会上销售流通了相当长的时日。在此漫长期间，国内媒体尚无一家揭露出三鹿奶粉的质量问题，明显丧失了预警与监督之功能，作为社会公器的大众传媒，这不能不说是中国媒体深深的遗憾。

国内媒体监督失灵的原因主要有以下几点：

(一)职业道德意识不强，媒体与记者缺乏独立调查精神

美国报业大王普利策说：倘若一个国家是一条航行在大海上的船，新闻记者就是船头的瞭望者，他要在一望无际的海面上观望一切，审视海上的不测风云和浅滩暗礁，及时发出警报。可见媒体行业与记者职业确实不同于社会上的其他行业与职业，它具有特殊的行业规范与职业操守，肩负着很重的社会责任。

诚然在中国，眼下媒体的生存处境非常艰难，记者也充满了风险与挑战，然而这一切都不是逃避社会责任的理由，媒体理应担负起信息通达、监督社会的重任，扮演好船头瞭望者的角色。三鹿毒奶粉流通祸害社会那么长时间，绝大多数媒体对此毫无察觉，少数媒体虽然做过相关报道，但又云山雾罩、语焉不详，归根结底还是媒体职业道德意识差，职业操守欠缺。如果大多数媒体都具有“富贵不能淫，贫贱不能移，威武不能屈”之志，记者满怀正义，风骨铮然，则三鹿毒奶粉发端后不久，不愁没有一批独立的调查型记者展开深入调查，并在法律保护的情况下将种种惊天黑幕公布于众，如此，不但能避免更大的灾难，而且有利于重建政府的威望。

(二)媒体行业利益使然

今天的中国媒体，是事业化管理，企业化经营，加上市场竞争日益激烈，媒体生存倍加艰难。媒体生存的主要途径之一便是社会上的企业广告收益，媒体上至领导下至员工，无不靠广告来养活。在如此艰难的情境下，媒体职业人员采访皆为“稻粱谋”，在生存与职业操守面前，生存无疑显得更为重要。如果处处与诸如三鹿等大型广告企业主们为难，无疑是媒体自断生路，因此在监督社会特别是企业上，很多媒体反应相对“迟钝”。

此外，中国的新闻法制还不完善，媒体与记者的利益难以得到法律的有效保障。中国至今尚无一部完整的新闻法，对于新闻报道的各种规定都散见于各类法律条文或政策指示当中，对于媒体及其从业者的权利与利益保护非常不利。特别是在与强势公众人物或强大的企业对垒时，记者常常处于劣势并坐在被告席上。例如 2006 年，《上海第一财经日报》两名记者报道深圳富士康公司压榨员工，遭富士康公司状告并巨额索赔。在此次三鹿事件报道中，最先揭露三鹿毒奶粉事件的记者简光洲在报道发表后写了一篇博客，透露了他为这个报道所经历的种种心理挣扎。他说在报道发表的当晚，他紧张得无法入眠，怕万一自己报道错误，就要吃官司。简光洲说，报道发出后，报社接到无数电话，很多人要求他撤下网站上的新闻；直到晚上 9 点多，三鹿宣布召回奶粉后，他才如释重负。他在博客中写道："我不是说我有多高尚，我只是想说出一个事实。在这个社会，面对各种诱惑与风险，要说出一个简单的事实其实也并不容易。"

(三)公众利用媒体传达诉求的意识淡薄

在互联网等新兴媒体崛起之前，信息传播权主要掌握在传统主流媒体手中，媒体掌握着信息把关和议程设置的权利，公众很难有自己的信息发布通道。然而新媒体诞生后，互联网使得人人得以成为传播者，这种自媒体特性为公民的信息诉求提供了一个极大的便利途径。加之新媒体传播迅速、覆盖范围广，个人的信息很容易引起极大的社会关注。

然而，三鹿奶粉事件直至东窗事发后，并没先于传统媒体在网上激起多大风浪，这从某种程度说明了公众利用媒体特别是新媒体进行诉求的意识非常淡薄。2008 年 5 月 21 日下午 2 点多，一个网友曾在天涯社区发了一个"这种奶粉能用来救灾吗?!"的帖子，质疑三鹿奶粉质量。到了 5 月 31 日，此网友又忽然要求版主删除，版主按社区规则将这个帖子“锁帖”(指网友不能再回复)。这个帖子在当时并未引起太多网友的关注，很快沉入网海。三鹿毒奶粉事件被揭发后，这个帖子的点击率在瞬间暴涨，事后发此帖子的网友也非常后悔，因为他也是三鹿毒奶粉的受害者，但由于种种原因他却没有在网上坚持揭发和传达自己的诉求。这个事件从一个侧面说明公众在利用媒体特别是新媒体进行信息与利益的诉求方面还仅仅处在萌芽阶段，媒体诉求意识仍比较淡薄，这也是导致媒体缺乏监督与社会预警功能的一个重要方面。

二、三鹿奶粉事件媒体报道所“得”

在三鹿奶粉事件当中，虽然媒体的社会预警功能失灵、监督角色缺失，但是从对三鹿奶粉事件揭露及后续报道中，仍然可以看到中国媒体在发展、进步与成熟。这具体表现在媒体报道的公信力、信息传播的及时与透明及舆论引导方面。

(一)媒体的公信力尚存

公信即公众的信赖与信任。媒体公信力，是指新闻媒体本身所具有的一种被社会公众所信的内在力量。公信力是媒体自身的品质及外在形象在社会公众心中所占据的位置，是衡量媒体权威性、信誉度和社会影响力的标尺。①

2003 年非典事件报道中媒体初期集体失语，媒体的公信力几乎丧失殆尽；到 2008 年的汶川地震，媒体报道多元透明，中国媒体才重新建构起自身的公信力并得到民众的信赖。其实，真实与责任是媒体公信力的生命所在。从三鹿奶粉事件报道中可以看出，媒体的公信力在民众

---

① 崔俊影:《拿什么来构建媒体公信力》,《记者摇篮》2008 年第 8 期。

中的影响并未丧失反而逐步加强。媒体对三鹿奶粉违法企业的早期监督虽有欠缺，但媒体的公德、记者的良心仍在。三鹿奶粉掺毒最后还是在媒体记者的揭露下曝光出来，如果曝光的不是简光洲，也会出现张光洲或李光洲，这显示了媒体和记者对社会的责任，只要责任尚在，媒体的公信力就不会沦亡。在三鹿奶粉掺毒事件曝光后，电视、广播、网络甚至手机等媒体，对三鹿奶粉事件的后续发展和处置进行了全面的真实报道，正是这种报道，在媒体早期监督缺失的情况后仍然维系着媒体在民众中的强大公信力。

(二)媒体信息传播及时透明

媒体在三鹿奶粉事件报道中延续了在汶川地震报道中信息透明传播的特点。三鹿婴幼儿奶粉掺毒事件被曝光后，全国媒体都对此事件进行了全面细致的报告。电视、广播、报纸等媒体分赴各地对受三鹿毒奶粉所害的儿童进行采访，对三鹿奶粉企业的发展境况、相关官员的处置情况、市场上奶粉的最新检验情况及时报告给公众。网络媒体上关于三鹿奶粉事件的报道更是铺天盖地，事件最初被揭开的一个多星期，关于三鹿奶粉事件的报道几乎是各大网站主页的头条或次头条新闻。截至 10 月 1 日，关于三鹿奶粉的报道或相关报道，在人民网、新华网、新浪、搜狐及网易等网络媒体的主页上仍然处于显要和醒目的位置。正是媒体这种全面细致、及时和透明的信息报道，稳定了公众的恐慌情绪，从而也有利于该事件的善后处理。

(三)媒体舆论引导能力加强

社会舆论是公众意志集合的自然形态，是“公众关于现实社会以及社会中的各种现象问题所表达的信念、态度、意见和情绪表现的总和，具有相对一致性、强烈程度和持续性，对社会发展及有关事态的进程产生影响，其中混杂着理智和非理智的成分”。① 三鹿奶粉事件报道中，媒体最为出色的表现就是对社会舆论的引导。舆论引导是大众传播的基本作用之一，也是基本功能之一。特别是在我国，媒体更是肩负着舆论引导的重要社会责任。正确的舆论导向能促使社会事件更加迅速、高效地解决，起到社会监督的作用，对民众的情绪产生排泄与安慰的作用，从而促进社会的和谐发展。

三鹿奶粉事件，媒体从报道伊始，就十分注重对公众的舆论引导。只是在引导过程中，传统媒体和以网络媒体为主的新媒体对舆论的导向侧重点有所不同。以电视、广播、报纸等为代表的传统媒体，报道的重点是如实报道各地受三鹿毒奶粉之害的儿童患病情况及对此事件的处理结果。其舆论的重点是引导民众对婴幼儿及其自身健康的关注，引导公众注意毒奶粉的处理结果并因此引起一场官场的问责风暴。在强大舆论压力下，三鹿奶粉董事长被拘押，石家庄市市长和市委书记被免职，国家质量监督局局长李长江也引咎辞职，显示了舆论的强大力量。网络媒体则把舆论导向更深层次的问责机制，即政治体制改革。三鹿毒奶粉事件曝光后，网络媒体在铺天盖地的信息报道之后，用网络评论、博客评论和各大网络论坛评论把网络舆论推向高潮。网络对三鹿毒奶粉事件的导向具有鲜明特点：问责与政改。人民网发布了一系列人民时评，如《从三鹿奶粉事件谈责任的承担》《从三鹿奶粉事件谈政府“危机预防”》《国家免检产品资格何以成了遮羞布?》；光明网发布评论《徐迅雷：奶粉“地震”与政改之本》；新加坡联合早报网发表《中国应学习新加坡的食品安全监控》等，把舆论导向事件发生的本源、食品安全事件屡屡发生的根本原因归结于政府监督体制的不合理，把舆论导向政治体制改革层面。可见相对于传统媒体，网络媒体的舆论导向更为大胆和深刻，对社会的监督与民主促进作用更大。

① 陈力丹：《从舆论导向视角看舆论的基本要素》，《新闻大学》1999 年第 7 期。

总之，在三鹿毒奶粉事件报道中，媒体舆论导向的特点是导向正确、引导更加自觉、效果明显，但网络媒体与传统媒体舆论引导的侧重点有所不同，网络媒体的舆论导向更加尖锐和深刻。

三、三鹿事件所带来的媒体反思

通过反思媒体在三鹿事件报道中的“得”、“失”，可以看出媒体信息及时透明传播所起的巨大作用，社会的和谐发展离不开媒体的监督与信息沟通功能。要让媒体充分发挥其检测社会环境与信息沟通的功能，必须做到如下两点。

(一)建立信息预警系统

危机管理的重点就在于预防危机，而不在于处理危机。为了预防社会突发事件以及公共安全事件，学者们普遍认为，最佳的方案是建立一个危机预警系统。然而在危机预警系统中，处于核心地位的依然是信息的透明和自由流通。美国学者彼得·圣吉就认为建立危机预警系统和危机管理组织结构框架主要由三部分组成：一部分是信息系统；第二部分是决策系统；第三部分是运作系统。① 因此，结合我国现实情况，预防危机的最佳途径就是建立信息预警系统，充分发挥信息在危机预防中的核心作用。

建立社会信息预警系统，在充分发挥媒体公开、及时与透明报道的基础上，最要紧的是及时做好政府与媒体的信息沟通，建立稳定的信息交换机制。这种信息沟通与交换机制主要体现在以下三个方面：其一，

---

① [美]彼得·圣吉著，郭进隆译：《第五项修炼——学习型组织的艺术与实务》，三联出版社 1998 年版，第 24 页。

社会平稳运行期，政府应该利用大众媒介这种公共资源，客观、真实、及时、全面地把政府信息传播给广大民众；其二，政府部门应该主动与媒体进行信息沟通，了解社会各方面情况并接受媒体监督，防患于未然；其三，在社会发生突发事件或公共安全事件后，要加强政府的公关意识，积极同大众媒体沟通，使信息得以畅达流通，并加强舆论引导，以期事件能得到快速、平稳、顺利的解决。

(二)完善立法，扩大媒体的报道权利

当前，媒体之所以在一些重大事件报道或社会监督中瞻前顾后，最主要的原因是新闻法制不完善，媒体自身的权益得不到法律的充分保障。目前我国还没有一部完整的《新闻法》，政府对传媒的管理主要还是以行政手段为主，这种管理方式随意性很大，媒体的报道权利和自由得不到充分保障。加之社会多重利益的纠葛与诱引，媒体很容易丧失自己的职业操守，成为社会发展痼疾的旁观者。

因此，三鹿事件对社会的启示是，要充分发挥媒体的信息沟通与社会监督功能，就必须完善新闻立法，给予媒体充分、自由和独立的新闻报道权，特别是网络媒体的新闻报道权，把大众媒体的一切报道活动都纳入到正常的法制轨道上进行。只有这样，媒体才能真正成为监督社会、保障民生权利的国之公器。

（余秀才，传播学博士，教授，主要研究方向为网络传播、新媒体研究。黄静，中南财经政法大学新闻与文化传播学院硕士。）

数据新闻：大数据时代新闻生产的核心竞争力

徐　锐　万宏蕾

摘　要：数据新闻是大数据时代兴起的一种跨学科的新闻生产方式。数据新闻从精确新闻发展而来，数据代替文字成为讲故事的新工具，这体现出传统新闻业面临新媒体冲击而作出的转型努力。数据新闻生产包括数据搜集、数据处理和数据呈现三个流程，数据可视化的效果取决于所用信息是否干净、精确和有意义。数据新闻加速了记者乃至整个新闻行业的角色转换，数据新闻团队的协作能力成为提升大数据时代新闻生产核心竞争力的关键。

关键词：大数据；数据新闻；生产流程

数据新闻(data journalism)，又称为数据驱动新闻(data driven journalism)，是大数据时代兴起的一种跨学科的新闻生产方式。2012 年，全球编辑网(global editors network)设立首个国际数据新闻奖(Data Journalism Awards)，设置"数据驱动的调查性报道"(Data-driven Investigative Journalism)、"数据视觉化和数据叙事"(Data Visualization & Storying)和"数据驱动的应用"(Data-driven application)等奖项，旨在打破传统媒介和新媒体的壁垒，为未来新闻业创造全新的新闻理念和开放的工作模式。目前，国际知名媒体《纽约时报》《卫报》《经济学人》、美国全国广播公司(NBC)、英国广播公司(BBC)等纷纷推出数据新闻作品。新媒体的本质就是数据分析，数据分析刻画出“事件的轮廓”，或者说给予我们观察世界的“全新的镜头”①。对蕴含在新闻背后的事件逻辑进行收集、挖掘并以可视化形式展现的数据新闻正在凸显其价值，或将成为大数据时代新闻生产的核心竞争力。

一、数据新闻的发展衍变

数据新闻使新闻从业者的工作重心从抢先报道新闻热点转向为大众解释事件发展的内在逻辑，通过抓取、净化、结构化等方式深度挖掘数据，把数据与社会、数据与个人之间的复杂关系用可视化手段向公众展示出来，以客观、易于理解的报道方式激发公众对公共议题的关注与参与，创造出全新的新闻报道方式。

(一) 历时衍变：从精确新闻到数据新闻

数据新闻的产生得益于计算机数据分析技术在新闻报道领域的应用，但采用统计量化方式生产新闻的理念与实践早已有之。20 世纪 50 年代，美国就有媒体记者利用大型计算机对政府提供的数据库中的信息进行分析，以发现和调查新闻事实，② 并在 20 世纪七八十年代掀起一场精确新闻运动。

由于精确新闻可利用的数据库有限、数据磁带存储带来的诸多不便，从 20 世纪 90 年代中叶始，计算机辅助报道(computer aided reporting，CAR)逐渐兴起，在互联网以及相关计算机软件的帮助下，记者获取、

---

① Mirko Lorenz，Deutsche Welle，“Why Journalists Should Use Data”，http：//data journalism handbook. org/1. 0/en/index. html.

② 卜卫：《计算机辅助新闻报道：信息时代记者培训的重要课程》，《新闻与传播研究》1998 年第 1 期。

存储、分析处理以及制作和发送信息变得更加便捷。那些或公开或隐蔽的数据，成为记者发现新闻选题、拓展新闻深度的重要资源。

进入21世纪，数据库的发展开辟了计算机网络化、交互式的新时代，新闻链接成为数据库新闻的雏形。要实现理想的数据库新闻发布有3个路径：通过网络资源共享拓展数据库空间；解决数据搜索的冗余度问题；建立多媒体平台的数据互联。① 新闻业是数据的重要应用者，大数据时代产生的大部分数据是“非结构化数据”，如网民自发上传的言论、图片和视频，来自传感器的数据等，传统数据库通常难以处理。随着数据分析与数据挖掘技术的大力发展，从互联网庞大的非结构化数据中揭示有意义的新的关系、趋势和模式的数据新闻应运而生。从某种意义上说，从精确新闻到数据新闻的历史衍变是传统新闻业面临新媒体冲击而做出的转型努力。

(二)共时衍变：从文字讲故事到数据讲故事

数据新闻为传媒业带来了生机，数据的搜索、归纳、可视化表现技术正改变着传统信息搜集业的工作重心，它为传统的“新闻鼻”和数据叙事技巧的强力结合提供了一种可能。传统新闻以文字为主、数据为辅或数据与文字相辅相成，强调用文字讲故事。数据新闻则是数据在先、文字在后，数据成为讲故事的新工具，在一定程度上改变了新闻的生产流程。

数据新闻记者可以用富有表现力的信息图讲述错综复杂的新闻故事，如美国的新闻可视化专家汉斯·罗斯林(Hans Rosling)使用Gapminder将国际统计数据转换成活动的、交互的、有趣的图表，生动展示了世界贫困现状，吸引了数百万人的目光。大卫·坎德雷斯(David Mc-

① 毕建忠：《数据库新闻——网络传播新概念》，《中国传媒科技》2001年第12期。

Candless）则从公共财政支出或者冰岛火山大爆发带来的污染与治理情况等海量数据中挖掘信息，将数据的可视化与信息视觉化完美结合，设计出著名作品《信息是美丽的》（Information is Beautiful），为我们提供了认识世界的全新视角。数据新闻记者能够用信息图表分析复杂时局，诸如暴乱、政治争论和自然灾害，展示事件中的弊端并帮助人们认识解决争端的潜在途径。数据新闻记者可以设计个性化的计算器以帮助人们决策是否买车、买房，帮助规划教育和职业生涯，或者对财务状况进行检查。数据新闻还能帮助你了解新闻事件与个体的微妙关系，BBC 和金融时报现在定期公布他们的预算互动图，你可以在其中找到与自己息息相关的预算内容，并且使新闻信息自发地形成聚合。

与大多由对事实的描述或引用当事人话语构成的传统新闻不同，数据分析呈现的模式、趋势和偏值能给予新闻报道更强的可信度。① 但是，并不能简单地认为数据新闻就是图形或可视化效果。数据的大规模介入只是"讲故事"的方式，而不会取代故事，只不过有时故事是用可视化效果或地图来讲述，从对人的影响角度来阐明数据的意义。从数据中发现的结果可以被转化为任何形式的新闻报道。视觉化有助于让数据与社会、数据与个人的复杂关系得到更为清晰地理解。数据和故事之间的联系被看作跨越彼此相关却知之甚少的新生事物之间的新弧线，使新闻报道变得可验证、可信赖、彼此相关又容易记忆。

数据新闻运用社会科学研究的方式探寻事实及其背后的关系，从关注社会表层现实到发掘社会深层现实，在一定程度上提高了媒体对社会现象的把握能力。同时，采用相对客观、公开的数据和数据分析技术，有助于媒体面对复杂社会问题时，保证新闻报道的公正、透明，进而提升新闻的传播内涵。

---

① Howard. A，"In the age of big data，data journalism has profound importance for society"，http：//strata. oreilly. com /2012/03/rise-of-the-data-journalists. html.

二、数据新闻的生产流程

数据新闻项目负责人洛伦兹(Lorenz)把数据新闻的生产流程描绘为：数据经过过滤与视觉化后形成故事，在这一过程中，对于公众而言数据的价值也提升了。① 英国《卫报》数据新闻编辑西蒙·罗格斯(Simon Rogers)则认为，数据新闻既要处理数据，又要不断检验数据的信度与价值，并通过多种手段和渠道完成报道。② 英国伯明翰城市大学教授布拉德肖(Bradshaw)依照传统新闻学“倒金字塔”结构理论，提出数据新闻采编流程的“双金字塔”结构(见图1)。③ 倒金字塔部分自上而下包括数据搜集、清洗、情境化、综合4个环节，以传播为纽带，形成一个自上而下包括视觉化、叙事、社交化、人性化、个性化和应用化6个环节的正金字塔结构。他强调，数据新闻通过可视化形成新闻故事之后在各种平台发布实现社交化，读者可以根据个人的兴趣和需求对新闻作品加以应用。尽管上述说法各异，但是数据新闻生产流程都离不开数据搜集、数据处理和数据呈现三个阶段。

(一)数据搜集

数据搜集是数据新闻生产流程的第一个环节，也是最重要的一环，直接影响后续阶段的可信性和有效性。随着数据分析和数据挖掘技术的

---

① Lorenz Mirko, “Data driven journalism: What is there to learn, in Innovation Journalism Conference”, (California, 2010).

② Simon Rogers, “Behind the Scenes at the Guardian Datablog”, http://xiaoyongzi.github.io/web/newsroom_3.html/.

③ Bradshaw. Paul, http://onlinejournalismblog.com/2011/07/07/the-inverted-pyramid-of-data-journalism/.

图 1 数据新闻的"双金字塔"结构

发展，数据新闻分析的数据量级远超传统新闻图表的数据规模。数据新闻大多采用网上公开、免费获取的数据，且搜集渠道多样：或者对同类新闻或不同时期的相关新闻数据进行归类统计、整合比较，更为深入、立体、多元化地揭示新闻；或者对网络搜索引擎、社交媒体内容、用户数据进行深度挖掘，揭示个别、分散行为中蕴含的共同规律；或者从政府机构、企业等发布的公开数据中寻找可作为新闻背景的有用信息；或者通过网络观察、调查或众包的形式收集数据。

在新闻生产的外部化、开源化影响下，诸如《卫报》、ProPublica 等新闻机构都已经开始使用原创的"众包"数据，"传统的、昂贵的、费事的"信息搜集情形正在改变。① 2011 年 8 月，《卫报》启动"解读伦敦骚乱"项目，除了深度访谈参与骚乱的人、警察、普通市民，搜集法庭审理骚乱案件资料以及政府关于社会经济状况的统计资料之外，社会化媒体上的内容，特别是 Twitter 上 257 万条与骚乱相关的信息成为重要的数据分析来源。大数据时代，媒体要更好地进行数据新闻报道，数据的

① Prakash. N, "The Nate Silver Effect: How Data Journalism Can Predict the Future", http://mashable.com/2012/11/30/data-journalism-panel/.

“流动性”和“可获取性”是至关重要的因素，而政府是大规模信息的原始采集者，因此数据开源要以政府的信息公开为首要前提。

(二)数据处理

当搜集了足够多的数据之后，为了保证数据的质量和数据新闻的可信度，我们需要对数据进行全面谨慎的处理。事实上，数据本身并不是绝对客观的，用来解释这些数据的统计模型、挖掘技术也并非天然中立。因此，记者需要对搜集的数据保持怀疑的态度，并建立一整套数据处理的编辑准则。

布拉德肖把数据处理环节概括为数据清洗、情境化和综合①三个步骤。其中，数据清洗通常有两种做法：其一是检查数据的一致性，将新获取的数据转换成与已使用数据相一致的形式；其二是处理无效值和缺失值等。数据库通常会存在重复条目、损坏条目、空白条目、错误格式、重复命名、数据丢失等问题，需要借助 Excel、Goole Docs、Goole Refine 等软件工具对不完整的数据、错误的数据、重复的数据进行整理、清洗。

数据情境化主要是将搜集的数据置于特定的语境中解释，有助于理顺数据之间的逻辑关系，不至于在数据搜集阶段丧失焦点或错过有趣的报道角度。这必然要求记者在生产数据新闻时以问题为导向，弄清数据由谁收集、何时收集、为何收集、如何收集、有何意义。《华盛顿邮报》的“枪支泛滥”报道就是从调查枪支销售和犯罪数据开始的，华盛顿哪个区域的枪支使用最为泛滥？带着对这一问题的思考，记者加强与枪支犯罪受害者沟通，进而写出更为深刻的人的故事。

数据综合最常见的方法就是信息图表的糅合混搭，即将一个数据库

① Bradshaw. Paul，http：//online journalism blog. com/2011/07/07/the-inverted-pyramid-of-data-journalism/.

中的信息合并到另一个信息图的数据之中，实时呈现事物的时空分布状况，实现信息的整合与导航。数据地图、时间线、交互性图表已成为不同时间、不同来源的数据信息整合的框架：或者对比、叠加数据，挖掘“数据关系”；或者延展时空跨度，揭示总体规律，或者以超链接的形式，向用户提供原始素材的来源。通过对不同维度的数据叠加、比较、相互关联，我们可以看到每个数据更深层的含义，加深对新闻事实真相与意义的理解。

（三）数据呈现

随着信息可视化技术的发展，“读图”时代的外延得到进一步扩展，从静态的新闻图片跃升到互动性更强的信息图表。信息图表是对文本型和数值型信息形象化、互动化的呈现，包括图表（chart）、图解（diagram）、图形（graph）、表格（table）、地图（map）和列表（list）等，用以展示数据、提示要点、梳理进程、揭示关系、表达观点等。

目前，数据的可视化呈现大多采用开放源代码的软件工具实现，如电子表格 LibreOffice、Excel 或 Google 文档，统计编程架构 R 或 Pandas，地理信息系统（GIS）Quantum GIS、ArcGIS 和 GRASS，可视化程序包 d3. js、Prefuse 和 Flare，数据加工工具 Google Refine、Datawrangler，非编程可视化软件 ManyEyes 和 Tableau Public，等等。

数据新闻可视化的呈现方式千差万别，其主要目标是帮助读者迅速定位对自己有用的重要信息，报道重大却鲜为人知的新闻，帮助读者更好地理解复杂的问题。目前，信息图表的制作主要有三大方向：“一是数据可视化，将数据信息的量与关系等转变为直观的图形；二是看图说话，将文字信息变为形象符号；三是以图整合，在图表中集成多元信息。”①

---

① 彭兰：《“信息是美的”：大数据时代信息图表的价值及运用》，《新闻记者》2013 年第 6 期。

在此基础上，信息图表形成四大类型，即“Flash 动画型、信息查询型、问卷调查型和综合集纳型”。①

值得注意的是，数据可视化的效果高下取决于所用信息是否干净、精确和有意义。信息图表是为呈现数据、分析数据、解释数据服务的，当文本和多媒体能更好地讲述故事，当掌握的数据过少或没有明显的趋势和结论，当空间要素并不那么重要或缺乏吸引力时，当表格能更加简洁、高效地传递信息时，信息图表反而成为累赘，可以弃而不用。

三、数据新闻的团队协作

数据新闻推动了新闻报道形态的革新，加速了记者乃至整个新闻行业的角色转换。对于杰出的数据新闻而言，需要经验老到的记者在新闻业上的洞见和数字全能型选手的技术知识的结合，需要新闻素养、艺术素养和技术素养的结合。对于数据新闻记者而言，分析和解释数据的能力直接关系到能否写出好的故事，能否选择最恰当的方式来叙述故事。当前，越来越多的新闻机构开始重新思考记者和数据分析人员团队协作的重要性，这也是提升大数据时代新闻生产核心竞争力的关键。

2012 年首届国际数据新闻奖获奖作品的运行过程显示，数据新闻比拼的不是采访力量和团队规模，更看重具有新闻敏感的人、具有数据挖掘、分析和可视化呈现能力的人之间的相互协作。那么，建立一个优秀数据新闻团队的关键在于：

（一）将数据团队纳入新闻编辑部格局

真正的数据新闻团队应该是跨领域的，通过头脑风暴产生奇思妙

---

① 许向东：《互动式信息图表的应用设计研究》，《国际新闻界》2013 年第 1 期。

想，网络空间使得彼此之间的界限日渐模糊，在“一个屋檐下”工作显得非常重要。英国《卫报》数据博客编辑西蒙·罗杰斯(Simon Rogers)强调了这一观点：“新闻编辑部的布局很有讲究，如果你越靠近新闻编辑部，就更方便对报道进行交流，成为新闻策划进程中的一部分；反之则两者距离越来越远。”①芝加哥论坛报的数据团队就设在新闻编辑部，他们常常在与记者面对面地交谈中明确要做的事情：协助记者调查和报道故事，在线描绘故事，并为芝加哥当地的特定群体建立永久的网络资源。2012 年 3 月，荷兰数字文化组织 SETUP 开展了一个名为“黑客马拉松”(Hacking Journalism)的项目，邀请数据团队与记者广泛合作，围绕犯罪行为、健康、运输、安全、老龄化和能源等热门话题展开数小时的讨论，寻找最佳的数据故事和可视化呈现方式。

澳大利亚全国广播公司(ABC)的一个数据新闻团队通常由 7 类人构成，包括：一个网页开发及设计人员、一个主编记者、一个专长于数据采集、分析与整理兼职研究员，一个兼职初级记者，一个制作人顾问，一个专长于数据挖掘、图形可视化以及其他先进的研究技巧学术顾问，一个提供 ABC 跨平台支持的项目经理。其中，研发人员的技术和建议以及设计师的可视化处理技术构成了每一个数据项目的核心组成部分。记者、设计师或研发人员正通过努力学习，不断增加对彼此专业领域的熟悉和了解。

(二)助推新闻生产的外部化

社会化媒体的兴盛，改变了传统新闻的生产方式和信息消费模式。社会化媒体对数据新闻生产影响深远，既是数据搜集的重要来源，又借力社会化媒体扩大传播影响力。美联社记者乔纳森(Jonathan Stray)说，

① Simon Rogers, “Behind the Scenes at the Guardian Datablog”, http: //xiaoyongzi. github. io/web/newsroom_3. html/.

“构成新闻业的方方面面的工作既可以在编辑部内部完成，也可以在编辑部外部完成，可以是专业人士，也可以是业余人士，甚至民众也可以通过自己生成和分析数据的方式来提高对于政治事务的参与。”①

英国 BBC 的时事节目《全景》(Panorama)与新闻调查中心合作，收集了有关公共部门薪酬的数据，推出“公共部门薪酬：一些数字”的特别报道，对所有已公布的数据进行行业分析和可视化处理。除此之外，BBC 善于为数据新闻团队寻找或培养可以胜任记者和开发者工作的人。当英国政府提出削减开支审查的数据时，团队中的工商记者通过数据挖掘和分析，推出独家数据新闻“弄清数据的意义”(Make sense of the data)，证实政府实际削减的数字远没有他们宣称的那么大，这一报道赢得英国皇家统计学会奖。

《纽约时报》互动新闻编辑艾伦·菲尔霍夫(Aron Pilhofer)认为媒体应该招聘那些具有基本数据处理技能的记者，甚至可以招聘那些愿意学习新工具的记者，不要忽略新闻编辑室之外的东西。

(三)合力挖掘数据新闻的人性化元素

数据本身并没有意义，只有把数据放在特定的语境之中，从对人的影响角度探索数据与数据之间的关系，才能对数据进行解释并赋予意义，实现传播效果。因此，数据新闻团队在设计可视化呈现方式的过程中，需要融入更多的人性化元素，从人的角度阐明数据新闻价值，帮助受众通过互动方式快速、有效地定位所需信息，或者弄清隐藏在抽象信息中的规律或趋势。

2011 年日本海啸引发的福岛核泄漏被广泛报道。事发之后，核电站方圆 30 公里以内的群众都被紧急疏散。为了更好地向德国受众解释

---

① 瞿旭晟：《数据入侵：“538”博客的实践与启示》，《新闻记者》2013 年第 6 期。

这件事情的影响，德国 Zeit 在线积极寻找创新的新闻生产方式。他们首先以问题为导向：在德国有多少人住在核电站附近？又有多少人住在核电站方圆 30 千米以内？紧接着用一张互动地图展示了如果相似的情况发生在德国，有多少人会被疏散。其结果是：可视化的数据新闻表现形式给网站带来了超乎想象的访问量，并通过社交媒体病毒式扩散开来。这个数据新闻报道从核泄漏如何影响读者生活切入，运用生动形象的信息图表，不仅吸引受众阅读，还能让他们再利用这些原数据，大大提升了媒体的公信度。

（原刊于《编辑之友》2013 年第 12 期）

（徐锐，广播电视新闻学博士，副教授，主要研究方向为电视理论与实务、视听新媒体。万宏蕾，中南财经政法大学新闻与传播学院研究生。）

我国数据新闻研究的回顾与前瞻

袁　满　强月新

摘　要：“大数据”以迅猛之势覆盖了各行各业和公众生活，也催生出数据新闻这一新型新闻报道方式。数据新闻被视为未来新闻业的发展趋势，相关研究渐成显学。当前业内外“大数据热”的背景，我国传媒转型的现实需求，精确新闻、计算机辅助新闻提供的学科支撑与大数据带来的新型数据挖掘分析技术等因素合力促成了国内对数据新闻的研究热潮。我国数据新闻研究的论文数量从2013年起明显增多，研究主题也不断扩大，但总体仍以发展研究和应用研究为主，且多采用个案研究和思辨研究方法。未来数据新闻研究应着力从表层研究进入里层研究，增强研究思维的批判性和研究方法多元化等。

关键词：数据新闻研究；大数据；传媒转型

近年来，大数据技术的飞速发展催生出“数据新闻”这一全新的新闻报道形态。针对数据新闻的内涵，许多学者都进行了界定。如欧洲《数据新闻手册》一书从数据新闻的表现形式出发，认为数据新闻是把传统的新闻敏感性和具有说服力的叙事能力与海量的数字信息相结合的新闻。① 德国记者米尔科·劳伦兹从新闻生产流程角度出发，认为数据新闻是反复抓取、筛选和重组以深度挖掘数据，聚焦专门信息以过滤数据，用可视

① 方洁、颜东：《全球视野下的“数据新闻”：理念与实践》，《国际新闻界》2013年第6期。

化手段呈现数据的新闻。① 国内学术界和业界关于数据新闻的概念界定莫衷一是。章戈浩认为数据新闻是“指对数据进行分析与过滤，从而创作出新闻报道的方式”②，其核心仍是新闻叙事，只不过采用了数据的形式。方洁和颜冬则认为数据新闻是“基于数据的抓取、挖掘、统计、分析和可视化呈现的新型新闻报道方式”③，其核心是对数据的处理。

由以上定义，笔者总结出数据新闻的一些共性，并在此基础上对其概念进行界定，即数据新闻是以公开的数据资源为基础，以特殊的计算机程序为依托，通过对数据的处理分析以及可视化和叙事化的呈现形式，揭示事件背后复杂关系的新型新闻报道方式。

一、我国数据新闻研究的动因

本文以中国期刊全文数据库中的数据新闻相关文献作为研究对象进行研究，发现国内学界相关研究成果较早的是在2012年，2013年开始呈现迅速增长态势。这一研究现象与“大数据热”的国际、国内环境，我国传媒转型的现实需求，精确新闻、计算机辅助新闻提供的学科支撑以及大数据时代新型数据挖掘分析技术的运用等一系列社会背景和学科背景有直接关系。

（一）“大数据热”是促进我国数据新闻研究发展的客观背景

当前互联网、物联网、云计算等传播技术的迅速发展带来了信息、

---

① 方洁、颜东：《全球视野下的“数据新闻”：理念与实践》，《国际新闻界》2013年第6期。

② 章戈浩：《作为开放新闻的数据新闻——英国〈卫报〉的数据新闻实践》，《新闻记者》2013年第6期。

③ 方洁、颜东：《全球视野下的“数据新闻”：理念与实践》，《国际新闻界》2013年第6期。

数据井喷的现状，人类已进入了“大数据时代”。① 英国《自然》杂志于2008年就出版了专刊《大数据》，从互联网技术、互联网经济学、环境科学等多方面剖析“大数据”带来的技术挑战。“大数据”自此渐成各学科研究中的热点问题。2012年美国政府投资2亿美元启动“大数据研究和发展计划”标志着大数据正式上升到国家战略层面。2012年2月，中国工信部公布了《物联网“十二五”发展规划》，将包含海量数据存储、数据挖掘、图像视频智能分析等在内的信息处理技术列为4项关键技术创新工程之一。② 2013年，我国科技部正式启动863项目，面向大数据的先进存储结构及关键技术开启了5个大数据课题。③ 2015年10月，中共十八届五中全会正式提出实施国家大数据战略的规划。由此可见，数据作为国家基础性战略资源的地位已得到认可，深化大数据应用已成为推动各国政府治理能力现代化的必然选择。

在大数据浪潮的推动下，“数据新闻”这一概念应运而生。国外的数据新闻实践起步较早并已颇具规模，例如英国《卫报》网站早在2009年就推出了数据新闻博客，随后BBC、《芝加哥论坛报》、路透社、彭博社等国际大型传媒机构都相继成立了数据新闻制作团队，数据新闻实践在全球名声大噪。数据新闻的许多理念、先进经验传入我国，国内业界渐渐出现数据新闻的尝试，如网易的《数读》、搜狐的《数字之道》等数据新闻频道以及“财新传媒”的《数字说》板块等。在这种传媒环境的影响和驱动下，国内学界也掀起了对数据新闻研究的追捧。

---

① 祝兴平：《大数据与经济新闻生产方式的颠覆与重构》，《中国出版》2014年第4期。

② 工业和信息化部：《物联网“十二五”发展规划》发布，http：//www. gov. cn/zwgk/2012-02/14/content_2065999. htm.

③ 天津大学：《863项目“面向大数据的先进存储结构及关键技术”启动会》，http：//cs. tju. edu. cn/xwzx/xwdt/20130401103608433EtH. shtml.

(二)传媒转型的内在需求是推动我国数据新闻研究的现实驱动力

随着信息技术革命的愈演愈烈，传统媒体在新媒体冲击下处境艰难，其如何在困境中突围成为一项重大历史命题，传媒转型迫在眉睫。在这种情况下，各大传媒集团纷纷在提升内容价值、拓展产业链条、优化营销模式、改进用户体验等方面进行探索，不断创新运营模式。

“大数据”时代的到来无疑为传媒转型提供了全新的思路和途径：信息获取方面，针对性、定制化的信息推荐方式，众包众筹等新型新闻生产方式颠覆了传统新闻生产机制；媒体方面，跨部门、跨领域的数据团队主导新闻生产，各大传媒机构也在媒体融合、跨界合作与产业升级中实现自我重构；受众方面，“用户至上”的理念主导新闻报道以满足用户需求的细分化、个性化。大数据时代的技术与方法虽然远未成熟，但对于转型中的传媒业却有重要启示：传媒业要想成功转型必须树立数据至上、建构大媒体的观念。其中，数据新闻作为大数据技术支撑的新型报道形态，在新闻线索的深度挖掘、报道采编和数据呈现与分析等方面进行了全面革新，对新闻质量的提高、新闻类型的丰富、受众范围的扩大、媒体良性运营都有深远影响，对数据新闻的研究是当前我国传媒转型的内在需求。

(三)精确新闻、计算机辅助新闻等为我国数据新闻的研究提供了学科支撑

针对数据新闻，业界和学界普遍认为精确新闻、计算机辅助新闻这类运用数据库分析技术的新闻是其前身。① 一些研究者认为，1952 年

① 石磊、曾一：《融合传播视角下的数据新闻》，《四川师范大学学报》(社会科学版)2014 年第 6 期。

美国哥伦比亚广播公司试图运用大型计算机预测总统选举结果标志着数据新闻概念已初见端倪。美国学者、新闻记者菲利普·迈耶于 1967 年针对底特律的黑人骚乱事件运用计算机进行相关调查分析，并于 1973 年出版《精确新闻》一书，倡导使用数据库分析和社会调查方法提高新闻报道的准确性和科学性，掀起了数据分析运用的新篇章。但受当时技术条件的限制，直到 20 世纪 80 年代末至 90 年代，这一报道方式才引起足够重视并得到巨大发展，起始就是作为“精确新闻”升级形态的“计算机辅助新闻”的出现。20 世纪 90 年代初，美国学者布兰特·休斯顿出版了第一本关于计算机辅助新闻的专著——《计算机辅助新闻报道：实践指南》。此后，通过一系列全国乃至国际性的数据训练机构、项目、课程的设立，美国数据运用的报道手段成功拓展到全世界，计算机辅助新闻研究渐成显学。这些前期理论与实践铺垫为数据新闻的研究提供了有力的学科支撑。

(四)大数据时代的新型数据挖掘分析技术为我国数据新闻研究提供技术支撑

大数据新闻传播区别于传统新闻报道最重要的部分就是前者能从宏观视角把握社会趋势和动态。① 利用大数据进行新闻传播学研究和传统的新闻传播学研究最大的区别是，前者可通过对海量数据的“普查”代替传统的“窥一斑见全豹”式的抽样。② 大数据技术通过对海量数据更便捷、更廉价、更大规模的采集，运用数据分析学新方法探究数据背后蕴含的规律，整合了定量与定性方法，成为传统新闻传播研究的有益补充。例如，喻国明曾以 2009—2012 年百度搜索词数据库为研究对象，

---

① 喻国明：《大数据方法与新闻传播创新：从理论定义到操作路线》，《江淮论坛》2014 年第 4 期。

② 苏林森、易伟芳：《大数据技术对传播研究方法的影响与挑战》，《现代传播》2014 年第 11 期。

运用大数据挖掘分析技术探讨将碎片化的舆情信息如何整合处理并进行舆情模型构建的方法。① 在另一篇论文中，他通过对 2012 年中国使用"百度搜索"进行搜索的 TOP 2000 信息热词和 TOP 2000 新闻类热词进行分析和挖掘，盘点了 2012 年网络社会流行潮流，发现了当年网络热点。② 这种基于大数据技术的全景式研究方法对于研究者把握中国社会舆情发展的总体特点和态势具有重要价值，也为社会管理和社会协调提供了参考。这类大数据的价值挖掘与分析技术同样也可以运用到数据新闻研究中，它能给研究者提供一个关于数据新闻整体状况的坐标系，进而使研究者对其现实走势和未来发展进行全局式的把握，为数据新闻研究提供技术支撑。

二、我国数据新闻研究的现状与特点

本文将中国期刊全文数据库作为搜索范围，对数据新闻相关文献进行研究总体态势的描述；同时主要选取新闻学与传播学 CSSCI 来源期刊中的相关文献进行研究观点的交叉对比及研究特点的分析总结。

（一）数据新闻研究数量：以 2013 年为起点论文明显增多，但相关著作仍较欠缺

笔者以"数据新闻"为主题在中国期刊全文数据库"新闻与传媒"类文献中进行搜索，截至 2015 年 9 月，共搜索到相关文献 3097 篇，其中

---

① 喻国明：《大数据分析下的中国社会舆情：总体态势与结构性特征——基于百度热搜词（2009—2012）的舆情模型构建》，《中国人民大学学报》2013 年第 5 期。

② 喻国明：《呼唤"社会最大公约数"：2012 年社会舆情运行态势研究——基于百度热搜词的大数据分析》，《编辑之友》2013 年第 5 期。

从2013年开始国内论文数量有激增态势。但在查阅时发现，2012年及之前的论文几乎全是关于数据和新闻二者关系的讨论，例如关于经济类新闻、精确新闻以及计算机辅助新闻中数据的运用，而非针对数据新闻的探讨。“数据新闻”真正从“精确新闻”、“计算机辅助新闻”等一系列相近概念中脱离出来，成为独立议题并受到学界追捧始于2013年。笔者再以“数据新闻”为关键词搜索，共有201条记录，在逐一筛选剔除重复文献及不相关文献后共195篇，其中2015年89篇、2014年87篇、2013年18篇、2012年1篇。此外，新闻学与传播学CSSCI来源期刊上的数据新闻相关论文有36篇，且均集中于2013—2015年。

国内对于数据新闻的研究起步较晚，现有研究成果也大多为论文文献，目前尚无数据新闻专著，部分研究内容以章节形式出现于相关著作中。如《跨媒体新闻传播理论与实务》一书中，数据新闻在自媒体与新闻业的融合背景下被加以阐释；《大数据》中，数据新闻学作为一门独立学科被提出。在国家社科基金资助研究项目中，以数据新闻研究为主题的课题共1项(“新媒体背景下数据新闻的生产与传播策略研究”①)。此外，以“数据新闻”为硕士学位论文选题的共有《“数据新闻”在我国新媒体平台的实践及发展路径探究》《大数据背景下的数据新闻研究》等13篇，截至目前暂无相关博士学位论文出现。国内学界中以李希光、彭兰、陈昌凤、喻国明为代表的学者较关注该领域。

(二)数据新闻研究主题：范围不断扩大，关注焦点集中

按照科研过程的性质划分，学术研究分为基础理论研究、应用研究与发展研究三种类型。本文在遵从这一分类方法的基础上，结合当前比较研究这一新兴研究领域，将数据新闻研究的主题分为以下四种：

---

① 肖倩：《新媒体背景下数据新闻的生产与传播策略研究》，2015年国家社会科学基金立项青年项目。

(1)数据新闻的理论研究，包括数据新闻的基本概念、特点、功能、意义等；(2)数据新闻的应用研究，这类研究从横向可分为国外应用研究与国内应用研究，纵向则包含数据新闻的呈现方式、技术支撑、业务流程、团队建设等方面；(3)数据新闻的比较研究，即将国内外数据新闻的发展状况进行对比分析，以期对我国数据新闻发展提供新思路；(4)数据新闻的发展研究，主要从宏观角度出发探究数据新闻的发展轨迹、对传媒业、新闻传播学教育等领域带来的影响、发展过程中的制约因素及相应对策，以及对发展前景的展望等。

按照以上的分类标准，本文对以“数据新闻”为关键词在中国期刊全文数据库中搜索到的195篇文献进行分类。为了满足统计上的排他原则，每篇论文只归入一种类型。分类结果显示，当前我国数据新闻研究中，发展研究所占比重为48%，应用研究为37%，理论研究为13%，比较研究只占2%。总体看来，我国数据新闻研究范围不断扩大，但目前仍以发展研究和应用研究为主。研究具有问题意识，注重在实践中总结经验与不足，探究当前发展过程中的矛盾与困境并提出对策。对数据新闻的理论研究进程虽滞后于实践，但对其关注力度正在不断增强。下面分别从不同研究主题进行阐述。

第一，针对数据新闻的发展研究，这是当前我国数据新闻研究的重点，研究成果也较为丰富。虽然目前学界对数据新闻并没有统一的定义，但在数据新闻的源起问题上基本意见一致：它与精确新闻学、计算机辅助报道具有继承和发展的关系，社会环境、媒介环境和技术的发展也为其产生创造了条件。① 张炯、刘义昆、倪宁、曾庆香等从不同角度阐述了数据新闻的价值及影响。总体来说，数据新闻激发了编辑部人员

---

① 沈浩、谈和、文蕾：《“数据新闻”发展与“数据新闻”教育》，《现代传播》2014年第11期；钱进、周俊：《从出现到扩散：社会实践视角下的数据新闻》，《新闻记者》2015年第2期；苏宏元、陈娟：《从计算到数据新闻：计算机辅助报道的起源、发展、现状》，《新闻与传播研究》2014年第10期。

结构重组,① 带来了传播观念的变革与整个新闻业的创新,② 促进了政府信息开放,③ 消解了社会精英话语权④和开源软件对技术的壁垒⑤。然而数据新闻面临搜集信息渠道受限、人才资源储备不足、盲目依赖数据、数据价值含量低等生产困境。⑥ 此外，对大数据的处理不当容易带来数据新闻程序化、模式化及质性分析缺位等弊端。⑦ 唯有提高媒体自身素质，才能迎接全新传播环境的挑战。其中，对专业人才的培养作为提高媒体素质的途径之一，成为学界讨论的热点。数据新闻是一种跨学科的新闻报道方式，且由于采编方式的改变，记者部分承担起编发新闻的职能，因此，数据新闻对跨学科专业人才的需求更加明显。在记者角色转型方面，新闻记者不仅需要具备写作、调查、解读数据、制图等基本业务能力，还需要了解编程人员、数据分析人员、设计人员和网页开发人员的工作。在人才教育方面，不仅要培养学生采写编评等新闻基础素养和能力，更要将数理统计、计算机编程等理工类课程纳入到课程体系中。⑧ 在人才培养的师资方面，一是通过校内跨学科进修听课、去媒体带职实习、与相关学科合作开课等方式将老师“派出去”，二是通过招收跨学科教师、跨学科博士后、跨学科学生、新媒体兼职教师等方式

---

① 张炯、廖安安:《大数据时代新闻编辑能力重构》,《中国出版》2014 年第 1 期。

② 倪宁:《大数据时代的传播观念变革》,《西北大学学报》2014 年第 1 期。

③ 刘义昆:《大数据时代的数据新闻生产：现状、影响与反思》,《现代传播》2014 年第 11 期。

④ 曾庆香、侯雪琪:《数据新闻：社会精英话语权的消解》,《探索与争鸣》2015 年第 3 期。

⑤ 钱进、周俊:《从出现到扩散：社会实践视角下的数据新闻》,《新闻记者》2015 年第 2 期。

⑥ 凌霞:《数据新闻生产价值困境》,《中国出版》2015 年第 6 期。

⑦ 丁柏铨:《数据新闻：价值与局限》,《编辑之友》2014 年第 7 期。

⑧ 沈浩、谈和、文蕾:《“数据新闻”发展与“数据新闻”教育》,《现代传播》2014 年第 11 期。

把老师“请进来”。① 综上所述，我国数据新闻的发展研究侧重从微观视角出发，发现当前数据新闻发展中存在的问题，但总体上仍停留在现象呈现和经验总结的表层研究阶段。

第二，针对数据新闻的应用研究往往通过分析数据新闻实践的具体案例，在总结经验及反思不足的基础上展开对我国数据新闻发展的思考。国外数据新闻应用研究方面，文卫华、李冰从数据新闻的生产流程角度出发，结合《卫报》的《2012 年美国大选报道》专辑这一经典案例，从策划、数据收集、数据呈现到新闻制作及传播这四个步骤分析数据新闻报道的特点。② 罗艺从编辑团队建设出发，选取诸如《卫报》《芝加哥论坛报》等典型案例，阐释国外媒体通过运用新技术、培养新型专业人才、整合编辑团队等手段进行数据新闻报道的实践经验。③ 章戈浩从数据新闻的结构理论出发，结合国外学者提出的数据新闻“双金字塔结构”，探讨数据新闻应运用自身技术优势达到事实叙述与数据呈现的统一。④ 其中，数据新闻的呈现方式是研究的交叉点及重点，而“数据可视化”作为呈现方式之一成为热门议题。数据新闻在实践中形成一系列丰富的可视化传播形式，如信息图、数据地图、时间线和交互图表等，丰富了新闻报道的方式。⑤ 总体来说，国外数据新闻应用起步较早，在成熟度和经验性上均优于国内，因此，我国媒体如何将这些经验灵活运用于数据新闻报道，如何将实践经验转化为理论体系以更好地指导实践是以后研究的方向之一。

---

① 祝建华：《大数据时代的新闻与传播学教育：专业设置、学生技能、师资来源》，《新闻大学》2013 年第 4 期。

② 文卫华、李冰：《大数据时代的数据新闻报道——以英国〈卫报〉为例》，《现代传播》2013 年第 5 期。

③ 罗艺：《美国数据新闻编辑面面观》，《编辑之友》2014 年第 11 期。

④ 章戈浩：《作为开放新闻的数据新闻——英国〈卫报〉的数据新闻实践》，《新闻记者》2013 年第 6 期。

⑤ 郎劲松、杨海：《数据新闻：大数据时代新闻可视化传播的创新路径》，《现代传播》2014 年第 3 期。

国内数据新闻应用研究与前者相比更为细化，具体表现为不同学者以不同新闻载体为研究对象进行分类研究。总结发现，我国媒体在面临自身转型以及大数据浪潮冲击时均做出了有益尝试，总体上在不断进步，但实践过程中还存在一些问题。因此，发现、解决新问题成为研究的着力点。在报刊媒体方面，数据化尝试不仅丰富了纸媒新闻的呈现方式，也增强了新闻的可读性。未来纸媒可以通过在增强数据新闻的贴近性和服务性上下功夫，以全局视野与本地聚焦相结合的方式实现突围。① 电视媒体方面，尽管大数据技术在总体上提升了电视新闻的可观赏性并直接带来了收视率的提升，但当前电视媒体对数据的挖掘、归纳能力不够，可视化表达手段单一，数据不能完整、生动地讲述新闻故事，且无法发挥为受众决策提供参考的作用。② 网络媒体方面，网站数据新闻也存在着数据来源单一、数据挖掘不够、可视化表达方式不足等问题。③ 综合看来，当前我国数据新闻的实践在数据静态可视化运用方面已比较成熟，但对交互性动态数据可视化技术运用却涉及很少。技术局限在很大程度上使得数据呈现并未成为有机的新闻叙事元素，而现有的编排方式也无法满足潜在受众对大数据新闻的特定预期与需求。

第三，针对数据新闻的理论研究，国内学界处于对国外数据新闻理念的引入及探索阶段，对基本概念的厘清、相关理论的梳理尚无统一。值得注意的是，当前“数据驱动”下新闻文本形态多样，传统的新闻叙事面临严峻挑战，因此关于数据新闻的内涵界定出现了“数据核心论”④与

---

① 段晓敏：《大数据时代传统纸媒“数据新闻”的实践与价值——以〈南方都市报〉“数据”栏目为例》，《新闻世界》2014 年第 11 期。

② 常江、文家宝、刘诗瑶：《电视数据新闻报道的探索与尝试——以中央电视台〈晚间新闻〉“据”说系列报道为例》，《新闻记者》2014 年第 5 期。

③ 周善：《数据新闻：网站专业生产内容(PGC)的可循之途——四大门户网站的数据新闻实践》，《编辑之友》2014 年第 8 期。

④ 方洁、颜东：《全球视野下的“数据新闻”：理念与实践》，《国际新闻界》2013 年第 6 期。

"叙事核心论"①的观点碰撞。基于此，毛毅、戴世富从传播的价值逻辑角度出发，认为大数据的媒介运用只存在于工具意义层面，不应将大数据过于神化，否则将可能会使媒体的生存基础被解构，②"数据唯大"的大数据思维容易导致新闻价值的异化。③ 王强从新闻本位角度出发，提出数据新闻应当由"数据驱动"与"叙述驱动"共同完成，"叙事"要素不可或缺，它更应当被视为一种"叙述驱动的数据分析"。④ 两派观点的交锋反映出一个核心问题，即当前学界在寻求数据新闻内容表达与形式创新的统一上并无较为成熟的思维及完善的措施，这也将是未来研究的着力点。

第四，针对国内外数据新闻的比较研究，当前相关文献较少，研究力度薄弱。在已有研究中，学者认为数据新闻在国内外的发展状况存在以下差异：信源渠道方面，国内数据新闻信源严重依赖传统媒体，缺乏原创性；而国外数据新闻则呈现政府公开、社交网络、自采数据并重的局面。⑤ 呈现方式方面，国内往往运用单一的图解新闻手段，国外已形成静动态结合方式。⑥ 主创媒体方面，国内是门户网站先发制人，国外则是传统媒体成为数据新闻潮流的引领者。⑦ 究其原因，政府和数据机构的信息开放程度，媒体采编权的有无等一系列媒介环境因素直接关系

---

① 章戈浩：《作为开放新闻的数据新闻——英国〈卫报〉的数据新闻实践》，《新闻记者》2013 年第 6 期。

② 毛毅：《数字化时代下数据新闻的价值》，《编辑学刊》2015 年第 2 期。

③ 戴世富、韩晓丹：《增值与异化：数据新闻范式中的价值思考》，《当代传播》2015 年第 1 期。

④ 王强：《"数据驱动"与"叙述驱动"：数据新闻生产的双重动力》，《编辑之友》2015 年第 3 期。

⑤ 周冉冉：《大数据时代门户网站数据新闻可视化探究》，山东师范大学硕士学位论文，2015 年。

⑥ 王娜君：《数据新闻在我国新媒体平台的实践及发展路径探究》，暨南大学硕士学位论文，2014 年。

⑦ 刘义昆，卢志坤：《数据新闻的中国实践与中外差异》，《中国出版》2014 年第 10 期。

着数据新闻的客观性、原创性及权威性。同时，数据操作水平直接导致国内外的直观差距。① 因此，提高记者专业技能，促使记者角色转型是短期内提升国内数据新闻质量的途径之一。但如何在适应我国国情的前提下改善媒介环境，从根本上扭转我国数据新闻发展滞后的局面，才是未来学界和业界思考的关键。

(三)研究方法:个案研究、思辨研究为主,其他研究方法略有涉及

本文采用孙旭培对新闻传播学研究方法的划分标准,② 对我国数据新闻研究文献进行考察。总体看来，目前国内对数据新闻在理论层面的探讨屡见不鲜，但实证研究较少。相关研究主要运用思辨研究和个案研究方法。从思辨研究来看，国内学界目前普遍采用逻辑法，对数据新闻相关概念、内涵、特点进行界定。从实证研究来看，定量研究方面的研究成果已有呈现但数量很少，且基本以内容分析法为主，如周冉冉对门户网站数据新闻的可视化研究;③ 定性研究虽有所涉及，但往往集中于对数据新闻的特征及表现的描述，而对数据新闻的传播效果、受众研究等却几乎没有涉及。此外，在数据新闻的应用研究方面，学界普遍采用个案研究法及比较研究法，分别或同时选取国内外数据新闻实践的典型案例进行分析，其中个案研究法运用最多。

三、数据新闻研究的展望

总体看来，近几年随着数据新闻话题的走红，国内学界对其研究也

① 刘义昆，卢志坤:《数据新闻的中国实践与中外差异》,《中国出版》2014年第10期。

② 孙旭培:《研究方法与新闻学研究的深化》,《当代传播》1998年第6期。

③ 周冉冉:《大数据时代门户网站数据新闻可视化探究》，山东师范大学硕士学位论文，2015年。

出现激增态势，在积极引入国外成熟理念的基础上不断探索。但我国数据新闻研究存在研究视角封闭和过于微观、研究初衷的盲目性、研究效果的科学性准确性较弱等不足，未来数据新闻研究应着力从表层研究进入里层研究，增强研究思维的批判性和研究方法多元化。

（一）从表层研究进入里层研究，增强数据新闻的学理性

表层结构与里层结构之分是社会科学研究中一种非常重要的理论模式，西方马克思主义理论家阿尔图塞提出，“表层结构是看得见、摸得着的经验现象，深层结构则是看不见、摸不着的理论框架”①。法国社会学家克劳德·列维·斯特劳斯认为，社会生活是由许多方面组成的整体，而各个方面又都是环环相扣的。人们感觉到的只是这个社会系统的表层现象，而无法感知表层背后所隐藏的“内在结构”②。由此可见，由表层研究进入里层研究是科学研究的重要意义和任务之一，这其中又包含两层含义：其一，通过经验现象寻找背后蕴含的意义及内在结构，搭建理论框架；其二，与其他学科领域交汇融合，进行系统化学理构建。具体到数据新闻研究，一方面要强调全局意识，研究由表及里。当前我国数据新闻研究需跳出“现状描述—存在问题—如何应对”的三段式模式，从现象呈现和经验总结的表层研究深入到对生成机制、传播规律等方面的里层研究。数据新闻只有置于宏观社会结构背景下进行研究，才能提出具有理论参考价值和现实操作可能性的改进建议。另一方面，鼓励跨学科研究。数据新闻作为以互联网、移动互联网等信息处理技术为支撑的新型报道方式，其报道特性就决定了跨学科的性质，这也符合当前学科交叉的大趋势。未来研究过程中应合理运用跨学科的研究视角，开发新颖的观点和立论，挖掘研究深度，完善研究的学理性。例

---

① 郑杭生：《现代西方哲学主要流派》，中国人民大学出版社 1988 年版。

② 薛文华：《现代西方哲学评价》，高等教育出版社 1993 年版。

如数据新闻研究可以从语言学角度出发，在语言运用、叙事结构、认知语境等方面进行数据新闻报道的话语分析；从统计学角度出发，探讨如何建立有效的统计学模型以应对结构复杂、来源多样的数据；从教育学角度出发，通过课程设置、教育理念更新等方面的尝试进行对复合型专业人才的培养和团队建设；从法学角度出发，如何对数据新闻中信息获取的隐私权及信息公开的界限进行设定等。

（二）理性审视研究的内在价值，增强数据新闻研究的批判性

我国无论是学界还是业界对数据新闻的探索多源于大数据热潮，在感性追捧的同时却很少理性审视数据新闻的内在价值，对其能否为传媒行业带来变革也缺乏科学论证，现有的研究还存在一定的盲目性。因此，我们需要对数据新闻热进行冷思考，理性论证其到底会成为未来新闻业的发展趋势还是会沦为时代的快速消费品。此外，在数据新闻存在问题的探讨中，“数据中心主义”值得关注。大数据技术是把双刃剑，伴随着数据收集、存储、分析处理能力的飞跃，数据已经上升为国家基础性战略资源，其重要性得到前所未有的青睐。但这种能力也给法律、伦理及社会规范带来挑战，考验我们能否在大数据洪流的冲击下保护用户隐私和传统价值观。因此，学者应具备批判性的研究视角，弥合传统新闻报道与数据新闻报道的鸿沟，探求数据分析与新闻叙事之间的平衡点；同时要明确隐私界限和规范价值取向，防止技术逻辑的无限延伸。

（三）促进研究方法的多元化，增强数据新闻研究的科学性和准确性

在科学研究中，研究方法的多寡优劣及其应用水平不仅直接影响着研究效率和效果，也在很大程度上反映了该学科的成熟与否。多元的研究方法不仅能提高研究本身的科学性和准确性，还能促进该学科学术规范的形成和完善。当前我国数据新闻论文普遍采用的研究方法为思辨研

究和个案研究。在社科学术研究过程中，思辨研究的起点是概念。① 经验表明，任何学科的研究、科学概念的确立是前提，在此基础上将概念发展成为命题，并慢慢形成系统的知识、理论架构，或衍生出全新的命题，这本身也是思辨的过程。反观我国对数据新闻的研究现状，思辨研究是比较混乱、模糊的，具体体现在对基本概念的界定都比较随意，往往直接引用国外权威、盛行的理念，缺乏对既有事实的归纳、提纯、求新。此外，传统的思辨研究方法大多数也是从个体经验和感受出发，缺乏科学性和客观性。而在个案研究方面，文本同质化现象则比较严重，学者纷纷选取国内央视《据说》系列报道和国外《卫报》、"数据新闻奖"为案例进行分析，视角也并未创新。而且，作为大数据的衍生物，数据新闻理应与大数据技术联系紧密，而目前的相关研究却几乎没有运用这种技术。

由于数据新闻传播生态的复杂性，在未来研究中，其他学科的研究方法将会得到更广泛的借鉴，其中大数据研究方法尤其得到强调。大数据研究方法就是从大数据中提取出传统社会科学分析方法所能处理的变量，实现对研究对象结构和趋势的分析。目前所见到的这类研究主要使用来自搜索引擎和社交媒体的数据。它既可以通过收集海量信息避免定性方法在案例选择方面的样本偏差，又可以从中提取关键性变量进行二次分析，充分发挥定量分析法的作用，还可以通过可视化形式呈现数据分析结果，清晰地揭示数据间的作用模式和背后蕴藏的深层价值，这无疑是传统思辨研究和实证研究的结合及跨越式升级。

（原刊于《郑州大学学报》（哲学社会科学版）2016 年第 3 期）

（袁满，新闻学博士，中南财经政法大学新闻与文化传播学院讲师。强月新，新闻学博士，武汉大学新闻与传播学院教授，博士生导师。）

---

① 孙旭培：《研究方法与新闻学研究的深化》，《当代传播》1998 年第 6 期。

【文化传播】

法治思想与中国当代文化

夏　雨

摘　要：法治不只是法律系统的运动，不只是治国方略，法治还是一套思想体系，一种世界观，一种生活方式。汉语思想对法治的吸纳体现了当代中国文化的博大与创新能力。法治世界观的普及和法治实践的深入为中国当代文化输入了新鲜的血液，理性化将是中国当代文化的重要特质。

关键词：法治；当代文化；汉语思想

虽然法律文化的研究方兴未艾，文化建设常常为政策制定者所提及，但是就法治思想与中国当代文化的关系而言，前述研究并没有作出多少贡献，甚至不具备相关问题意识。从法治思想在近现代中国出现一直到成为具有普遍的社会意识，这一切是怎么发生的？法治思想对于当代中国到底意味着什么？认清这一点，对于改革开放和应对当代中国文化危机具有非同寻常的意义。

一、法治作为一种思想

留意中国法治思想的形成，可以发现作出最大贡献的是法学家。他们的观察、反思、比较、总结、讲演、呼吁等活动，促进了法治意义的阐明与传播。由郭道晖等人主编的《中国当代法学争鸣实录》和杜力夫等人编辑的《中国法学大论战》提供了中国当代法治思想形成的艰难过程的精彩记录。在法治共识达成之后，没有人来关注是谁为此作出了贡献，仿佛一切都来得轻而易举，仿佛对法治的洞识早已有之，无需大惊小怪。很多人忘记了法治意义阐明之路上走过的曲折与艰辛。恰恰是这种忽视的背后，隐藏着某种危机。它意味着：对法治的真切内涵被遮蔽，似是而非的对法治的解释大行其道，法治的价值被削减或偷换为政策的歪理，以致人们遗忘了推进法治的神圣使命。对法治思想的轻漫与功利主义的物质追求暗中媾和，很多人被这两个耳熟能详的汉字所蒙蔽，以为无需费力就明了法治的意义与内涵。法治的敌人们心中窃喜，他们可以继续浑水摸鱼，中国的法治进程因此放缓。

法理学在法治意义的阐明与传播上卓有建树。但是关于法治的知识主要停留在法学教科书、学术论文、大学法学教育、法律专业人员的头脑以及部分网络传输中。法治知识并没有普及大众，没有成为普遍的信念。就法治知识的分布而言，情况并不乐观。法理学重视了法治的秩序、正义、人权等价值，但限于法律专业主义视野，忽略了法治的思想价值。法治是治国方略，法治是生活方式，法治同时是一种思想，法治思想将与其他思想对话、沟通，并在对话、沟通中确证自身的合法性。忽略法治的思想价值恰恰是这个时代的病症。重估法治思想在当代汉语思想中的价值是非常有意义的。这是因为汉语思想对法治的表述超越了传统儒家、法家对法律的识见，也超越了政治家们重视法律作用的言论，甚至超越了一些西方的表述。当代中国的法治思想以横跨古今中外的大气和勇气对法治规律及其内涵进行系统总结，克服了西方中心主义和东方国情主义，使法治的意义得以系统阐明。法治内涵在汉语思想中的正本清源是一项艰辛的心灵之旅和思想实践。可以说，汉语思想界对法治的探索、总结与接受是汉语思想对法治理论的贡献，虽然在这个过程中西方提供了思想资源。法治进入汉语思想并得到汉语思想的阐释与接受无论对于中西方思想交流还是当代中国文化具有不同寻常的意义。

法治对于权力运行规律的洞察、人权价值的认同、秩序与正义的追求、法的最高权威的尊重与守护是普适全球的思想精髓。法治对汉语思想的特殊意义在于，法治作为总体的世界观提供了对汉语其他思想的审视与评判，由此而成为具有解放性的力量。重估法治在汉语思想中的启蒙价值及其革新力量是当前迫切需要进行的工作。

二、法治思想的基本内涵

一系列关于法治内涵的揭示告诉我们，法治远远不是其表面那么简单，在汉语中简单的两个字根本承载不了法治的丰富内涵，它超越了语言的日常运用，超越了传统附着的含义。它是一个复杂、高深的概念，离开了系统的阐释与传播，人们对这两个字根本无能为力，最多是望文生义的模糊印象。传统关于法律的一些言论和人们对法律的传统感知无助于理解法治。法制与法治相距甚远，那么人们到何处去寻找法治的真义?

法律专业主义试图对法治作出解释，但法治已远远超出了法律自身的系统，支撑着法治内涵的其实是一套世界观、一套哲学。法治就是法律的哲学，是社会建构的产物。对于法律，不同的社会建构给予不同的解释，可以将其视为治民的工具、阶级斗争的工具、强者的工具，也可以将其视为权利保障的利器、控制权利强有力的手段。不同的解释背后哲学不同，社会建构差异。在中国，对于法治的解释来源主要有政治的解释和专业主义的解释，但是二者都没有完整地揭示法治的内涵。实际上人们是在一种相当模糊的意义上来使用法治的概念。

我们试图从以下几方面完善法治的内涵:

(一)法治为国家实在法设立准据

法治隐含人类对人生意义和人类命运的终极关切，对于法的期盼与探索早在国家实在法出现以前就已开始。古希腊自然法思想的意义首先不在于它对后世法律思想的影响，而在于对人类命运的关切与思索。人类领悟到的自然法现象是人类试图走出宇宙洪荒、迈向文明世界的智慧闪光。对这样的一种法确信不疑的意义在于，它揭示了人类的命运与法的深切联系。一种高于国家制定法的法的存在，既是古希腊的智慧，又是人类的共有财富。西方文明的历史表明，国家实在法的上面有高级法提供准据。作为完整的法治思想，不能割裂这神圣的一维。

(二)法治预设了国家与个人的崭新关系

无论卢梭、霍布斯等近代资产阶级思想家怎样设定自然状态，他们都肯定了国家与个人的契约关系。这种契约关系的价值在于：它使个人获得了一种观察和思考国家与个人关系的独特的眼光。个人从对国家的传统依附中解脱出来，成为独立的个人，国家从此接受法律的统治，并以服务个人、保障人权为旨归。这样一种思想带来了划时代的革命。它使法治不限于法律之治，而是一种全新的世界观。

(三)法治是人们共同生活的规则系统

无论作为国家与社会的规则，还是作为政府与个人的规则，法治所体现的是人类共同生活的原理，正是在法治这里人们找到意义共栖。因此，法治为社会生活提供了意义和价值体系。强调法治是人们共同生活的规则，有利于克服法律专业主义和政治意识形态偏见，确定法治在人们生活中的权威解释地位，为日常生活中实际体现的不同的意义提供最高层次的整合。正是在法治这里人们找到归属感、价值感、安全感，在法治这里找到意义归宿和身份认同。当国家、政府、公民都能在法治意义上共享文化与价值，法治就成了维护整个共同体的价值符号。当人们在生活实践中建构法治知识、充实法治内涵、激活法治能量，使法治真正成为一种理解和解释生活的方式，法治理念成为生活愿景，法治知识成为手中器械，法治原理成为生活原理，法治才真正成为了社会现实。

三、法治在汉语思想中的革新价值

法治在中国的意义，远远不是“法律之治”，它是一种全新的世界观。其革新意义在于：

（一）它重塑了国家与个人的关系

传统的个人对国家的依附关系在法治原理中被表述为国家从个人的授权中获得合法性。国家权力必须依法行使，并以保障个人权利为旨归。国家与个人的关系被描述为一种契约关系。因此法治提供了重新打量个人与国家关系的崭新眼光，个人由国家的臣仆成为具有独立主体资格的个人。这一思想在汉语思想中是崭新的，具有划时代的意义。这一思想最早来源于西方，但它有效地表达了现代社会个人与国家的应有关系，具有客观必然性。作为一种中国历史上从来没有过的思想，法治的这一预设，必然要求重视对这一思想的阐发与推广。如果隐蔽这一思想，对法治的解释就流于字面，失去了其革新意义和创造价值。

法治的这种革新意义当且仅当法治意涵为人们充分获知与了解之后，才能真正地发挥作用，但是法治的内涵常常被切割与偷换，法治的价值没有得到应有的强调。迄今为止，还没有哪一种思想能够超越法治思想的地位，能够对国家、民族、个人起到真正的拯救作用。一个强大的民族必然是由强大的个人组成的，个人与国家关系的再造事关中华民族的伟大复兴。在中国思想史上从来没有一种思想敢和国家较量，作为个人，唯有成为国家的臣民，任其逞威，只有在没有活路时揭竿而起，而新建立的国家与被推翻的国家一模一样，历史在原路上回环往复。正是借助法治，个人获得了反抗国家任意宰割的文明武器并获得了极易为国家的恩赐和暴力所遮蔽的独立的眼光。法治中的个人时时打量着国家的合法性，在强大的国家面前，个人知道在哪里使劲，可以使国家往好的方向发展。他谨慎地行使手中的选票，他批评、监督、建议，他起诉国家，他反抗恶法，他因信仰法而反抗恶法，他也挺身护法，监视着国家的一举一动。更多的时候，他通过捍卫自己的权利来推动法治。在尘世上，他是一个独立的个人，他是主体。他因是主体而享有权利、承担义务，这是个人的解放，也是国家兴盛的条件。这种个人与国家的崭新关系，是法治的一个基本预设。

（二）它重塑了个人与他人的关系

其基础是人的尊严与对他人的承认与尊重，人在法律上被定义为权利的享有者和义务的履行者，所有人在法律面前平等，个人和他人不是一种模棱两可、混淆不清、温情脉脉的伦理关系，而是以明确的权利、义务来表达的法律关系。这一关系承认他人的利益，尊重他人的权利与尊严，适用于熟人之间，亦同样无差别地适用于陌生人之间。通过权利义务的合理负担及其正确行使，个人与他人的关系处于规则有序的状态，人在社会中生活就是与他人一起生活，个人与他人的关系是所有社会关系的基础。权利义务的合理界分并不反对我们爱他人。当我们自弃，也意味着弃绝他人。我们爱他人，亦是尊重他人的人格与利益。我们的生长离不开他人，他人也离不开我们。他人也需要成长，这个过程到死才结束，与年龄无关。我们对他人的尊重本身就是一种协助。不能向他人强加我们的爱，除非他人需要。牺牲我们的自爱去充当救世主更不可取。当我们的帮助对他人造成妨碍时，应立即收手。

法律致力于处理个人与他人的关系，尽管有缺陷。个人与他人的法理界分提供了个人生长的前提与基础。没有这个基础的爱是无原则的爱——无自我的爱，缺乏自尊的爱，忽略他人独立性的爱。传统儒家伦理就存在此缺陷。我们要博爱，但首先是自爱。无原则地爱他人必然要求他人回馈同样无原则的爱，这样的爱是个人生长的最大阻力。在这个意义上，法律提供了最好的解困之道。法律的逻辑是：承认自己，爱自己；承认他人，爱他人。法律有爱，谁说是僵死的教条？个人与他人合理关系的背后是人格平等与人的尊严。这种新型的个人与他人关系在传统社会是稀缺的。与这一关系相伴随的是人的地位的变化。人成为主体人，这是法治的基本设定。

(三)它重塑了社会中的权威

历史上曾经出现过形形色色的权威，如上帝的权威、皇帝的权威、宗教的权威、国家的权威，但是现代法治所认同的最高权威是法和法律的权威。法和法律的权威是人类权威史上的伟大革命，它的背后是社会秩序和精神秩序的变革，压制人的传统权威退隐，人的主体精神得到张扬。法和法律权威的确立，其价值要害在于人权受到尊重和切实保障。传统社会实施人治的结果是人不值钱。

正如学者喻中所言，“中国现代法治观念的兴起，既表达了一种关于法的新观念，更表达了一种关于治的新观念，一种新的法治观念的提出，意味着要在文明秩序的根子上进行全面的改弦更张。这当然是一个法学问题，但又绝不仅仅是一个专业性的法学问题，由于它涉及文明秩序的重建，因而构成了一个与一般观念、一般思想打成一片的根本性问题”①。在法治的背后，一套哲学羞答答地躲在后面。我们需要把这套哲学阐发出来，传播出去，不然，对法治的传播将停留在其字面含义或其丰富面相的某一侧面，法治的革新价值大打折扣。

---

① 喻中：《中国法治观念》，中国政法大学出版社 2011 年版，第 2 页。

四、法治思想与中国当代文化

当代是一个时间概念，每一个身处时代之中的人都可能用当代来表示时间与处境。当代还含有反思的意味，对当代的审视已经意味着比较、关注、探寻、预期等一系列心理活动。当代意指我们已经走过了一段时间的旅程，某种转机或许已经或者应该在新的时段发生，否则当代的指称没有意义。对当代的关注意指我们预期或者希望某种变化会发生，这是伴随法治成为汉语思想的一部分而来的合理期待。在文化的层面上，当代也可能是一个伪时间，如果文化本身没有任何变化的话。由于我们与当代距离过近，我们很难判断当代中国文化的特质是什么。但由于法治世界观的进入，我们可以合理地预期当代文化发生的可能变革。

近代以前的中国文化特质可以从很多角度进行表述，无论它能够提供多少对于今天可以进行创造性转化的质料，都不能掩盖这一事实，那就是皇权至上的官本位文化体系。传统的儒家伦理法归根结底是一套侍奉封建统治者权力的律令，其特色是“天下本位、家族伦理主义、民本主义、大一统的君主主义、中庸主义、理治主义”,① 这种儒家伦理法“从公元前 4 世纪李悝的《法经》，经‘一准乎理’的《唐律疏议》，直到 19 世纪末的《大清律例》，一脉相承，宗旨不变，陈陈相因”,② 成为独具特色的“中华法系”。从晚清修律开始，中国法律的近代转型并没有成功，国民党时期的“六法”体系由于法律世界观的落伍守旧，法律仍然沦为政治权力的附庸，法律的权威没有建立起来。

从中华人民共和国成立到十一届三中全会以前，法律的作用时而受

① 俞荣根：《儒家法思想通论》，广西人民出版社 1998 年版，第 151 页。
② 许纪霖、陈达凯：《中国现代化史》，上海三联书店 1995 年版，第 235 页。

到重视，时而受到忽略，很大的一个原因是法治哲学的匮乏，法律作为工具可用可弃，应付一时之需。十一届三中全会以后，伴随法治与法制、法治与人治、依法治国理论的探讨，法治的内涵逐步清晰，对法治的法理型阐释在大学法学教育、法学学术中有较多体现，然而，法治哲学的建立还任重道远。法治世界观的普及是一项艰难的任务。对法治的误读、错读和故意偏读严重限制了法治的生命力。法治的西方主义忽略了法治的社会品性，忽略了法治在不同文化土壤和社会历史条件下的特殊进程。法治的政治性释义强调法治的意识形态规约，忽略法治的规律性、公理性。对法治的望文生义直接取消了法治的价值。在中国，对法治的政治性释义与望文生义暗中配合，法治世界观的普及缺少有力的推动者。

值得庆幸的是，法治已经成为治国方略，建设社会主义法治国家成为愿景。汉语思想能够克服法治的旧的意识形态羁绊，将法治作为公理性知识纳入思想体系，体现了当代文化的包容力和直面真理的勇气。但法治毕竟不只是法律系统的运动，法律背后的控制权力、保障权利学说是法治的核心要义和基本精神。剔除法律背后的控制权力、保障权利的教义，对法律作用的强调与对法律作用的否定一样，法律立刻回到传统儒家、法家论述的窠臼，丧失其解放的意义。

中国当代文化对法治的吸纳对当代文化本身将产生巨大的影响。这种影响体现在：第一，法治的思想和学说将改造权力本位的文化。法治从权力的来源、特性、运行规律各方面揭开了权力的神秘面纱，权力进入人们的理性审视中。国家理论、政府理论在法治的烛照下重新改写。对公权力顶礼膜拜的时代一去不复返。传统的魅力型统治、历史型统治让位于法理型统治。第二，法治的思想和学说将造就主体公民，臣民文化和依附性人格不再有市场。大量的法律“刁民”将促进政府的转型。与主体公民相适应的是权利本位文化的兴起。第三，最高权威让位给法和法律，将迎来精神秩序的变革。法和法律的权威源于民主与协商，平等、公平、正义进入全社会的价值系统。综合以上，理性精神将成为当代文化最主要的特色。由此，法治思想的传播与普及以输血的方式为当代文化的转型注入活力。伴随着改革开放而来的物质繁荣，权力腐败愈演愈烈，对执政党的执政能力构成严重挑战。以法治的原理来进行制度设计是遏制腐败的有效方法。中国当代文化能否将法治纳入核心思想体系，并使其深入人心，将决定当代文化的基本走向。很显然，法治思想将为这种转向奠定坚实的法理基础。

（夏雨，法学博士，副教授，主要研究方向为法制新闻传播。）

罗文达的近代中国新闻事业研究

刘兰珍

摘　要：德国犹太裔汉学家罗文达(Rudolf Löwenthal)的中国研究，涉及范围相当广泛，除了中国犹太人的历史与生存现状、中国的版权法以及亚洲俄国关系之外，中国新闻事业也是他研究的重点。在从事新闻教育之外，他以传播学的研究方法，对20世纪30年代中国新闻业发展的现状进行调查，以具体数据分析中国大众传播媒介发展状况、中国报业发展的现实障碍等。而罗文达对中国新闻学最为重要的贡献，是他系统研究了各大宗教在中国的报刊出版情况，数据翔实、资料丰富，在西方产生了较大影响，对今天的新闻史研究仍具有参考价值。遗憾的是，罗文达对于中国新闻传播事业发展的研究，并未得到新闻史研究者足够的重视。

关键词：罗文达；新闻教育；中国新闻传播业调查研究

罗文达，原名鲁道夫·洛文塔尔(Rudolf Löwenthal)，德国犹太学者，是20世纪30至40年代在中国从事新闻教育与研究的汉学家之一。在其十数年的中国生活中，他除了研究中国犹太人的历史与现状、中国的版权法以及亚洲与俄国的关系外，还对他所处的20世纪30年代中国新闻传播业的现状进行了广泛调查，并系统研究了中国宗教报刊。他将传播观引入新闻学的研究，扩展了中国新闻学的研究范围，并为中国的新闻传播学研究培养了人才。

但罗文达的早期中国新闻事业调查及其研究成果，并未得到国内学术界的足够重视，这不能不说是当代中国新闻史研究中的一个缺憾。

一、罗文达其人及在中国的学术活动

关于罗文达，肖东发主编的《新闻学在北大》记载如下：罗文达(Rudolf Löwenthal)，德国学者，柏林大学哲学博士，研究新闻业史，希特勒排犹时来华。1934年春到燕京大学新闻系兼任教师，讲授世界新闻史，研究北平出版的中外文报刊和中国的版权等，同时指导学生毕业论文。①

书中对罗文达在燕京大学新闻系的教学工作还有这样的介绍：在沦陷后的孤岛，新闻系教师队伍零落星散，专任教师除新闻系主任刘豁轩，只有助教张景明担任主课。负责中、英文写作与编辑和毕业论文指导的也只有孙瑞芹和罗文达两位兼任讲师。当时罗文达担任的课程是《世界报学史》。②

不过，书中将罗文达归类为“外国报纸、通讯社驻华记者”一类，似与事实有出入。在其好友洪业③的回忆里，罗文达家里相当有钱，能讲流利的德、法、英、俄语。希特勒上台后，他看情形不对，便离开德国买了船票来到中国，因为听说中国开封几百年来有犹太人住在那儿，不受歧视。后经人介绍，罗文达到燕京大学来找洪业，请他帮助找份工作。洪业与他谈得很投机，就介绍他到法学院教经济学。可是学生对他不满，说他太严格，而且谈到革命就没有耐心。洪业想到他既懂得那么

---

① 肖东发主编：《新闻学在北大》，北京大学出版社2006年版，第65页。

② 肖东发主编：《新闻学在北大》，北京大学出版社2006年版，第71～72页。

③ 洪业(1893—1980)，号煨莲，福建闽侯人，当代杰出的史学家、教育家。时任燕京大学教务处长。——作者注

多语言，就安插他在图书馆外语采购组，结果他用犹太人的精明，为京燕大学从国外搞到不少免费的图书，还有些书报他与别的大学出版社交换，又省了钱。罗文达决心做中国人，洪业便担保他入中国国籍。①

在北京的时候，他除了从事新闻教学，还与在北京的德国汉学家联络，为他们提供俄国的学术翻译资料。②

到底罗文达是燕京大学新闻系专职教授还是兼职讲师，众说纷纭。《燕京新闻》是燕京大学新闻系为教学实践而于 1934 年 9 月创刊的一份出版物，其第 7 卷第 17 期曾刊登的一篇关于罗文达的简讯，曰：本校新闻系讲师罗文达先生之父及妹，最近由德国来华。据闻其妹现寓英文系主任谢迪克先生宅，其父则在北平云。美国的汉学家柯马丁文中也提到："罗文达……1934 年到 1947 年成为燕京大学新闻学讲师，主讲比较新闻学。"

燕京大学的校内刊物《燕大周刊》上曾经刊登了一篇署名"杰"的文章《记罗文达博士》，文中除了对罗文达幽默搞笑的举止形象进行描述之外，还为我们提供了一个信息，即罗文达当时任"新闻系比较新闻学教授"。

《美国的中国学家》的相关词条则显示：Loewenthal，Dr. Rudolf，洛温索尔博士，1934—1947 年燕京大学教授。专长：中俄关系；亚洲与俄国的发展；中国宗教刊物出版情况。③

从洪业等权威人士的回忆以及肖东发的研究看，他应该是兼职讲师，主要讲授"比较新闻学"和"世界报学史"这两门新闻学的基础课程。刘方仪在研究燕京大学新闻学教育时提到"这些课程中，学生们比较偏

---

① ［美］陈毓贤著：《洪业传》，侯仁之等译，北京大学出版社 1996 年版，第 146 页。

② ［美］柯马丁：《德国汉学家在 1933—1945 年的迁移》，《世界汉学》2005 年第 3 期。

③ 中国社科院哲学社会科学部情报研究所：《美国的中国学家》，内部资料 1977 年版，第 175 页。

好的包括：……罗文达(Mr. Lawenthal)的比较新闻学”。①

从以上资料中可以看出，罗文达对于中国早期的新闻教育是有贡献的。

1947年，罗文达移居美国，并于1957年入籍，1996年去世。关于他在中国期间的研究活动，柯马丁总结说，他“撰写了一些关于中国出版发展的著作，特别是关于宗教(天主教、伊斯兰教、佛教、犹太教的)期刊，并发表了关于中国犹太人的丰硕著作。

二、罗文达的中国新闻传播研究

在中国的十多年时间里，罗文达对中国新闻事业进行了大量的研究。概括起来，其中国新闻事业研究主要有以下几个方面：

(一)对中国区域报业现状的调查研究

这方面的研究以《天津报纸：一项技术调查》等为代表。

《天津报纸：技术调查》(The Tientsin Press：a Technical Survey)完成于1935年，发表于1936年元月号的《中国社会与政治科学评论》(The Chinese Social and Political Science Review)，是罗文达对中国新闻事业进行的早期调查。罗文达的研究以天津的报纸作为对象，调查报纸的数量、出版年数、发行量、版面、新闻纸的需求量以及订阅比例等。作为一个严谨的西方研究者，罗文达以日报作为其调查对象，因为罗文达认为统计学在中国尚处于起步阶段，可靠的数据收集极为困难，因此他将调查目标限定在具体的技术和经济问题上。

---

① 刘方仪：《中国化新闻教育的滥觞——从20世纪20年代燕大新闻系谈起》，《北京社会科学》2004年第2期。

罗文达根据天津报纸(专指日报)的总发行量和报纸版面的大小计算新闻纸的需要量，统计出天津的日报每年新闻纸的实际总需求量，报纸的新闻纸需求量占整个出版业的比例，以及河北省的年新闻纸需求量与全国需求量的比例。

罗文达提出，由于中国尚不能自己生产价格如此低廉的机器生产纸张来与其他国家竞争，这个统计数据就意味着中国每年要从日本和加拿大进口全部的纸张，而花费了大量外汇购进的新闻纸，用于印刷小报，且订阅率如此低，是颇令人惋惜的浪费。

此外，罗文达还调查了中国报纸的零售价和订阅价格，认为中国的报价之所以比西方国家便宜，主要归因于其版面小和廉价的人工。罗文达比较了中国报纸的售价、定价以及销售商和报贩利润等方面与西方国家的差异，指出，从经济方面看，中国的报纸主要存在三个明显的不足：发行量小，版面小，收入低。

通过调查，罗文达发现在天津登记注册的新闻通讯社有 16 家，对于一个只有 80 家报社的省份而言，这是莫大的浪费。一些小报甚至没有能力购买通讯社的新闻，它们干脆直接从大报上剪接过来。在质量方面，大量的报纸接受津贴。不接受津贴的报纸水准更高，且发展基础更好。

对天津报纸的调查表明中国报纸正处在转型时期，而邮政系统对报业发展起着推动作用。

(二)对中国公共传播业的调查研究

罗文达研究中国新闻传播事业的重要论文《1937 年 7 月之前的中国公共传播》(Public Communications in China Before July 1937)，发表于《中国社会与政治科学评论》1938—1939 年第 42 期(Chinese Social & Political Science Review，42 1938-1939)。该文以极其翔实的数据，具体分析了中国在 1973 年抗日战争爆发之前大众传播媒介发展的现状，包括书籍出版、定期出版物——期刊与报纸、广播、电影、电讯事业的发展，分布状况、产值等，其研究的目的是要根据中国公共传播的现实情形来分析在 1937 年 7 月之前中国公共传播的质量与发展潜能。这是目前所能看到的关于当时中国大众传播事业最为全面和翔实的一篇论文，对于中国新闻传播事业史研究依然具有参考价值。值得注意的是，自 20 世纪 20 年代“传播”（Communication）一词引入中国，这是第一次有研究者将传播观引入到中国新闻事业的调查研究中。

文章指出，公共传播主要是通过出版物、电影和电讯三个渠道来实现。由于这些事物在中国尚属新生事物，且覆盖的区域很小，因此其发展态势比起西方更容易跟踪。

罗文达对 1928 年至 1936 年的图书出版市场包括图书的种类、卷本数以及价值等进行统计，发现在所有出版物中，科学和技术类仅占 9.4%，相反，通俗读物和社会科学出版物占 65.5%。他认为，像中国这样的国家，正处于经济和社会建设之中，亟需大量的技术著作。上海、南京、北平等六大城市在图书传播中占有绝对优势地位。罗文达通过调查还统计到当时的中国已有 4000～5000 个图书馆，也是广大读者接触到图书的有效途径。

罗文达调查了全国 22 个主要省份从 1934 年至 1936 年报纸和杂志的数量变化，认为杂志在中国的政治和社会影响远远超过了书籍。拥有报纸数量最多的依然是江苏和河北，而占人口仅 2% 的五大城市上海、南京等拥有三分之二的报刊发行量。同样，罗文达在这篇文章中对中国的新闻纸需要量进行了统计，发现上海、天津和广州的新闻纸进口量占全国的 90%。

比较有趣的是，罗文达还研究了中国戏剧传播的情况。他发现中国的戏剧舞台上，对西方戏剧的翻译或者根据西方戏剧改编的戏剧占了越来越大的比重，而且戏剧创作往往和大众教育运动相结合，致力于向农民进行文明和卫生传播。唯一利用戏剧进行宣传以从政治上影响民众的是中国共产党人控制的地区。

中国的电影传播与报业的情况类似，电影院主要集中在九大城市。电影的生产投入逐年大幅度增加。罗文达还调查了中国从西方进口电影音响设备、进口胶片、影片的情况，并以图表的形式详细统计了中国从1932年至1936年中外电影的放映情况，其中外国电影放映量要远远高于国产影片，美国电影对中国观众的影响甚大。

在电讯传播方面，罗文达认为，在中国公共传播中发展最快的应属电话和电报事业。他对1936年之前中国电话局、电话线的总长度和用户数，电缆和电报线路以及电报公司、主要海外电缆线路，无线电报、无线电话和无线广播等无线传播方面都进行详细的数据统计。他指出，电讯传播的出现适应了中国经济发展的需求，而且与国际接轨。但是电讯传播的地域差异也十分明显，一方面是工业和商业中心电讯的成功发展，另一方面是广大的农村和郊区与此形成鲜明对照。

这些调查研究为我们全方位展现了当时中国公共传播事业发展的轨迹和现状，通过这些调查，罗文达得出结论：中国的电讯传播卓有成效，但报刊、电影和戏剧传播却是不充分的，这种状况归因于购买力的不足以及教育的不足。1937年的中国正在发生着根本的改变，这种变化对这个民族的影响达到了史无前例的程度。对其政府而言，与农村民众建立持久的联系并将其纳入到公共传播的体系中来，都将是极其必要的。

(三)对中国新闻事业发展阻力的调查研究

罗文达与其燕京大学新闻系同事聂士芬合撰的论文《中国新闻事业的责任要素》(Responsible Factors in Chinese Journalism)，发表于1937年的《中国社会与政治科学评论》第20卷(The Chinese Social and Political Science Review, Vol. 20)，该文翻译后以《中国报业前进的阻力》的标题刊登在《报人世界》第6期。译者在文前加有如下说明：“此文作者聂士芬(Vernon Nash)、罗文达(Rudolf Loewenthal)两君，一为美人，一为德人，皆执教于燕大新闻学系，二氏研究中国新闻事业有年，此文对中国报业不进步的原因，观察极为透彻，爰为述译，以资参考。”这篇论文主要探讨了20世纪30年代中国报刊发展的举步维艰的现状及其原因。

聂士芬与罗文达研究认为，中国报业落后的原因有四：交通不便利，国内文盲太多，检查制度不统一，人民贫穷订阅不起报纸。而人民贫穷订不起报纸与报纸的发展关系最为密切，因为固定订户太少，仅靠广告收入，报纸的经济独立则难以实现。

罗文达之所以研究中国新闻界社会责任意识的问题，应该和他所意识到的中西方新闻道德的差异，以及他对中国新闻事业所应承担的责任有关。林语堂认为，中国新闻与西方新闻的不同还在于新闻道德方面。中国的新闻道德水平非常低。“面子”因素在中国的各行各业都十分重要，新闻界也不例外。……审查的罪恶比实际上的增或删还要隐蔽。原因有二：第一，中国的审查是偶发的，不一致的。审查官心中无数，毫无准则可依。……编辑们也没有准则可依。他们不知道什么可以获得官方的批准，什么不可以获得批准。因此，审查的间接影响大于它的直接影响。作者和编辑常常不敢批评政府。①

为此，聂士芬和罗文达探讨了中国的新闻学教育和新闻事业的责任问题。他们认为，为了使新闻事业的发展更适应中国当代的特点，有必要从整个领域来调查研究新闻。这一研究将有助于取代外国的文献材料和教材翻译，最终为新闻业和相关领域服务。但研究中国新闻事业的一个突出问题，是必要的数据难以收集。虽然这样的事实在所有国家或多或少都存在，但在中国尤为突出。如果不解决这些问题，新闻事业在中国将无法得到真正的发展。

罗文达的这些研究对于同时代的中国研究者如马星野、胡道静等产生了影响，开启了后来者对中国新闻事业发展现状的进一步调查，并成

---

① 林语堂：《中国新闻舆论史》，王海等译，中国人民大学出版社2008年版，第134~135页。

为许多国人研究中国新闻传播现实的依据。马星野《中国报业前途之障碍》提到："据德人罗文达博士的统计，中国每天出版的报纸，总数约一百五十万份到两百万份，依照全国人口总数四万五千万计算，每个中国人一年只得到两份报纸。在西方各国，每人每年有八十份报纸，是很普遍的现象。美国……平均每四人得报一份，返观吾国，据罗文达博士估计，约每八百人始得报一份……"①

胡道静在《普建地方报要求之再喊出》中也提到，燕京大学新闻系罗文达教授说："中国的报纸，大多数销行于沿海的大都市中，约占三分之二的中国报纸，销行于上海、南京、广州、北平、天津五城，其他之人口占全部百分之二；于是百分之九十八的绝大多数，只受用三分之一的全国报纸销行额，而且那些报纸还不是全部销行于乡村！"②

（四）对中国宗教报刊的全面调查和研究

《中国宗教报刊》(The religious periodical press in China)是其最为重要的一部论著。该书1940年由中国宗教委员会(The Synodal Commission in China)出版，这是一本论文集，收录了罗文达自1936年以来所发表的研究在中国出版的各种宗教报刊的论文，其中部分研究为他所指导的毕业生所完成。

中文书名《中国的宗教期刊》则由罗文达的好友、时任燕京大学教务长的著名汉学家洪业题。在前言中，罗文达介绍说这本专著写作过程中最大的困难是将分散的文献和宗教机构的信息收集起来，出版该书的目的是对中国的宗教宣传的渠道、定期报刊进行系统分析。这个分析结果尽管依赖于有限的资料，但覆盖的地域及其广泛，涵盖了中国不同种族和民族的核心宗教信念，宗教宣传媒介等关键内容。

---

① 马星野：《中国报业前途之障碍》，《申报周刊》1936年第49期。

② 胡道静：《普建地方报要求之再喊出》，《战时记者》1939年第8期。

这本文集对宗教传播的重要渠道进行了分析，对于中国新闻事业和公共事务的作用，已经超出了宗教的范畴，对于现代宗教工作者、社会学家、新闻工作者、宣传家和历史学家，以及其他对中国感兴趣的人都大有助益。

在这本著作中，罗文达和他的学生以及助手调查了在中国出版的世界主要宗教——西方天主教、新教在中国的报刊出版，中国的三大传统宗教的报刊包括佛教、道教和儒教，另外就是少数教派如伊斯兰教、犹太教和俄罗斯东正教报刊的出版情况，包括各宗教报刊的整体发展历史、创刊年代、分布地域、发行数量、刊期、语种等。数据十分翔实，包括 7 幅地图与 16 张图表。

该书的第三章《中国的新教报刊》是罗文达指导的学生古廷昌撰写，原为其 1936 年的学士论文所准备的，是作为其他宗教类报刊研究专题的补充研究。古廷昌在前言中说，这项研究是在罗文达博士的建议和指导下进行的，罗文达博士在后期对作者进行敦促和鼓励。① 作者说这项工作是运用问卷调查的方法，在 1935 年 12 月开始在近郊机构中进行，并于几个月后继续进行并完成。而《中国的三个主要宗教的报刊》一部分是与其学生梁允彝和图书馆助理馆员陈鸿舜一起合作完成的。

从这里，可以看出罗文达在指导学生的过程中，已经尝试性地将西方传播学的调查研究方法运用到对中国新闻传播业现状的调查之中，这可以说是他对中国新闻学研究方法的一个丰富。

罗文达在研究中遇到的最大困难是寻找相关出版物，而他自己在上海和天津停留时就已经留意和收集相关数据，并且和各方都保持着密切的合作关系。且他突出的语言天赋也为他的研究提供了便利，使得他的研究视野更为开阔。

这本书的结构是典型的西方思维和研究模式：首先使用丰富的各种

---

① Rudolf Loewenthal. *The Religious Periodical Press In China*, Synodal Commission in China, 1940 , 73.

语文的参考文献，介绍某种宗教报刊在中国的发展历史与传播概括，然后是分时期、阶段的统计调查，详细的图表和数据，从各个角度解析宗教报刊的发展轨迹。如在《中国的天主教报刊》中，以1917年和1939年作为两个时间的分水岭，从出版年代、刊期、语种、出版地诸方面，比较从1872年至1939年间，中国的天主教报刊的数量、发行量、特点、版面和订阅率、地域分布等，并对中国的主要省份和境外的天主教报刊的情况有详细的调查数据，以及报刊的主要出版者——天主教的各教派机构及其出版情况的调查统计。最后，通过调查所获得的具体的数据，得出他的研究结论。

罗文达认为他对中国宗教报刊的调查是一项详细的研究，一项在现有条件下令人满意的全面的分析。而这些研究的目的是为了三个必须要回答的问题：

对于资助报刊出版的宗教机构而言，这些报刊的意义何在?

对于其目标读者而言，这些报刊的意义何在?

对于这个国家而言，这些报刊的意义何在，即它为这个国家提供着什么样的服务?①

他认为，对于宗教机构而言，数百种以各种语言出版的刊物是一个更加有效的传播渠道，无论是为了与其所在国的教会保持密切联系，或者为其在欧美的教会做宣传，或者为了向基金会募捐，等等。而一些高水准的科学出版物，主要是为了向西方传播更为详尽准确的中国知识。

关于宗教报刊对于读者的意义，通过对宗教刊物在全国各省份和主要城市的分布情况和发行量的调查，罗文达发现，尽管在中国各地传播的宗教期刊被视为一种令人注目的成就，但不应忽视的是，它们中的大部分发现范围小、读者面窄、刊期长，与读者的联系松散，因此很难对读者起到强有力的作用。

---

① Rudolf Loewenthal. *The Religious Periodical Press In China*, Synodal Commission in China, 1940, 279.

关于宗教刊物对于中国的意义，罗文达认为，尽管中文的宗教报刊分布区域极其广泛，却只传播到很小的一部分民众中。其中很大的原因在于中国普遍的现实情形中的几个因素，其中首位的就是文盲率，第二是传播(通讯)的落后，第三是与西方国家相比而言大众的购买能力低。而中文的宗教报刊的历史贡献是它们向中国介绍了现代报刊以及西方的印刷技术，有利于识字率的提高。

另一方面，罗文达发现中国宗教报刊的内容和管理的缺陷：许多宗教报刊的内容主要以抽象的神学问题为主，艰涩难懂，远离日常生活以及读者的需求；第二是宗教报刊之间缺乏必要的协调。罗文达认为，每个宗教的中心机构应该重视其内容的宣传，可增加一些非宗教性的新闻和有用的信息来吸引教内外人士，因为中国的民众需要这些信息，便于读者对急速变化的形势进行判断，并开阔其思想，且也能刺激民众中的文盲群体。

当然，罗文达也看到，中国的报刊不会全盘走西方的路线，毕竟教育、传播和经济等现实与西方不同。首先，中国的报刊不会像欧美那样利用广告，中国的报刊在这方面的收入相对而言是不令人满意的。再加上中国有限的通讯设备，这一切都极易导致政府对报刊各种方式的津贴。

(五)其他的专题研究

这主要有对研究中国新闻事业的西文文献的整理，对境外中文报刊的出版发行和影响的研究如《澳大利亚洲的中国报纸》①，以及对中国境内的某些语种报刊的现状的研究如《中国的俄国日报》(The Russian Daily Press In China)(发表于《中国社会和政治科学评论》1937—1938卷)。

---

① 译文中提到原文发表于 People's Tribune，译文发表于《报人世界》第7期，由于未找到原文出处，因此发表的时间不详——作者注。

对中国新闻事业研究相关文献和参考书目的搜集整理如“Western Literature on Chinese Journalism：a Bibliography”，该文刊载于南开《社会经济季刊》(Nankai Social and Economic Quarterly)1937 年第 9 卷第 4 号，中文题目为《关于中国报学之西文文字索引》，后由天津南开经济研究所刊印。这部目录索引收录了 681 种研究中国新闻事业的外文文献，包括英、法、俄、德、西班牙、意大利文著述，是难得一见的相关西文文献汇集。

在抗日战争爆发前，罗文达的主要论文常发表在燕京大学新闻系编撰的新闻学刊《报人世界》(1935—1937 年)上。“在北平沦陷时期，新闻系师生到校外进行更多的实践已不可能，这在客观上就促进师生的课业及学术研究活动，转移到专题研究和史料整理上来。当时报学方面的著述或译述专题大体有：……罗文达：《中国宗教期刊史》英文。《中国版权法》英文。而罗文达所写的《中国宗教期刊史》(The Religious Periodicals in China)一书，当时在燕大出版，其中有一大部分已由李寿朋译成中文，后因 1941 年太平洋战争爆发，燕大被封，这项工作只好中断。”①

三、罗文达研究的主要特点及其贡献

罗文达的中国新闻传播事业研究，主要在燕京大学工作期间进行，其中有些是与他的同事、来自美国的新闻学教授聂士芬(Vernon Nash)一起完成的。

罗文达的中国新闻传播业研究，涉及范围广泛，与其同事白瑞华(R. S. Britton)影响甚大的《中国报纸 1800—1912》这样关于中国近代新

① 肖东发主编：《新闻学在北大》，北京大学出版社 2006 年版，第 72～73 页。

闻事业发展概览式、描述性的研究，以及他的后辈同乡鲁道夫·瓦格纳(Rudolf Wagner)的《进入全球想象图景：上海的〈点石斋画报〉》那样将中国的新闻事业发展置于全球化背景下的深入研究相比，罗文达的中国新闻传播事业研究，主要是专题性的实际调查，以对中国新闻业的经济和技术调查为主，以丰富而确凿的第一手数据分析见长。而这种研究方式也使其研究结论体现出一种以数据说话的客观性。

作为一个西方学者，罗文达研究中国新闻传播事业发展历史与现状的一个主要特点，就是讲求实证，他深入中国新闻传播的实际，深入档案和原始资料，以及中外文著述，并以西方的研究方法，与传媒机构合作，开展对中国新闻传播业发展、分布、特点、读者群等问题的系列调查研究，获取了丰富翔实的数据资料。而第一手的数据资料，即使他的研究真实可信，富有说服力，也为今天我们研究近代中国新闻传播业的发展历程留下了宝贵的资料参考。

罗文达在中国新闻学史上的贡献，也是他学术研究的最大成就，是广泛深入地研究了中国宗教报刊传播与发展的《中国宗教报刊》，可以说，这是迄今为止西方学者研究中国宗教报刊最为全面和深入的一本学术著作。

其次是他将传播观引入新闻研究，他的《1937 年 7 月前的中国公共传播》等中国新闻传播业的调查扩展了中国新闻学的研究范围。

罗文达将传播学的研究方法应用到对中国新闻传播事业的研究中来，为中国的新闻学研究培养了人才。燕京大学新闻系学生古廷昌、梁允彝在他的指导下完成对中国宗教报刊的调查并完成毕业论文写作。① 燕京大学图书馆助理馆员陈鸿舜在他的指导下完成关于中国道教报刊研究的学位论文②，且为罗文达《关于中国报学之西文文字索引》一书进

① Rudolf Loewenthal. *The Religious Periodical Press In China*, Synodal Commission in China, 1940, 133.

② Rudolf Loewenthal. *The Religious Periodical Press In China*, Synodal Commission in China, 1940, 165.

行大量文献检索。①

罗文达的一些研究成果在当时已经引起了重视并成为重要参考文献。林语堂出版于1936年的《中国新闻舆论史》就已经注意到了罗文达的研究结果。刘家林指出：该书在充分利用戈公振《中国报学史》和罗文达、白瑞华等人研究成果的基础上，建立了最早的舆论史学研究专著的框架结构和理论体系。②

后来的许多学者在研究中国新闻历史的时候，也有提到罗文达的研究结论和数据，如方汉奇主编的《中国新闻事业史编年》(中册)就提及到罗文达的《关于中国报学之西文文字索引》和《中国宗教报刊》。但遗憾的是，这本有着丰富调查数据和翔实史料的专著，在当代并未引起足够重视，在文献搜索过程中，只发现极少数引用该书的数据的，如何立凯的《基督教在华出版事业(1912—1949)》。

最后需要指出的是，由于研究罗文达的资料非常之少，且年代较为久远，其研究中国新闻传播业的一些著述只能找到篇目，比如《新闻学在北大》一书中所提到的《北平报纸之研究》③；林语堂在《中国新闻舆论史》中所提到的"北平燕京大学新闻学教授鲁道夫·洛文塔尔……《中国新闻之现状》"④，此外还有出版于1938年的"Printing Paper：its Supply and Demand in China"，"The Present Status of the Film in China"，等等。未能找到这些重要的文献，对于我们研究罗文达的新闻思想，是一种遗憾，但从本文所分析的罗文达的论著中，已足以看出罗文达对中国新闻学教育、对中国新闻传播业研究的贡献。

此外，本文所研究的罗文达的著述中，有一小部分只找到当时刊登

---

① Rudolf Loewenthal. *Western Literature on Chinese Journalism：a Bibliography*, *Acknowledgement*, *Nankai Institute of Economics*, *Tientsin*, 1937.

② 林语堂：《中国新闻舆论史》，王海等译，中国人民大学出版社2008年版，第7页。

③ 肖东发主编：《新闻学在北大》，北京大学出版社2006年版，第60页。

④ 林语堂：《中国新闻舆论史》，王海等译，中国人民大学出版社2008年版，第122页。

的中文译文，未能找到其原文，如《澳大利亚洲的中文报纸》《中国版权法》等，因此也无法确定其刊发的具体时间以及刊物，对其内容的研究因此也主要依赖中文译文。以上两点，希冀不会影响本文写作的严谨性。

（原刊于《新闻与传播评论》2012 年第 3 期）

（刘兰珍，传播学博士，副教授，主要研究方向为新闻传播史、跨文化传播。）

德国汉学家卜松山的“跨文化视阈”

张　伟

卜松山(Karl-Heinz Pohl)教授，德国知名汉学家、特里尔大学汉学系主任；2002年起任特里尔Académie du Midi哲学研究院主席；同时兼任特里尔大学东亚研究中心教授与特里尔欧亚协会主席。卜先生研究领阈涉及中国思想史、伦理学与中国近现代美学以及中西跨文化交际与对话等。著有《发现中国：传统与现代》《中国美学与文学理论》《全球化语境里的中国思想》《与中国作跨文化对话》《儒家精神与世界伦理》等学术专著专论；德文译著有《美的历程》(李泽厚)、《陶渊明全集》等；近年多次应邀赴中国讲学，为清华大学、复旦大学、武汉大学、中南财经政法大学客座教授。

2010年，卜松山教授两本德文专著的中文译本陆续问世。其一是《中国美学与文学理论》，为德国另一知名汉学家顾彬主编的汉学丛书系列之一，已交由上海华东师范大学出版社付梓；其二是由本人翻译的这本《发现中国：传统与现代》(China für Anfänger：Eine faszinierende Welt entdecken)；后者原是卜先生为德语区读者撰写的一本中国文化导入读本，中文读者初读起来可能感觉浅显，但由一位对中国颇有好感的欧洲人士来书写中国，且其文笔简练而寓意隽永，由表及里而深入浅出，古老的东方智慧如茗茶清香般间或溢出，颇有举重若轻之感，细细品味别有一番情趣。而该书在德文图书市场受到读者异乎寻常的关注，作者收到大量反馈，因而一再增订出版。

跨文化对话(interkultureller Dialog)已然成为当今全球化时代不可或缺的主题，亦为卜松山教授的研究重点之一。卜先生浸染汉学、文化、哲学界近四十年，在书中诠释中国问题的“跨文化视阈”(interkultureller Horizont)自然就独到——身处西方而凝眸东亚，经由传统而剖析当今，出入哲学而品评生活。下列行文将从上述几个方面展开叙事，对卜松山先生的“跨文化视阈”进行简单梳理。

一、“他者”与“换位”

作为一位土生土长的西方人，却为自己取了个地道的中文名字“卜松山”，还颇有几分道儒意蕴，或许这本身就预示着跨文化“对话”的良好开端。卜先生身居德国西南边陲古城特里尔，胸中却有一番“天下”丘壑。仅有10万居民的古城特里尔与中国的渊源始于马克思。几个颇有意思的巧合是：卜松山/Karl-Heinz Pohl与马克思/Karl Marx拥有相同的德文名字“卡尔”/Karl①，两人出生地也相距不远，且均与当今中国关系密切，不过马克思以“主义”风行于神州，卜先生以“汉学”闻达于业界；在涉及中国现当代的部分，比如“中体西用”或“西体中用”②(儒家传统与“有中国特色的马克思主义”)也就成为一个重要课题。这样，来自同一地域的两位德国人，以同一“他者”(中国)为媒介展开时空对话。

卜先生的“跨文化视阈”，理应是在后现代全球化时代背景下横跨西东文化、经过长期观察与思考而渐次形成，并逐步奠定其作为一代汉学及跨文化学者治学所力求掌握的方法与气度：用法国著名学者于连(François Jullien)的话说是“换位思考”(Ortswechsel des Denkens)(第一

---

① 昌切：《文化间际对话》。转引自卜松山：《与中国作跨文化对话》，中华书局2000年版，第218页。

② 李泽厚：《我和八十年代》，《经济观察报》，2009年8月21日。

章：文化)，落实到中国道家先哲庄子那里就是摆脱“井蛙之见”的一种相对性。在其笔下，中西文化中的一些重要哲学命题与典故被信手拈来，用以对一些现代普遍性问题进行别开生面的诠释。一些重要跨文化学者(如费正清、杜维明等)的观点也在该书中得以再现。

站在跨文化“彼岸”，卜先生用相对客观而冷静的笔触(甚至偶尔也毫不掩饰对中国的好感)来叙述涉及中国文化传统与当今世界的一些重要关联，比如中西(主要是德国)媒体上有关“他者形象”(fremdbild)的构建倾向及其深层根源；在西东文化邂逅中由于民族性格及文化视阈差异所带来的理解或误解，“自我”与“他者”、“本体”与“客体”、“共识文化”(konsenskultur)与“斗争文化”(streitkultur)等“角度转换”的必要性，个人与社会、历史与现代之间的交错关联等，因此，具备一种“跨文化”的“移情能力”(einfühlungsvermögen)(J. W. Fulbright：empathy)不仅成为跨文化学者，也成为跨文化精英努力追寻的方向。

如果以“跨文化视阈”来解读，则中西(主要是中德)双方由于文化、历史、哲学宗教背景等差异导致了“他者形象”的错位。具体到德国的中国媒体形象，一部欧洲五百年来跌宕起伏的中国形象史，实质上就是一部中国形象被再三误读的历史。自马可波罗的“契丹之国”以降，到中世纪的“礼仪之争”、20 世纪初前后的“黄祸”(gelbe gefahr)以至近年的“黄色间谍”(gelbe spione)(德国发行量最大的《明镜周刊》在 2007 年 10 月曾以《黄色间谍》为题作封面报道，由于其涉嫌刊载严重辱华言论与图片，引起旅德中国学生学者集体抗议，并被起诉至法院①)，西方的中国形象几乎都是片面或失真的；在跨文化学者卜松山眼里，这是“基于一种肤浅的认知”，归根结底是自基督文明诞生以来逐渐占据上风的“欧洲中心主义”价值观与文化优越感，因此，现在到了结束“欧洲文化独角戏”而进行“跨文化对话”的时候；正是这种跨文化的“换位思

① 《明镜周刊》，2007 年 8 月 26 日，《德国之声》，2007 年 11 月 21 日，http：//www. dw-world. de/dw/article/0，2960277，00. html(2010 年 2 月 8 日).

考”，在一定程度与范围内对“中国形象”问题起到正名与厘清作用。

二、传统至现代

人类文明的几大发源地中，有哪一种文明能像中华文明一样如此源远流长且生生不息(第三章：历史)？在探究中国价值观与传统的章节中，卜松山先生由衷地发出上述感叹。中国传统价值观对现代中国甚或当今世界的影响，既是历史文化发展的必然结果，又有其哲学与伦理的内在逻辑关联。经由卜先生的“跨文化视阈”，中国传统穿越时空与现代展开了对话。

在经卜先生提炼的中国“主流传统”(第四章：价值系统：“大传统”)(如阴阳、五行思想、儒道佛)谱系里，尤以儒家与道家传统价值散发出持久魅力。其对中国政治、文化、社会及个人的决定性影响自始至终未曾削减(仅在五四运动与“文化大革命”时期受到干扰)，比如“内圣外王”的典范作用，“义优先于利”、“社会优先于个人”、“责任重于自由”等价值观，“天人合一”、“和谐社会”理念以及勤劳、节俭、忍耐等儒家派生道德等。老庄的“无为”、“自然”、“自由”与“相对性”、“看淡生死”等道家理念，与儒、禅学说一起融会贯通，相辅相成。卜先生视阈下的该传统揭示了两千年来中国思想文化源源不断地进行自我修复与更新、在王朝更替进程中扮演起关键性的文化传承角色，并对现代中国的人文精神向度与行为塑造产生了持久影响。此外，“平民传统”(如祖先崇拜与传统节庆等)对民众日常生活行为举止起到无意识的支配作用。

儒家价值在现代中国及当今世界的“普世性”意义，被卜先生赋予了一种重大的后现代性特征：后儒家价值之于后基督价值，比如“仁爱”之于“博爱”、“集体主义”之于“社群主义”(kommunitarismus)、“中庸之道”之于“共识模式”(konsens-modell)，以马克斯·韦伯的“目的理性"来看，儒家伦理可媲美其在《新教伦理与资本主义精神》中所述基督教的积极社会功能。儒家价值对现代世界的贡献，不仅有日本及亚洲四小龙的过去辉煌与中国当代的经济活力得以印证，更一度越过亚洲疆域而对逐渐式微(比如战后)的西方价值起到"镜鉴"甚至"拯救"作用。有了上述铺陈，儒家的复兴在这位德国汉学家眼里也就顺理成章了，因为"知古通今"，其也必将在未来中国与世界焕发新的活力。当然，在20世纪20年代与六七十年代的欧洲，"入世"的儒家曾一度被"出世"的道家所取代，特别是由于从美国传入欧洲的气功、道、禅的影响。在21世纪，儒家似乎在中国全面"复兴"，孔子有了完全"成圣"①的可能。中国传统能否为金融危机下的西方世界继续提供精神助力，则有待时间证明。

三、哲学之于生活

在某种程度上，该书呈现了一幅经卜先生剪辑过且轻松易读的中国哲学与生活镜像。德国人与中国人在哲学理性、日常生活及礼仪习俗规则方面尽管表现迥然不同，却也不无相通之处。"己所不欲，勿施于人"是中西双方均认可的处世"黄金定律"；康德"心中的道德定律"与儒家的"修身养性"及"内圣"似乎也能找到某种对接点；而"天人合一"、"和而不同"的中国思维具备走向世界的潜力，并逐渐获得更为广泛的响应；当然，"亦此亦彼"、"曲而不折"、"顺其自然"、"有用无用"、"物极必反"(第四章)等阴阳思想、道禅精髓道出中国人独有的辩证人生态度。中国古典文人的生活方式如李白的道骨仙风、陶潜的求田问舍也一度受到卜先生的推崇。

在日常行为举止方面，卜松山先生通过截取一些情趣盎然的生活片

① 舒泰峰等:《孔子归圣之路》,《瞭望东方周刊》2010年第4期。

段或场景(例如风格不同的中德饮食文化对照),对普通中国人礼仪习俗与日常举止行为(例如等级、客套、面子、关系文化)(第五章:社会与个人;第六章:行为举止)等方面进行"跨文化"品评并予以积极理解,当然也不忘提及其消极作用(如好面子与关系文化的负面影响);在论及《孙子兵法》在现代商战的运筹帷幄及对中德双方商务谈判技巧策略的描绘方面(第六章),有不少惟妙惟肖之处,同时也指出其在跨文化方面的"理解也是误解"①所在。可以说,经卜先生的这一跨文化"发现",一个迥异于西方、有着独特背景、寓于生活哲理的"他者"形象跃然纸上。

毋庸置疑,这本颇有韵味的跨文化读物不仅为德语区读者开启了一扇通向遥远东方古国的大门,也值得万千中文读者将其视作一册中国哲学传统浓缩本闲来品读。"他山之石,可以攻玉。"此书的中文版本,或许能为中国的海外汉学研究者或爱好者拓宽"另一视阈"与思考问题的方式提供些许借鉴,也或许能为在当今快速转型的社会背景下,普通中文读者对深受影响却疏于察觉的自身传统文化(尤其是哲学传统)进行梳理与佐证提供一种可能。毕竟传统哲学(及宗教文化)与每一位现代人的精神指向或多或少有关,也与作为个体的自我"修身"和教育息息相关。

四、翻译及其他

作为一位跨文化"对话"的推手,卜先生对中国存在的有些问题善意地提出忠告(比如传统的断裂、虚无民族主义危险、道德滑坡与信仰真空、腐败问题、环保问题、贫富差距、人口发展及关系文化的负面作用等),有些忠告是建设性的(作为"他者"的欧洲人能"看到我们所不

① 卜松山:《译不可译之文》,《世界哲学》2003 年第 2 期。

见”），有些我们已经有所认识但尚未深刻，因此仍有不少可供借鉴之处。

但辩证地看，从跨文化的视角来“坐而论道”，无论身处“此岸”或“彼岸”（第一章），无论自身想多么“超脱”，都难免会在一定程度上陷入卜先生所说的“区域主义局限”。这或许与学者自身的母语文化背景、跨文化经历及学术研究动因有关。正如东方知识分子难以完全走出“东方中心主义”窠臼一样，西方学者与精英也容易流入“西方中心主义”论调；何况现代“文明病”既滥觞于西方，也蔓延至社会巨变的中国，且不排除解构“他者”是以重构“自我”为目标，因而卜松山先生的跨文化“视阈”也同样会或多或少受到西方“视阈”的影响，甚至因其对中国的过度好感而导致产生另一种跨文化“误读”。但毋庸置疑的是，卜先生呼吁“告别西方文化的独白”，其出发点无疑是善意且具建设性的，对中国传统思想价值的理性发掘与“换位思考”，也同样值得年轻学者学习与传承。

站在跨文化的角度，其实“翻译本身并不可为”，因为翻译是一个层叠与丢失信息的过程，何况要经历从语言到文字、从德文到中文，部分篇章从古文到今文的多重译介过程，如乔治·斯坦纳（George Steiner）所言，“翻译包括两个层面：跨越时间的翻译与跨越空间的翻译”①；译者唯有尽量接近原著、客观呈现，但仍难免有时会步入庄子所说“得意忘言”的尴尬。译文中保留有西方学者原名并截取了部分重要的德文或英文语汇；为与篇章整体行文风格保持一致，译者对德文中所引用的古代典籍使用了通俗译法，同时附注了原始典籍来源②（用李泽厚的说

① 卜松山：《译不可译之文》，《世界哲学》2003年第2期。

② 古代典籍译注参考了下列专著：黄寿祺、张善文：《周易译注》，上海古籍出版社1989年版。粟劲主编：《白话四书五经》，长春出版社1992年版。张松如：《老子说解》，齐鲁书社1987年版。王世舜主编：《庄子译注》，山东教育出版社1983年版。汪榕培、任秀桦、秦旭卿、孙雍长：《庄子》，湖南人民出版社1996年版。杨伯峻：《孟子译注》，北京中华书局1960年版。孔子：《论语》，Arthur Waley译，外语教学与研究出版社1998年版。

法是“回到原典”），以便古文爱好者对照阅读。古文今译与校注也同样是一项细致繁琐却极为重要的工作。

（本文为《发现中国：传统与现代》一书的译者序言，略有删节。原文载于武汉大学《人文论丛》2010 年卷。）

（张伟，传播学博士，副教授，主要研究方向为新闻传播学、哈贝马斯公共领域。）

在"跨文化"视阈下读懂中国

——对话德国汉学家卜松山

张 伟

笔者近日与德国知名汉学家、特里尔大学汉学系主任卜松山(Karl-Heinz Pohl)教授就中西跨文化对话、西方的中国形象等焦点话题进行探讨。对话以德语为主，译成中文后稍有调整。

卜先生研究领域涉及中国思想史、伦理学与中国近现代美学以及中西跨文化交际与对话等。著有《全球化语境里的中国思想》《与中国作跨文化对话》《发现中国：传统与现代》(即将出中文版)、《中国美学与文学理论》《儒家精神与世界伦理》等学术专著专论；德文译著有《美的历程》(李泽厚)、《陶渊明全集》等；近年多次应邀赴中国讲学，为清华大学、武汉大学客座教授。

张伟：德国特里尔大学传媒学博士候选人；中文媒体撰稿人；曾任职国内媒体记者。

张伟(以下简称张)：我知道您最近有两本涉及中国的专著被译介到中国出版，一本是《中国美学与文学理论》，另一本是《发现中国：传统与现代》，尤其后者，是您最初为德国商界人士以及对中国感兴趣的人士所撰写，但您选择从文化、哲学、宗教传统的角度来解读中国，为什么选取这样一种角度?

卜松山(以下简称卜)：如果人们今天想真正理解中国，那么只关注当代中国是不够的。中国拥有悠久的文化历史，甚至还是世界上最绵延不断、源远流长的文化史。当代中国刚好过去60年，但其悠久的历史仍在影响着现代人的行为模式与价值观——尽管其理所当然也在现代化与西方化的进程中发生变化。同样，如果想正确理解欧洲，那么也不能只盯着当代欧洲(或战后时期)而忘掉打上了希腊罗马与启蒙时期思想印记、具有两千年历史的“基督化西方”。《论语》中有句名言：“温故而知新。”这也正好表明：新知与旧学之间存在着绝对的联系。(过去有助于理解现代。)最近在武汉举行了一场名为“德中同行”的德国展览，其间也有歌德学院推出的德国文化与日常生活展馆。观众在展馆入口可以看到：德国似乎只是一个“咖喱香肠之国”，却无法得知康德、黑格尔或者歌德。我认为，这对中国人了解德国来说并不是一种明智的方法，因为大多中国人，特别是受过良好教育的，首先联想到的是许多德国诗人、思想家或者音乐家，而不是“咖喱香肠”。尽管歌德学院认为这样的行为很“酷”，也比较放松与无拘无束，因而会留住不少拜访者，但我还是觉得这种做法欠妥。同样，德国人也不应简单下结论，中国只是一个“卡拉OK”的国家，而忘记其他(比如孔子等)。

张：您曾对中国的很多问题提出过自己的看法，但过去十年中国发生了很多变化，根据您的观察，您认为都有哪些重要变化？

卜：西方人可能还没有真正觉察到中国正在发生的最大变化是中国不再只是大众廉价商品的制造者(从旅游鞋到儿童玩具或移动电话)，而是在技术领域多有创新。为数众多的中国学生在国外(美国或欧洲)留学后，又回流中国；因为与陷于停滞的西方相比，中国目前拥有许多机会。期间中国高校在基础设施配置方面做得比德国还好。越来越多小型技术公司涌现在高校周围(比如在北京)，其创新能力令人叹服。就环境领域来说，尽管其在过去曾一度被忽视(欧洲在以前也同样如此)，但中国逐渐意识到，环境问题在目前急待解决，例如整个经济的增长几乎以环境污染为代价，因而相关政策已开始作出相应调整，在此期间，中国也为环境保护开展大量研究，并大力制造环保产品。尽管德国目前在环境技术领域处于优势地位，但我相信，最多十年时间，中国就会在此方面领先，因为中国在此方面的问题更迫在眉睫，因而必须尽快找到妥善的解决办法。

张：从20世纪初的"黄祸"，到21世纪初的"黄色间谍"(德国《明镜周刊》2007年)，西方媒体上的中国形象基本没有太大变化；最近三十年(改革开放)来，中国逐渐进入世界舞台的中心，但西方媒体上的中国形象总体上看仍比较单一，在一些重大事件的新闻报道上(如奥运会报道、海外火炬传递、西藏事件、新疆骚乱、法兰克福书展、Google中国事件、上海世界博览会等)总是片面或失真的。为什么会出现这种情况?

卜：这个问题比较复杂，不是一句话就能简单作出回答的。

首先应该注意，西方国家(也包括德国)高度重视新闻自由，在新闻报道中也习惯于严厉批评自己的国家与政府。这种观点也表现在对其他国家的报道上(可以想象，我们有多少关于美国前总统布什的负面新闻！如果他只想看到有关他的正面报道，那么他肯定每天都是铁青着脸。但我相信，布什肯定对此无所谓，因为他所关心的是美国的强权地位，在他看来，媒体可以随便描述世界，而美国只需按自己的利益行事。)媒体专业人士信奉的金科玉律是："坏消息才是好新闻。"从这点来看，关于中国的"负面"新闻对于媒体界来说就是好新闻。总体上，西方记者所热衷的话题是诸如人权、民主、新闻自由等。如果他们看到某个国家的真实现状与其固有观念并不相符(无论当地情况多么复杂)，那么他们的报道就是负面的。在德国，这当然也与过去的纳粹时期有关，这一特征也导致某些记者与政治家尤其在此类问题上表现出过多说教与历史使命感。关于中国，历史上的中国形象摇摆于正面与负面两个极端之间。现在则是两种形象交融混合：总体上看来以正面居多，但由于受自身政治利益驱使，有时也表现出较多的负面。

其次，也必须顾及报纸读者的预期。《南德意志报》或《明镜》周刊的读者总是喜欢读到有关中国的负面新闻，因为作为顾客他已为此买了单。这些报纸的中国新闻报道员也就服务于一个带有特定期许的市场；

但遗憾的是其报道时常有失公允。人们总是以自我为中心，因为他们看待世界事物的观点总是受到自身文化、政治倾向的影响。我经常引用一句犹太箴言：“我们看不到事物的本来面目，而只看到我们自身。”换句话说，德国媒体上的中国形象映射的是德国自己的政治倾向，其所说往往并非代表中国的真实情况。

再次，我认为另外一个观点也很重要，而这与西方的自我理解格格不入，实际上，这个观点是不能公然说出来的：西方(正好也包括德国)媒体几乎疯狂地追捧一些政治异见者，他们是媒体的宠儿；如果在西方获得一个异议人士的身份，则他们在当地会赢得极高关注度——也许几年之后他们就能获得很多资助。有些人因此使出浑身解数，拼命想得到这种标签，比如去年法兰克福书展邀请到从美国来的贝岭，实际上他绝非异议人士，却打扮成异议人士。另外一个例子，在西方有一定知名度的中国艺术家艾未未，其父亲被当作一位中国异议诗人(在我们这里可以随意读到其简历)。这实是滑稽之至：诗人艾青其实是一名忠诚的共产党士兵，只是在 1957 年的反右运动中像其他所有知识分子一样，被下放到边疆地区，在 1978 年获得平反后转变为一名文学领域的保守派(比如在对待当时新兴的“朦胧派”诗人北岛等人的态度上采取较强硬的立场)。中国的作家与艺术家们深知，如何才能在西方国家获得大笔资金：没有什么比其著作(或艺术作品)在中国被禁更好的了。而西方译者或赞助商也深谙此道，这使得(中国作家或艺术家)在西方的社会知名度随之有了保证，从此他们便走上了一条金光大道。

张：德国的中国形象或者中国的德国形象包括至少三个方面：官方形象、媒体形象与民间形象，这三者之间是否吻合(或者差距有多大)？西方与中国互相了解到底有多少？

卜：三者之间的关系当然非常紧密。民众心目中的中国形象往往受到媒体影响。政治家们总是根据政治需求来谈论政治(涉及中国话题也如此)，他们希望从媒体方面获得正面评价。比如，如果默克尔总理就中国之行接受德国电视台采访，她肯定要谈到人权问题，但这只是面向德国观众，而无关中国公众。民众也完全如此看待在媒体上关注的这些问题。但我认为，对中国的报道越来越多元化，而且越来越多人通过旅游来了解中国。这样媒体上与民众间的中国形象发生了变化。在此期间，人们感知到作为一个国家，中国史无前例地在短时间内就完成了规模宏伟的现代化。然而只要再过大约五年！如果届时中国没有发生戏剧性的糟糕事件（对此我既不希望也不相信），而且中国继续在国际政治上扮演负责任的角色，则中国形象肯定会更加正面。

张：跨文化交流已然成为当前的一个重点话题，去年的诺贝尔文学奖由德国穆勒女士（Herta Müller）获得，她本身也是一位具有跨文化背景的作家。您也专门研究过这一命题，在全球化的今天，如何理解跨文化？

卜：我想谈谈"大文化"，因为这对一位人文科学工作者来说当然最具吸引力；但我也对富有生活气息的日常文化感兴趣，这可以从人们的行为举止方面折射出来。因此我相信，日常文化同样打上"大文化"的烙印，尽管大多数人对其影响感受不再强烈。例如，尽管现在很多西方人根本不再进教堂，但其价值观仍深受基督时代影响。在中国，人们同样深受根深蒂固的儒家传统影响。在全球化的当今世界，人们的世界观与行为模式（借助于媒体，首先是电视）都顺其自然地接受文化与经济上多元的"西方"（美国），而西方化也就是美国化。但也同样存在——辩证地说——反全球化运动，即区域化。这意味着，人们也总是接受与其自身文化关系相符的事物。

张：为什么要进行跨文化对话？应遵循什么样的原则？其间最困难的事情是什么？中德双方目前都在哪些领域进行了对话？

卜：关于"跨文化对话"这一话题尚存许多争议，有些甚至是自命不凡却毫无实质内容的。因此，首先要问：应该在何处以及哪些人之间开展对话，如何对话才能成效显著？不过，人们在此不能狭隘地理解"对话"，而是应从更广义的角度，也即为理解而努力。它首先是不同的人际行为之间的对话，这就是说，我们周围需要"他者"，以使我们作为"自己"来体会世界。在这一点上，文化也同样如此，只有当人们在对照异域文化时，才能更好地体验自身文化。如果我开始学习一门外语，则首先要考虑到我的母语。从这点来看，跨文化对话应当是尽可能地去理解(对方)，其存在于一切因素中：个人之间，政治家之间，不同宗教信仰之间，媒体之间(比如脱口秀等)。这样的理解首先需要一种平等与接受对方观点的感受。中德之间几年前就已开始(前总理施罗德力主)举办"法制国家对话"，以期帮助中国建立起公民法体系，但必须注意，这样的"对话"不能演变为"独白"，也就是说，如果只是一方像老师一样讲，另一方像学生一样听是不行的。

张：既然在全球化语境下，东西文化对话已成为必然，那么亨廷顿(Samuel Huntington)所说的"文明的冲突"是否已过时？而所谓民主与专制、人权与自由、资本主义与封建主义等话语，实际上还是一种西方(欧美)中西主义的思维，我们在跨文化研究中如何避免出现某种极端(既要摆脱欧洲中心主义，也要防止出现东方中心主义)？

卜：其实我也没有找到令人信服的答案。毫无疑问，西方与伊斯兰世界之间"文明的冲突"是显而易见的。但我不相信，中国与西方世界之间也必然存在类似的"冲突"，在全球化世界，持续一体化联系会更加广阔。事实上，第一次"冲突"已发生过，也就是自 19 世纪鸦片战争时开始的，我认为这已经足够。实际上有个问题横亘其中："西方人"几乎像"野蛮人"一样制定着国际话语秩序，以此来鼓吹一种发端于欧洲的价值体系以及与其政治体系息息相关的普遍性终极目标。然而在后殖民时代，这一出于西方视角与西方至上的家长论调不再被轻易接受，因此，期间有关普遍主义与区域主义的讨论也异常活跃。人们不再谈论普遍性，而是关注差异化。这也意味着，谈论"普遍主义"总是出于政治利益(权力与影响)。

张：您作为研究中国文化的学者，也经常应邀到中国讲学、交流，您在中国的感受是什么？能否讲讲您这些年来的汉学学习与跨文化研究经历？

卜：我在中国感受最深的是，中国人接待“西方人”时的盛情与礼节——不过遗憾的是在西方并不同样如此。在汉堡与波恩学习期间，我结识了一批良师益友，他们几乎都颇具儒家修为，我对此记忆犹新（刘茂才、赵荣琅、关愚谦、乔伟等）。之后的 1975 年到 1976 年我去台湾学习，其后在加拿大的多伦多大学获得博士学位（关于郑板桥）。1982 年我回到德国，在沃尔茨堡大学与我的学生一起将陶渊明的诗歌翻译成德文并予以出版。其后我在图宾根大学任教授直至 1992 年。如今我已在特里尔大学呆了 18 年；由于我的出生地离特里尔仅有 60 公里，多年游学在外之后，我就在离故乡不远的地方扎下根来（我来自萨尔路易，那里为法国太阳王路易十四所建，也是卡尔马克思父亲的故乡）。

在特里尔大学，我与同事们一起加强与中国武汉大学的联系，最近也与厦门大学建立起学术交流关系。在过去 18 年里，一批著名的中国教授拜访了特里尔大学及其他德国高校。比如刘纲纪与郭其庸等。1997 年与 1998 年，本人先后两次主持了名为“中西跨文化对话”的重要国际会议，一批有影响的中国学者都积极与会（余英时、杜维明、刘述先、张隆溪、李慎之等）。会议成果已结集成英文出版。早在图宾根时，我也和我的学生一起将李泽厚《美的历程》一书翻译成德文出版，因此也和李泽厚多有交往，他曾为图宾根大学与特里尔大学的客座教授。最近几年，我写作出版了《中国美学与文学理论》，系顾彬（德国著名汉学家——作者注）主编出版的十卷本《中国文学史》之一。总体上讲，我在汉学方面的努力虽算不上成就惊人，学术研究活动也不能说影响深远，但也许为德国人更好地理解中国提供了些许帮助。

张：您是李泽厚先生《美的历程》一书的主要德文译者，李泽厚曾说，中国情况复杂，反对在中国现阶段搞西方的一人一票民主。对此您有何看法？

卜：我的直觉是，中国必须找到自己的道路，而无须靠西方发号施令。中国的问题具有完全不同于西方社会的本质。另外，中国所面临的这些问题，比如，巨大的人口基数，首先需要解决的是吃饭、居住与就业问题。

张：德国汉学以前的重点是传统中国，如今更多关注现当代中国，汉学研究在德国经历了什么样的发展变化？

卜：时至今日，德国汉学研究的范围非常广，包括古代与现代中国，其中对现代中国的研究越来越广泛，越来越重要。但是，人们不应忽视古代中国。中国拥有最源远流长、从未间断的文化史，是传统文化的巨大财富。而且，古代与现代之间存在何种联系，这是个有趣的问题。再者，无论如何，人们都必须做到了解过去。

张：您的中文名叫卜松山，有点儒道的意味，或者还有什么别的含义？中国的儒、道、佛家传统中哪一学派对您的影响最大？

卜：由于我长时期研究汉学，当然也就受到中国思想传统的影响。但我不能说，儒道佛三教中哪个更好。我的想法是，三教所蕴涵的智慧在生活实践中并不互相排斥，而是相互补充。比如在不同的生活阶段或时代，它们都有各自不同的贡献。中国古代的知识分子都毫无例外强调“三教合一”。笼统地讲，我认为“中庸之道”箴言对于现代人的生活实践还是很有意义且富有裨益(我也读到过，这种观念时下在中国被认为是非常“传统”与“守旧”的)。

我的名字(松山)是我从中国诗歌中挑选出来的。“松”是一种富有象征意义的树种(在危机时刻仍然坚定)，而“山”——比如在陶渊明的诗歌中——也象征着坚定甚至仁爱(出自《论语》：仁者乐山，智者乐水)。

张：您在德国、欧洲与中国多个地方作过《儒家精神与世界伦理》的报告，也发表过这方面的论文，您是在传播儒家思想吗？儒家的世界性体现在哪里？

卜：我并不是在“兜售”儒家学说，但在努力地去理解中国的思想背景过程中，我也学会了欣赏该学说(也包括道家与佛家)的价值。其中我尤其尽力去克服误解。儒家在西方曾被描绘为一种歧视妇女与等级森严的社会秩序学说(类似于伊斯兰教)。这样的视角当然是对儒家的莫大讽刺(话说回来，中世纪的西方社会何尝不是一种等级森严与歧视妇女的社会结构)。值得庆幸的是，期间也有像杜维明、余英时等人，其在西方着手探讨儒家的基本伦理并将其从社会价值的糟粕中剥离出来，同时发掘出儒家的精华部分，以此为个人伦理修身提供支撑，以期实现一个安宁、和谐社会的目标。这样的目标并非没有意义——尽管从现代西方社会的角度来看似乎有点幼稚。在美国甚至建立起一个被称为"波士顿儒家"的团体，他们尝试使西方世界也能明了儒家的积极内容。期间也有一种看法，认为社群主义与儒家之间存在某种相似性。我认为中国现在在全世界建造孔子学院(类似于德国的歌德学院、意大利的但丁学院及西班牙的塞万提斯学院)是有意义的。

张：中国近阶段的经济与政治发展从根本上开启了对儒家的重新评价，儒家、经济与政治三者之间构成什么样的关系？

卜：儒家、经济与政治三者之间的关系近三十年来受到持续关注。这首先与其他深受儒家影响的东亚国家的经济崛起有关，比如日本、韩国与新加坡等。最流行的解释模式是马克斯·韦伯在一百年前所描述的：资本主义的发展结果(非自愿)受新教伦理的支配(其经典著作：《新教伦理与资本主义精神》)。这就是说，韦伯将宗教及价值与经济发展联系起来。同样的关联也可以在东亚国家找到，也即，儒家发挥着与新教伦理同样的功能。准确地讲，在中国与东亚必须谈到后儒家，也就是说，其价值系统(比如次生道德：如勤奋、节俭，为后代着想等)在"打倒孔家店"(1911 年)之后在民众间依然充满活力。同样，就像前面所提及的，尽管教廷在西方走向没落，但后基督价值仍大行其道。

张：您在书中提到一个名词——"关系资本主义"(guanxi-Kapitalismus)。似乎每个欲进入中国市场的外国商人都要首先建立好关系，实际上，德国有些公司在这方面走得很远，如西门子中国公司丑闻，这是否有悖于您的初衷？

卜：“关系资本主义”并非是我的发明。在书中我也是尽力去证明，在中国开展商务合作有别于西方。当一些中型企业想在中国从事商务活动，当然需要建立好的关系并维护之。我认为维护好关系并不是行贿受贿，尽管有些企业也许很少能坚守此道。当然，维护关系在世界上其他国家(中东或非洲)也很盛行。在西方，首先是要与采取不正当竞争的大型企业展开斗争，比如西门子。但是，人们没有看到，这些大型企业处在一种非正常的国际竞争压力之下——人们也永远不会知道，另外一些国家的企业暗藏着哪些方法与手段。比如，美国占领伊拉克，然后控制尤其与美国公司相关的石油经济，这也是一种严重的非正当竞争。人们可以看出，一切事物最终结果都取决于谁拥有权力——不仅是军事上的，也是法律上的。想想美国法庭上判决的巨额罚金吧……为不卷入其中，为不失去美国市场，欧洲公司很快就屈服了。

张：在中西文化交汇的过程中，出现过“中体西用”的概念，这在中国有一百多年的历史了，曾深刻影响当时的政治与社会，当今中国是否还适应这一提法？

卜：我想，“体用模式”在今日中国的政治战略思维中仍然具有相当的说服力。人们愿意固守一种中体，既所谓的“中国特色”。令人玩味的是，其“中体”含有强烈的西方色彩，换句话说，这来自我的家乡特里尔，也就是马克思故乡。另外，这一模式反映了全球化的世界性进程：尽管几乎全世界都接受了西方的现代化，但是其也逐步适应了区域性的文化行为——在此指中国的区域文化。这样，文化在当今的全球化进程中由于交流自然就产生融合，这首先是通过媒体报道(最先从美国发展开来)。但我并不认为将会出现一个统一的世界文化混合物，而西方的影响必定会越来越适应地区化。正因如此，我们不能机械地将文化看作静止与一成不变的，而应看作不断演变的东西。换句话说，一方面通过国际化进程，另一方面通过与外部交流。此外，也存在反向的影响与适应：看看中国功夫、太极、气功与传统中医的流行，或者道家与佛教(首先是禅宗)在西方的盛行！另外还有中国美食、绿茶与日本寿司等。

张：英国前首相撒切尔夫人(Margaret Hilda Thatcher)曾经说："中国成不了超级大国，因为今天中国出口的是电视机，而不是思想观念。"这一说法现在是否应该改变？

卜：用老一套的陈词滥调来形容中国并不合适。撒切尔夫人所说的肯定是指二十年前的中国。我曾经肯定地说过，中国在此期间也有很多令人赞叹的创新。如果像这样持续发展下去，那么撒切尔夫人的观点完全令人不敢苟同。

张：您提到，西方(欧美)思想立足于主体(人)与客体(自然)的对峙关系，奉行的是冲突文化与平等文化，在中国却与此相反，人自古至今都处在人与人的关系或人与社会的关系中，奉行的是共识文化与身份文化，这种差异如何影响双方的民族性格与日常行为的塑造？

卜：数百年来的传统确定了各自的优先选择方式。但是人们当然不能对此绝对化。他们具备最高的统计学方面的思想价值内涵，也即——重点地讲——中国奉行一致性(比如身份文化)，而西方喜欢对别人说不(平等文化)。当然，这其中到处都有重叠交叉的部分。

张：有一种说法，当今西方文化发展面临诸多困境，需要借助中国这一"他者"，以便帮助西方用"陌生化"眼光来重新审视自己，因此跨文化对话能对西方文化发挥出积极作用，您对此有如何评价？

卜：我们并不是生活在一个单一社会秩序与世界政府的普遍主义世界国家里。世界长期以来一直如此——本来我也不想生活在一个世界国家里——我们也必须且愿意总是比照其他的范式。这也并不是什么坏事。比方说在通过"比萨测试"("国际学生评价项目"：Programme for International Student Assessment，PISA——作者注)，从而对学校教育进行对比讨论的过程中，芬兰总是成为德国的典范，德国人也总是以此对照并愿意仿效之。中国与"西方"该如何进行对照，我相信，西方人总体上愿意去努力探询固有传统与自身问题来寻找最佳解决办法。这应该同样也适应于中国的问题。

（原载于德国《华商报》，2010 年 7 月 15 日；武汉大学《人文论丛》2010 年卷。）

（张伟，传播学博士，副教授，主要研究方向为新闻传播学、哈贝马斯公共领域。）

基于民族旅游发展的
民族文化提升与保护研究

张力力　叶全良

摘　要：民族旅游的发展，依托于民族文化旅游资源的开发，而在民族文化资源开发中必须贯彻“提升”与“保护”并举的方针。在此，基于民族旅游发展的视角，首先剖析了民族文化的多元性，揭示了民族文化的传统性、神秘性、原生性和独特性的特征；其次，阐述了民族文化提升的途径及其现实意义，揭示了市场化运作、文化资源开发和文化旅游与民族文化原真性的矛盾冲突，以及解决的手段与方法；最后，论述了民族文化在传承中的保护，揭示了文艺创作、节目表演、旅游策划与文化保护之间的关系。

关键词：民族旅游；民族文化；保护提升

一、民族文化的多元性及其特征

本文所指民族文化是指少数民族文化，其是中华民族文化体系的重要组成部分。我国是一个统一的多民族国家，每个民族都有自己悠久的历史，每个民族的文化就是一部民族史。民族文化是吸引旅游者进行民族旅游的原动力，是推动少数民族地区社会经济发展的源泉。我国民族文化博大精深，源远流长，内涵丰富，形式多样，是社会繁衍、发展和传承过程中积累起来的宝贵财富。因此，民族文化的形成具有多元性。

(一)民族文化是一种传统的风俗习惯

每个民族都有各自的风俗和习惯，主要包括生产生活习俗、婚嫁丧葬习俗、宗教信仰习俗和时令节庆习俗。正是这种习俗的传承和演进，才形成具有特色的民族文化。例如，每个民族都有自己的招亲、迎亲、嫁女的习俗，这种习俗就是一种文化，总能让人津津乐道。这也是外地旅游者最喜欢看到的，并想参与其中，分享快乐。因此，它就是一种文化旅游资源。

(二)民族文化是一种神秘的宗教信仰

在宗教信仰上，几乎每个民族都有自己独特的宗教信仰，这种信仰往往是少数民族传统文化的灵魂和精髓。由于少数民族所处的地理环境以及历史传承的文化习俗不同，因而都有自己的特殊宗教信仰。如有的地方少数民族信仰山神、海神、河神、海龙王；还有的地方信仰土地神、动物神和植物神，少数民族的宗教信仰，往往渗透在风俗习惯、歌舞戏剧和节庆礼仪之中，形成特色的民族文化，成为少数民族个性张扬和道义表达的一种方式，成为民族文化的财富和资源。

(三)民族文化是一种“原生”的歌舞戏剧

我国少数民族都是能歌善舞的民族，尽管有些民族没有独立的文字，但从歌声和舞蹈中就能辨别出民族的个性和特征。2010 年 10 月，国家文化部和国家旅游局共同组织评审并公布了 35 项国家文化旅游重点项目之一的“旅游演出”，成为少数民族文化中璀璨的明珠，作为少数民族文化精华的歌剧，它是民族旅游中最受旅游者欢迎的旅游项目。民族歌舞是一种原生态文化，浪漫的舞曲、奔放的舞姿、嘹亮的歌声，使旅游者如痴如醉。更可贵的是，民族歌舞都有自己的特色，都有自己不同的表演方式，也不受舞台时空的限制，让人悦心赏目。如张家界图敬爱组的茅古斯舞、铜铃舞、摆手舞，成为旅游品牌文化；湖北长阳"撒叶儿嗬"，2006 年入选中国第一批国家级的非物质文化遗产。

(四)民族文化是一种独特的手工艺术

勤劳智慧的少数民族人民，心灵手巧，创造出许多地方特色的手工艺品，如剪纸、雕刻、乐器、绘画、服饰等，都是传统手工制作，具有很高的艺术价值，是民族文化遗产的珍品，深受旅游者的青睐。民族工艺品，不仅是民族文化的载体，而且是民族文化传承的物化形式，具有很高的观赏价值和收藏价值，因而也是民族旅游发展的依托条件。

综上所述，民族文化具有多元性特征，它表现在生产、生活和文化活动各个方面，具有广泛的参与性和体验性，是民族旅游赖以发展的源泉，也是民族旅游开发的资源。因此，要在原生态的基础上提升它，还要在动态发展中发展它，才能使民族旅游产业得到可持续发展。

二、民族文化在原真性中提升

开展民族旅游活动，不仅要使旅游者欣赏少数民族地区奇山异水等独特的自然风光，而且要使旅游者体验到原生态的原真性的和原汁原味的民族文化。山水自然景观的形成具有同质性，很难区分它的异质性，而民族文化具有个性化特征，异质性差异性较强，是民族旅游特质性的重要表现，因此，旅游者在民族地区旅游中追求的是文化旅游的特色。要使民族旅游可持续发展，必须在保持民族文化原真性的基础上提出民族文化的品质。失去原真性，就降低了民族文化的吸引力。因此，民族文化的魅力就在于在原真性的基础上不断提升它的品质，才能使民族旅游得到可持续发展。

在原真性中提升，在提升中保持原真性，这就是两者的互动关系。然而，这种互动关系在民族旅游现实中受到以下四个方面的困扰：

（一）市场化运作与原真性的矛盾冲突

在民族旅游活动中，一方面要满足旅游者对民族传统文化“原真性”的需求，另一方面要充分展现民族文化的时代特征和现代魅力，以刺激旅游者的好奇心和浓厚的兴趣，这就需要进行市场化运作，使两者完美结合。

在市场化运作中，为了提高旅游者的好奇心和浓厚的兴趣，必然选择民族文化的某些元素进行包装，创造出舞台化和商品化的文化表演节目，特别是歌舞和习俗节目。这样一来，民族文化的原真性在舞台化、商品化过程中逐渐消失，使原真性被“现代化”所代替。旅游者看到的是现代化表演，却看不到民族文化的原真性表演。人们只是在一场热闹中结束民族文化之旅，而领悟不到民族文化的原真性魅力和风采。由此可见，市场化运作与原真性之间确实存在不和谐的状况。不和谐的市场化运作，将民族文化的原真性逐渐消失在人们的视野之中，扼杀了民族文化特有的魅力和精粹。

然而，必须看到民族文化的原真性是在市场化运作中表现出来的。只有通过市场化运作，才能使民族文化在原真性基础上得到提升。在市场化运作中，民族文化表演节日和娱乐性活动项目，要既符合当地少数民族的传统习俗和习惯，还要突出少数民族传统的宗教信仰理念，更重要的是彰显少数民族独特的表演艺术。在此基础上，融入现代化的艺术手段，提高民族文化的展示水平。只有这样，才能使市场化运作与保持原真性完美结合起来，不断提升民族文化的品位和质量。

(二)民族文化资源开发与原真性的矛盾冲突

从理论上讲，任何一个民族的文化，只有通过一代又一代的传承，才能发展到今天。如果没有传承，民族文化的原生性和原真性早就消失了，原生态的民族文化的风采，现代人是无法见到的，更不用说去品味和体验它。在民族文化资源开发的现实中，开发商为了追求经济效益和降低开发成本，采取“拿来主义”的做法，把其他地区或其他民族的文化表演节目和娱乐性项目搬到本地，使旅游者误以为是本地本民族的特色文化，这也成为民族文化资源开发的突出问题。这是因为，在开发当地民族文化资源中，创作文化节目的文艺工作者必然要深入当地实际生活中去体验，然后发现其原生态和原真性的艺术价值，并在此基础上进行创作。这个过程和投入与开发商追求经济效益和降低开发成本的要求是冲突的。这就要求开发商必须有社会责任感，树立弘扬民族文化的使命感，把当地民族文化特色充分地发掘出来，而不能采取急功近利的做法，不负责任地编造一些与当地民族文化原真性无关的旅游演出节目和娱乐性项目，来忽悠旅游者。其实，这里还有开发商的开发理念问题，即是真正开发出民族文化的资源，还是借开发资源为名谋求经济利益。

因此，当地政府和有关管理部门，必须规范民族文化资源的开发行为，加大力度支持和扶助弘扬民族文化的旅游项目，禁止那些不健康的娱乐项目，使民族文化市场步入健康发展的轨道。

(三)民族旅游现代化与原真性的矛盾冲突

从民族文化传承与发展来看，在民族文化旅游节目与项目中，应该在保持原真性的基础上丰富内涵，创新外在形式，拓展表现方式，使传统文化在传承中得到发展，从而提升传统文化的品位和档次。张家界风景名胜区以大湘西地区土家族、白族、苗族等少数民族“原生态”和“原真性”文化为主要内容，打造出欢快的“土家摆手舞”、深情的“桑植民歌”、奔放的“湘西苗鼓”、粗犷的“土家茅古斯”、浓郁的“苗家呷酒”、古老的“湘西祭祀”、多情的“女儿会”、神秘的“湘西赶尸”、谐趣的“土家哭嫁”等一大批表现湘西民族文化的优秀节目，演绎出独具魅力的湘西民族文化，成为展现湘西民族文化的旅游窗口。

三、民族文化在传承中保护

旅游活动实质是一种文化交流活动，也是旅游者体验旅游目的地文化的一种交际行为，民族文化旅游也是如此。民族文化旅游资源，主要指传统的风俗习惯、神秘的宗教信仰、原声的歌舞戏剧、民间的手工艺品和独特的建筑艺术等。这些民族特色的文化资源，具有很强的地域性、时代性和传承性的特征。传承性是民族文化赖以生存与发展的根基。而传承性是建立在民族文化保护的基础上，没有文化的保护，就不会有文化的传承，更谈不上文化的发展。民族文化是一种物质与非物质相互融合的传承性的人文遗产，因而必须在传承中保护。这种保护，主要体现在以下三个方面，即在文艺创作中保护、在节目表演中保护、在项目规划中保护。

(一)在文艺创作中保护民族文化

民族文化蕴藏于民族地区社会生产和社会生活中，因此，脱离社会生产和社会生活的民族文化，不是原生性和原真性的民族文化，是伪文化和虚拟文化。社会生产和社会生活是民族文艺创作的源泉，民族文艺创作要为社会生产和社会生活服务，并对社会生产和生活起导向作用。民族文化的弘扬，民族文化的提升，民族文化的传承，主要起源于民族文艺的创作。因为民族文化的弘扬、提升和传承，都是建立在民族文艺创作成果的基础上。正因如此，保护民族文化，就是保护民族文艺创作的成果。保护民族文化成果是指保护它的原生态和原真性，因为原生态和原真性来源于社会生产和社会生活，是社会生产生活在文化成果的真实反映，因而是民族地区社会风貌的客观表现。

（二）在节目表演中保护

基于民族地区社会生产和社会生活而创作的文化成果，必然通过节目表演的方式反映出来。这是因为，文化表演节目都是在文化创作成果的基础上编排的，并在精心编排组织下进行演出。旅游目的地的文艺表演节目，能否受到来自四面八方旅游者的欢迎，关键在于这些表演节目能否真实地反映当地民族独特的民俗风采和精神风貌，是否是原生态的原真性的民族文化。当旅游者真正领略到当地民族文化的原真性，就会发自内心地感到不虚此行。因此，只有通过文艺节目的表演，才能检验文艺创作的原真性，而原真性的文艺表演必然会给旅游者带来真实的感受，并得到旅游者的认可和好评。相反，那些不具有原真性的文艺节目，必然在文艺表演中不受旅游者的欢迎而最终被淘汰。

综上所述，对于那些来源于民族地区社会生产和生活题材的文艺表演节目，必定受到旅游者的欢迎和赞扬，而受到欢迎和赞扬就是对文艺节目最好的肯定，这种肯定就是最好的保护。因此，在民族文化节目表演中能够实现对民族文化的保护。

（三）在旅游规划中保护

旅游规划，既包括旅游景区建设规划，又包括旅游文化活动的规划，还包括人文遗产保护规划。旅游景区建设规划，主要指旅游资源开发规划和旅游景点建设规划，是民族文化旅游中的综合性规划，通常纳入地方政府建设规划之中；旅游文化活动规划，主要包括旅游节庆活动规划和旅游专门文化娱乐运动规划，它通常纳入当地旅游部门统一组织的旅游文化活动规划之中；人文遗产保护规划，主要指名胜古迹保护规划和非物质文化遗产规划，它通常纳入地方政府文物保护部门所指定的人文遗产保护计划之中。

在旅游资源开发规划中，主要对那些原生态文化资源开发进行规划，规划的核心就是规范开发原生态人文资源，使原真性的民族文化资源在开发利用中得到保护。这是当地政府保护原生态和原真性人文资源的有效手段和方式。

在旅游文化活动规划中，主要对民族地区传统节庆活动和大型文艺活动进行科学组织安排。传统节庆活动是综合性文化活动，既有多种多样的文艺演出节目，又有各种游览活动项目，是综合展示传统文化的一种旅游活动。在文艺演出节目安排中，首要的是精选出反映当地民族精神风貌和独特的习俗的优秀节目。这种传统节庆活动，不仅能够充分展示民族文化，而且还能促进民族经贸活动的开展。

在人文遗产保护规划中，主要对民族地区历史上遗存下的名胜古迹和文化遗迹进行保护所采取的举措。举措既包括对名胜古迹及其建筑进行修复，也包括对非物质遗产的整理，以保护遗产原真性。人文遗产的保护，往往与文化景点建设相配套，如建设人文遗产纪念馆和文化博物馆等，充分展示民族文化遗产传承与发展的轨迹。

综上所述，无论是民族文化资源开发规划，民族文化活动规划，还是民族文化遗产保护规划，都是发掘民族文化原真性的有效措施，也是充分展示民族文化精华的有效方式，因此，民族文化的保护必须落实在旅游规划之中。只有这样，才能使民族文化在保护基础上得到传承，也使优秀的倍受旅游者欢迎的文化产品成为品牌，而品牌文化产品是发展民族旅游最有价值的资源，是推动民族文化旅游发展的源泉。

（原刊于《贵州民族研究》2012 年第 6 期）

（张力力，管理学博士，讲师，主要研究方向为广电实务、旅游文化传播。叶全良，工商管理学院教授、博士生导师，研究方向旅游经济等。）

旧金山华人新移民的族群认同与中华文化的传承

张　颖

摘　要：当代美国华人新移民在工作、生活、教育、文化等方面展示出一系列有别于早期华人移民的新特点。本研究于 2008 年 2 月至 5 月在美国加利福尼亚州旧金山湾区的中国超市对华人新移民进行了 170 例随机访谈，针对涉及受访对象华裔族群认同的问题取得访谈记录。调查显示，美国华人新移民表现出对祖国的自豪感及强烈的情感、文化羁绊，中华文化在当地华裔族群得到传承。这一方面得益于现阶段良好的中美两国关系，以及中国国力的稳定快速发展，另一方面也归功于新媒介技术的迅速发展，提供了海外华人与祖国之间更丰富的联系渠道；美国华人新移民在人力资本、金融资本不断提升的同时也努力融入主流社会，并在生活习惯、价值取向等方面吸收了许多美国主流文化特色；当地华人社区社团不仅成功凝聚了华裔族群，也是传承、弘扬中华文化的重要力量。

关键词：华人新移民；族群认同；访谈

一、研究背景

（一）研究缘起

2008年是中国奥运年，全球华人都将目光聚焦在这一历史性事件上，奥运圣火的海外传递更是牵动了无数海外华人的拳拳爱国之心。而圣火传递遭受少数藏独分子的干扰破坏，以及别有用心的西方媒体对此事件的扭曲报道，都引发了海外华人的强烈愤慨与更大的爱国热情，他们表现出前所未有的团结，用行动打响一场“民族尊严和奥运精神的保卫战”：我们看到在欧美媒体利用之前对中国3·14事件的不实报道大放厥词营造负面舆论环境、在CNN主持人卡弗蒂恶意诋毁中国政府时，海外留学生第一时间利用网络多方面驳斥西方媒体的扭曲、不实报道，美国各地华人社区联署抗议要求CNN与卡弗蒂向中国人民道歉；我们看到在历经圣火在伦敦、巴黎的传递风波之后，海外华人自发在此后的圣火传递地点组成人潮，严密保护圣火；我们看到为了参与在旧金山举行的北美洲唯一的火炬接力传递活动，众多华人不远千里赶赴加拿大和美国东海岸旧金山；还有海外华人为谴责拉萨暴力事件而自发组织了悉尼、洛杉矶的大规模游行……以上种种让我们看到了海外华人的凝聚力和向心力，这与以往海外华人给人留下的“独善其身”、“各人自扫门前雪”，尽量避免在移居国与主流社会发生冲突的刻板印象截然不同。我们好奇这些移居海外的华人对祖国、对中华传统文化的羁绊是否仍在，是否随着移居他国的时间推移而在族群认同上有所变化。其中尤其令人关注的，是近年移居他国的华人新移民，在经济全球化、文化多元化的今天，他们的族群认同状况与早期华人移民相比有什么新的特点呢？

以移民美国为例，美国自19世纪中叶以来即成为了大量华人移民的流入地，华人移民是非欧洲裔移民族群中最早移民美国的族群，也是亚裔移民中的最大群体。美国的华人移民经历了无限制移民时期(1848—1881)、排华时期(1882—1943)、配额移民时期(1944—1967)以及当代移民时期(1968年以来)这四个不同历史时期。时至今日，美国的经济发展水平吸引了全球各地大量的移民人口，其中不乏许多来自中国大陆、中国香港、中国台湾以及东南亚等地的华人移民。在不同历史时期，在美华人移民不同程度地经历了在中华传统文化与美国文化间的挣扎与融合，华人移民与美国主流社会之间，以及与移居美国的其他族裔移民之间存在文化、习俗等多方面的互动、冲突与磨合。

针对美国华人新移民的族群认同问题，本研究选取美国华人新移民人口相对集中的加利福尼亚州旧金山湾区4家中国商品超市(大华)进行随机访谈，针对受访对象的基本资料(年龄、移民来源地、教育程度、工作行业等)、饮食/生活习惯、语言使用、媒介偏好(中英文书报、影视音乐节目选择)、中文社区活动参与、子女教育、社交范围等涉及受访人华裔族群认同的问题共取得170例访谈记录。对比早期华人移民，美国华人新移民表现出对祖国的自豪感及强烈的情感、文化羁绊，中华文化在当地华裔族群得到传承。这一方面得益于现阶段良好的中美两国关系，以及中国国力的稳定快速发展，另一方面也归功于新媒介技术的迅速发展，提供了海外华人与祖国之间更丰富的联系渠道；美国华人新移民在人力资本、金融资本不断提升的同时也努力融入主流社会，并在生活习惯、价值取向等方面吸收了许多美国主流文化特色；当地华人社区社团不仅成功凝聚了华裔族群，也是传承/弘扬中华文化的重要力量。

(二)族群认同的主要理论

“认同”(identity)，是现今使用频率很高的一个词，学界较为关注的有政治认同、族群认同、文化认同、性别认同和阶层认同等，这些不同层面的认同都强调群体内的同质性。与“个体认同”中常见的权威崇拜不同，“群体认同”因其成员共享一套符号系统并在此基础上不断发展形成群体独有文化而来，是个体与自己所属群体之间建立相互认可的一种主观性态度。“群体认同”中，“族群认同”其成员与群体联系更为紧密。赫胥黎(J. Huxley)与哈顿(A. C. Haddon)在20世纪30年代中期提出用“族群”(ethnic group)一词取代“种族”(race)，以区分文化性与生物性，强调“族群”内成员间除血缘联系外的共有文化传统羁绊，以及族群“情感—文化共同体”的特征。

最有影响的“族群认同”理论是“原生论”(primordialism)(又称根基论)，“场境论”(circumstantialism)(又称工具论)。“原生论”认为“族群认同”源自根基性的情感联系，强调族群成员在既定族群/社区内的成长经历使之获得来自亲缘或者是文化传承的血源、语言、宗教、族源、习俗等“既定资赋”(givens)。“场境论”则认为面对既定场境(政治、经济、社会等外部环境)，族群/社区成员基于共同的政治立场、经济利益、文化构建等，采取相应的策略性反应，从而引发集体认同，以维护群体内部共同利益。“场境论”强调群体成员的理性选择能力，认为个体在场境变迁时会改换认同，从一个群体转换到另一个群体以追求自身利益，因而“认同”是暂时的、不稳定的。

(三)美国华裔移民历史与现状

早期的赴美华人移民中尽管也有为了淘金发财的自发移民，但更多的还是出于避战乱、跨海谋生或劳工输出等原因的被迫迁移，带有浓厚的背井离乡的悲情色彩。这个时期华人移民主要来自广东南部沿海区域，在美国主要从事铁路修筑及矿山开发等重劳力工作。这些早期来美的华工不仅没能如想象中那样淘金发财衣锦还乡，反而很快体会到了歧视和排斥。铁路修成后，尤其在 19 世纪 70 年代，华工受到当地白人劳工强烈反华情绪的骚扰和白人工会的极力排斥，被认为是与白人抢饭碗的"黄祸"，美国政府更于 1882 年通过了美国历史上唯一的一部歧视少数民族的法案——《排华法案》。太平洋铁路的修筑完成，美西华人劳工呈过剩之势，加上《排华法案》的通过，不仅限制了华人赴美移民，甚至也限制已在美的华人入籍美国，一时间美国全国范围都掀起了一波反华浪潮。"1885 年在怀俄明州的石泉镇(Rock Springs)发生的排华暴动事件竟导致 18 名华人死亡，55 名重伤。"

直到 1968 年美国政府开始实施新的移民改革法案，取消国家移民配额限制，并开放专业人才与技术劳工移民，引发大量华人移民自大陆、香港、台湾及其他地区涌入美国。统计显示，自 1960 年至 2000 年 40 年间，美国华人人口数从不足 24 万激增至 290 万(包括近 50 万华裔混血后代)，约占美国总人口的 1%，成为美国第二大少数族裔，占美国亚裔人口总数的 1/4。美国华人人口分布极不均衡，约 40%集中在加州，16%在纽约州，16%在夏威夷，其余 28%散布于美国其他各州。1965 年以后来美定居的华人移民中约有八成为亲属移民，两成则是专业技术移民。

二、美国华人新移民的族群认同及中华文化传承状况调查(以旧金山为例)

随着近年中国国力与国际地位的迅速提升，在全球范围内都掀起了中国风，中华文化的地位有了很大的提高。但以现实状况来看，即使在海外一些大量华人聚居的国家与地区，中华文化仍处于非主流甚至是边缘的地位，"在当地社会文化生活中声音不大"。在作为移民大国、一向标榜其多元文化政策的美国也是如此。为了解在美华人新移民的族群认同状况，了解中华文化在美国华人社区的传承，本研究选择在美国最大华埠之一的旧金山湾区对华人新移民进行随机访谈。

旧金山湾区是美西人口密度最大的地区，同时一直是美国最大的华埠之一，华人人口比例高达城市总人口的12%。旧金山是美西的金融中心，商业、服务业也同样发达，新兴的宇航、电子、炼油、造船、汽车装配、化工等行业吸引了大批来自中国的华人留学生在完成学业后来此就业。

自2008年2月至5月，本研究选在旧金山湾区四家大华超市随机选择来此购物的华人新移民进行了简要访谈，针对受访对象的基本资料(年龄、移民来源地、教育程度、工作行业等)、饮食/生活习惯、语言使用、中文书报/影视娱乐选择、中文社区活动参与、子女教育、社交范围等涉及受访人华裔族群认同的问题进行调查了解，共取得170例访谈记录。较之美国早期的华人移民，这些华人新移民的族群认同状况具有以下新特点：

(一)移民来源地发布

较之早期美国华人移民主要是来自广东南部沿海地区的淘金客和铁路修筑、矿山开采工人，当代美国华人新移民的来源地显得更为多元：除历史上赴美移民较为集中的中国广东、福建等南方地区和东部经济较发达区域，中国内地的各省市均有一定数量的赴美移民人口；中国香港、中国台湾、东南亚乃至中南美洲也都有华人华侨移民美国。美国现有的华裔人口中，70%是美国以外出生的移民，另外在美国本土出生的一代华裔占20%，二代以后的土生华裔为10%。20世纪80年代以来，中国大陆移民成为美国华裔人口的主要增长点，美国现有华人移民中约有2/3来自中国大陆移民。

此次随机访谈的170位受访者其移民来源地分布为(百分比数字)：

中国大陆：49.4	中国香港：18.2	中国台湾：27.6	其他地区：4.8

（二）移民类型

与美国早期华人移民以劳工输出为主的移民类型不同，美国华人新移民中技术移民人数不断增多，华商投资移民的比例也有提升。20 世纪 80 年代中国大陆掀起留学风潮，大批各学科领域的本科生、研究生以及一些中青年教师先后以留学生或访问学者身份赴美，其中相当一部分在毕业后选择留在美国工作定居，这也极大地提升了美国华人移民的平均教育水平与专业技能水平。近年来也有相当数量的华人投资移民家庭是母亲带同子女先行移居美国，父亲则因工作、经济等原因暂时滞留中国大陆、中国香港、中国台湾或东南亚等地，随后再赴美全家团聚；另一常见的类型则是父母都留在移民祖国继续工作，子女独自赴美做小留学生（又称降落伞孩子）。

（三）教育程度

早期赴美的华人移民大多教育水平不高，这也与当时中国全国教育水平普遍较为低下有关。20 世纪 60 年代以后赴美留学的华人留学生人数有很大的提高，在美华人移民大多在移民祖国或美国接受了良好的教育与专业技能培训，“1990 年的（美国）人口普查数据表明：在适龄就业（25～64 岁）人口中，非西班牙语系的白人受过大学 4 年甚至更多教育者占 21%，而美国境外出生的华人移民则占 42%；非美国本土出生的华人移民从事专业工作的劳动力人口（35%）比例也高于美国白人（27%）”。

在170例受访者中，具有四年以上大学的受访者占到78.8%，这一方面是由于旧金山湾区附近设有多所美国著名高校，华人留学生人数众多；另一方面则是因为旧金山—硅谷地区汇聚了大量的高科技产业和数量众多的华人科研人员。

受访者的教育程度分布(百分比数字)为：

中学及以下教育程度：13	大学专科教育程度：8.2
大学本科教育程度：44.7	硕士及以上教育程度：34.1

(四)职业分布

早期赴美华人移民大多教育水平不高，以劳务输出方式赴美后多从事高劳动强度、低技术水平、低语言能力要求、低薪资的工作，如铁路/河堤修筑、荒地开垦、矿山开采、餐饮业、种植业、搬运业、洗衣业等。华人新移民大多数受过高等教育，因此能够直接进入美国主流社会从事工作，广泛任职于科研、教育、医疗、金融、法律、政府部门等对于教育和专业技能有较高要求的行业，如美国国家卫生研究院(NIH)的万余名研究人员中就有超过1000位是华裔。“1989年美国的华人家庭年收入的中位数是3.4万美元，高于同期全美家庭收入的中位数：3万美元。”

此次受访者的职业分布大多集中于科研技术开发方面，原因在于“硅谷现有的近8000家电子、通信及软件公司中，约有3000家由华人和印度人任公司业务主管；在硅谷总职员中，华人和华裔职员人数已达25万之多，华人工程师数量占硅谷工程师总数的20%以上；2001年，硅谷的公司总裁大约有18%是由华人担任的”。

受访者年龄与职业的分布如下(百分比数字)：

年龄组	在校学生	科研/开发职位	其他职位	未就职家属（配偶/父母/子女）
20 岁及以下	2.4	0	1.2	0.6
21~35 岁	7.1	10.1	8.8	12.9
36~60 岁	1.2	10	12.4	22
61 岁及以上	0	0	2.4	8.8

（五）居住地分布

美国早期华人移民经历了排华法案及其引发的一系列反华活动，当时在美的华人连生命安全都没有保障，华人普遍遭受到歧视、非难乃至种族隔离：在美华人被集中限定在唐人街范围内生活活动，完全被排除于美国主流社会之外。20 世纪中期赴美的华人新移民大多受过良好教育，就业后直接进入美国中产阶层，有较好的薪资收入，具有“雄厚的人力资本和金融资本”，并多在城郊中产阶级聚居区购置房产。这些住在郊区、收入较高的华人约占华人移民总数的 48%；另有约 34%的低收入华人住在都会区，教育程度相对较低，缺乏专业技能，赚取基本时薪。

（六）语言使用

美国早期华人移民大多来自广东南部沿海地区，粤语是当时华人社区的通用语言。时至今日，作为移民大国的美国，除官方语言英语外，另有三千多万人口使用西班牙语，中文是仅次于西班牙语的第二大少数族裔语言，其他来自世界各地的移民也使用多种语言或方言交谈，约 13%人口在家中非以英语交谈。就中文能力而言，在美国当地出生的新生代华裔有 85%能听懂中文，会说中文者占 75%，但会读或会写的仅各占30%多一点。1/3华裔家庭在家中主要使用的语言为中文；中、英文混和使用者占28%；在家中主要使用闽南语者占13%；闽南语、英语混和使用者占6%，在家使用其他中文方言或其他语言者占17%左右。在美国当地出生的新生代华裔中，在家中以中、英文混和使用者最多，占38%，仅使用英语占27%，闽南语及英语混和使用者占11%，以上合计占美国出生的新生代华裔人口的75%，可以看出早期占主导地位的粤语已逐步为国语(普通话)所取代，而中文在新生代华裔当中也渐为英语所取代。

此次受访者的语言使用情况(百分比数字)如下：

单一使用国语：58.2	单一使用中文方言(粤语/闽南语)：17.1
中文(含方言)英文混合使用：18.8	单一使用英文：5.9*

* 此次受访者中单一使用英文的家庭都是与非华裔通婚的家庭。

(七)生活习惯和家庭结构

美国早期华人移民大多来自广东南部沿海地区，粤文化也是当时唐人街的主流文化。早期华人移民在年节风俗方面也大多遵从广东地方习俗。家庭结构方面，早期华人移民多是单身赴美，海外无家，造成男多女少的单身社会结构为主，侨居/旅人心态普遍，大多期待有朝一日能叶落归根重返故里。而由于早期华人移民多采取父子、兄弟、同乡相互携带的连锁式移民，故具有浓厚的宗族、地域观念，同族、同乡聚居现象普遍。华人新移民来源地分布更广，但生活习惯上大多保持了故土的文化习俗。此次随机访谈中，81.2%的受访者保持以中式饮食为主；94.1%的受访者固定到中国/亚洲商品超市购物；62.9%的受访者保有过春节、中秋节等主要传统中华节日的习俗；另外，超过六成受访者及其家庭保有中国各地各民族的婚丧喜庆、风俗禁忌等传统习俗。另外，选择性接受美国主流文化习俗、生活习性的状况也较为普遍：在日常中式饮食中引入西式食品、烹饪方式的受访者为 61.2%；除保有中国节日习俗以外，接受部分美国节日习俗的受访者达到 52.4%。

华人新移民在家庭结构上以核心家庭(父母与未成年子女)模式为主，同族、同乡聚居的情况较为少见。受访者中，父母与成年子女同住的比例达到了 31.2%，这与绝大多数美国家庭的情形不同，其原因当然与许多华人新移民在自身移民成功后将父母接到美国团聚有关，也集中体现了中华传统文化中“百善孝为先”的伦理观。其中来自中国大陆的华人新移民与父母同住的比例较之中国香港、中国台湾等地华人移民更高。不同于早期华人移民在美单身奋斗、心系故园的模式，当代华人新移民这种家庭式移民的普遍性使得这一批华人移民在与祖国故乡的血缘羁绊上较早期华人移民略显淡漠。

与非华裔尤其是与非亚裔人士通婚的受访者的情况较为不同。与不同语言、文化背景的配偶的共同生活要求他们在生活方式、语言、风俗习惯、饮食与价值判断等方面相互妥协，这也令他们在生活/思考方式、价值取向与文化娱乐选择等方面更倾向于美国主流族群。

(八)媒介消费偏好

受限于当时媒介技术水平，美国早期华人移民的中文媒介选择主要是当地的粤语广播和以唐人街为发行范围的华人社区报刊，此时的中文报刊成为联结早期美国华人移民与故土故国的文字血脉。新的媒介技术随时代的进步不断发展更新，在美的华人移民也有了更多更丰富的渠道了解中国，保持与中国、与故乡、亲友的联系。同时，随着美国华裔族群规模的不断壮大及其经济实力、社会地位的不断提升，美国的中文传媒呈现出了快速增长的势头。现有的 7 家中文报纸中《世界日报》《星岛日报》《明报》《侨报》这 4 家主要报纸的总发行量已超过 70 万份，另有一些小型中文报刊被摆放在中餐馆、中国超市等地供人免费取阅。由于美国以车代步的普遍性，开车通勤的人群众多，一些有较大影响力的中文广播电台其听众人数不可低估。各地中国超市旁多设有中文书局，许多在中国大陆及香港、台湾现时热销的畅销书在此也有发售。中文音像制品租售店提供各类或怀旧或最新畅销的音像制品，中文 KTV 也能在唐人街见到踪迹。美国中文电视也迅猛发展，现有 10 余家中文电视台，多个境外中文电视台也已经或正在谋求进入美国中文电视市场，如中央电视台海外频道、凤凰卫视美洲台和东森美洲卫视。宽频网络的普及也使得华人移民身在美国仍能收看到中国各地的电视节目。美国本地中文网络媒体也发展迅速，为当地华人移民提供各类实用信息服务之余也成为当地华人的网络家园。

此次的受访者中文媒介消费(百分比数字)情况：

媒介消费项目	中文报刊	中文影视节目	中国音乐歌曲
固定使用	25.3	68.8	—
曾使用	65.3	90.6	81.2

约有 68.8%的受访者及家庭通过免费及付费电视收看中文电视节目，如果将中文网络电视与网络下载影视综艺节目包括在内，则有多达 90.6%的受访者及家庭有收看中文影视节目。曾经购买或下载中文音乐歌曲的受访者比例也达到 81.2%左右。89.4%的受访者是网络频繁使用者(每周五次以上)，在这部分受访者中，73.7%的会固定访问相应网站了解其移民祖国的新闻时事、经济发展等信息，85.5%的曾经访问中文网站。

针对美国主流英文媒体对中国以及在美华裔群体报道，约四成半受访者表示会关注媒体报道的语气和角度，并认为扭曲报道、文化误读的现象仍大量存在。近半受访者表示中文媒介是他们信息资源的首选，近八成受访者将中文媒介作为其娱乐休闲的优先选择；就职的受访者其英文媒体使用率远远超过未就职受访者。

超过九成的受访者表示，对移民祖国新闻的关注程度超过对美国当地新闻的关注。对美国中文媒体及美国主流英文媒体的对华正面报道，几乎所有受访者都表示出高度关注和与有荣焉的自豪感；密集关注中国奥运相关报道的受访者也达到 78.8%。对四川汶川大地震，许多受访者表达了感同身受的哀伤，相当一部分受访者表示已经或准备以各种方式支持受灾民众(地震发生时，此访谈已过半，故未能取得全部受访者的意见)。

(九)华人社区社团活动

由于美国早期华人移民同宗族、同地区、连锁式移民模式的普遍性，早期的华人社团大致具有血缘/宗族性、地区性和行业/利益性三大类。不同于早期华人移民形式较为单一、集中在唐人街等传统华人聚居地的社区社团活动，当代华人新移民的社区社团活动以及新兴华人组织在活动范围、活动内容及组织形式等各方面都呈现百花齐放的多元化格局(职业/技术协会、校友会、同乡会、华商组织、各学界学会、中文学校、中华文化组织、华人宗教组织等)。不论是早期或是当代的华人社区社团，都为当时在美的华人提供了文化的归属感，为华人个体起到团结、联络、互助的作用，支持帮助他们在异乡生存、立足与发展，并帮助保持社区社团内中华传统文化的传承。

此次的受访者中，约四成固定参与一个或多个华人社区社团活动，而零散参与者则达到 93.5%。对这些受访者而言，现今门类众多的华人社区社团活动不但为华人移民提供了华裔族群联系、社交的机会，提供了精神的互相依托，满足了他们对中华文化的需求，也丰富了广大华人移民的闲暇生活，更为新移民平稳渡过最初置身异国与陌生文化中的不适应阶段提供了极大的帮助，同时还是对美国主流族群和其他少数族裔展示华裔族群形象的窗口，并对外代表华人社区社团维护成员与社区的正当权益。除实体中文社区之外，网络华人社区以其参与方式的灵活便捷也得到了蓬勃发展，凭借共同族群情感联系与乡愁情绪构筑共同的“想象社区”。

(十)社交范围

美国早期华人移民局限于唐人街等华人聚居地进行日常活动与交际，社交往来多限于同族、同乡、同业等较小范围；同时受排华法案等因素影响，早期华人移民在美国普遍被边缘化。而华人新移民在语言能力、受教育程度、住宅社区选择等方面都突破早期移民的小框框，不仅保持与当地华人主体社会的紧密联系，也能借当代先进的媒介通信技术之便与祖国故乡的亲朋故旧保持联络，更努力发展与美国主流社会的多元关系。

此次的受访者绝大多数参与过一个或多个华人社区社团活动，因工作、语言学习、宗教或其他原因参与过非华人社区活动的则达到69.4%。85.9%的未就职受访者(主移民人的配偶、子女、父母)更依赖当地华人社交圈及与祖国故乡亲朋好友的联系，而就职受访者的这一比例则为57%。即使是高度依赖华人社交圈的受访对象，由于此次随机访谈选择在旧金山这一美国最大华埠之一，日常社会交往渠道丰富多样，这部分受访者并无社会疏离感与边缘感。针对受访者中网络聊天工具的使用者，七成半表示其聊天好友名单以在美华裔友人和在移民祖国的友人为主。不少受访者甚至表示，其生于美国的子女们的友人中也以华裔后代居多，原因之一即是自幼随父母在华人社交圈结识了一群同为华裔后代的同龄朋友。

(十一)子女教育理念

华人移民在子女教育问题上最大程度体现了中华传统理念“万般皆

下品，惟有读书高”。早期华人移民受限于自身教育水平普遍不高且置身美国主流社会边缘之故，子女中受过高等教育的人口比例虽然不高，但他们更强调中文语言、中华传统文化、伦理等方面的传承。时至今日，华人移民一如既往地强调对子女教育的关注。与大多数美国家庭在子女教育问题上的轻松态度不同，绝大多数华人移民不仅对子女学校成绩有较高要求，还积极进行科目繁多的课外教育如中文、乐器等。对于美国遍地开花的中文学校，许多教育界人士认为家长的热情与投入显然远远大于他们的子女，子女们更多是未满足父母的要求而被动参与中文学校学习，而社交功能也成了中文学校最重要功能之一。

相较于多数美国人通过类似学生贷款的方式自行筹措大学教育经费，许多华人父母都针对子女大学教育有专项储蓄，更有不少华人父母的子女教育支出是除住房支出以外的最大家庭支出项目。华人教育水平高于全美社会平均水平：相较于美国 25%的高等教育比例，近 31%的中国大陆移民完成了四年以上大学教育，香港地区移民高等教育比例为 46. 8%，台湾地区移民则高达 62. 2%，生于美国的华人移民后代(所谓“土生”华裔)则过半拥有大学学历。

此次的受访者中，拥有大学以上学历者达到 78. 8%，其中拥有硕士以上学历者占到全部受访者的 34. 1%，这当然也是近年来循留学—移民渠道移民美国者大幅增加，以及旧金山/硅谷地区众多高新科技企业对从业者教育程度有较高要求的结果。针对子女教育理念，除 3. 5%的受访者表示未曾想过外，84. 7%的受访者表示子女教育是家庭重要议题并有为子女储蓄大学教育经费，九成受访者认为应该让子女接受一定程度的中文教育，七成以上受访者希望子女有一定的课外教育，而高达 91. 2%的受访者认为子女应该掌握至少一种乐器演奏技能。76. 5%的受访者表示会安排子女回国观光旅游以感受、学习中国历史、文化、风土人情等，其中 1/3 受访者认为中国近年政治经济的稳定快速发展，令他们考虑让子女将来回国发展的可能性。

三、美国华人移民的族群认同与中华文化的传承弘扬工作

(一)美国早期华人移民的族群认同

美国华人移民的命运始终与中国政治经济发展、国家实力水平、国际政治格局以及中美两国关系紧密相关，同时也受华人移民自身人力、金融资本水平的影响。

美国早期华人移民大多教育程度不高，只身赴美从事重劳动、低收入的艰辛工作，受到当地主流社会的歧视，排华法案的出现更令他们的境遇雪上加霜；而其时的中国清政府积弱不振，无法给海外华人以强有力的政治支持；当时的华人移民被美国主流社会文化边缘化，生活限于唐人街一隅，族群内部关系显得尤为紧密与重要，与故土故国的血缘、情感、文化联结对他们而言也更强烈且弥足珍贵。同时，受中华传统文化影响，加之在美国受排挤、受歧视的痛苦经历，早期华人移民普遍认为自己是客居异乡，期待将来能落叶归根，终老故土。以上种种，造成美国早期华人移民对祖国对故乡对中华传统文化尤其是故乡地域文化的羁绊与执着，在族群认同上强烈认同中华民族；美国主流社会的歧视、排挤和早期华人移民居于一隅的状况一方面保证了中华文化的紧密传承，但另一方面也限制了中华文化的广泛传扬。

(二)美国当代华人新移民的族群认同

相较而言，近年来中国国内政治经济呈现稳定增长态势，中国国际地位不断提升，中美两国关系也稳步向前发展，这不但使美国华人移民

增添了许多自豪感，也改善了美国主流社会对中国、对华人的整体印象。同时当代美国华人新移民教育程度显著提高，更多从事对教育和专业技能要求较高的工作，华人移民的人力、金融资本极大提升，在美华人社会地位也随之提高，融入美国社会主流的能力与速度都有很大提高，民族形象有了很大改善，不再有早期华人移民的边缘感。

媒介技术的发展，使得美国华人新移民较之早期华人移民有更多的渠道保持与移民祖国的情感与文化联系。华人移民对移民祖国信息资讯的需求，以及美国主流社会对迅速发展的中国的了解需求，促使美国中文媒体乃至美国主流媒体的对华报道量大增，这样的大曝光量也反过来增加了华人移民对中国目前的发展势头与现行政治方针政策的了解与认同。美国的中文媒体还承担了服务华人社区、凝聚华裔族群、弘扬中华传统文化的功能，充当了民间的中华文化使者。

美国的华埠、唐人街、中国城在不少华人移民抵美之初扮演了缓冲垫或是避风港的角色，为华人移民提供各类中国商品及服务，使新移民能保持一种与其在移民祖国相类似的生活方式，减低了他们初来乍到的不安与无所适从，帮助他们平稳渡过移民初期的适应阶段。不少华人新移民尤其是未就职的主移民人配偶、父母在美生活、娱乐的各个方面都能在此得到解决，因而也就减少了不得不迅速融入当地主流文化的压力，反而是选择性地吸收主流文化之长。

中华传统文化具有很强的开放性与兼容性。华人新移民在保有原有中华传统文化的同时也不断吸收融汇当地主流文化的有利成分，在完善丰富自身文化的同时逐渐形成独具美国华人移民特色的美国华裔文化，也形成了美国华裔族群共有的精神结构、价值体系、心理特征与行为方式，在美华人移民在这种共同的文化背景中获得了归属感和认同感。

当代美国华人新移民给美国带来了丰富的劳力、智力、资本与文化资源，为美国的经济、技术、科研、文化等方面的发展作出了重要贡献。华人新移民在跻身美国主流社会的同时，不是消极等待被主流文化所同化，而是积极构筑华裔族群文化，繁荣美国多元文化，建立良好的华裔族群形象。

（三）中华文化在当代美国华人社区传承与弘扬的现状

中华传统文化在华人社区内得到较好的传承。华人新移民离开祖国这个中华文化大环境的时间不长，本身带有浓厚的中华文化背景，对中华文化的需求与归属感都很强烈。大部分华人新移民都具有相对良好的经济环境，有能力维持中式的日常生活消费与中文媒介消费，也有能力送子女去中文学校学习中文与中华传统文化，甚至是回国旅游感受中华各地风土人情与中华文化的博大精深。

各类华人社区社团组织成为中华文化在美传承与弘扬的主力。它们一方面致力于在当地唐人街等华人聚居区营造一个中华文化环境，宣传、组织中华传统节日、民俗庆典；另一方面也组织开办各类中华传统文化活动，满足当地华人移民文化需求之余也为华裔后代青少年提供接触、感受与学习中华文化传统与伦理道德的机会。

全球化和中国近年国际地位的提升所带来的中国热、中华文化热以及中文热都给中华文化在海外的弘扬带来了新机遇，美国现今相对宽松的多元文化氛围也为此提供了便利。但遗憾的是，由于缺乏必要的法律保障、有效的机构运作与充足的资金来源，同时受制于美国主流意识形态，中华文化仍未能全面走出唐人街、华人圈，进入美国文化主流，而仅仅是作为美国少数族裔文化之一为美国多元文化格局做点缀。

（四）中华文化在美国弘扬发展需要注意的问题

现今阶段中华文化在美国的宣传弘扬大多是由各地华人社区社团零散组织开展的。然而各地华人社区社团的活动组织缺乏准确的目标与系统整体规划意识，且社区组织结构较为松散，活动资金相对有限，令它们的中华文化宣传活动具有很大的随意性，活动宣传效果也相应减弱。

各地华人社区社团的中华文化宣传活动应更多强调活动的准确定位、系统规划、合理组织、有效运作(资金、人员)、针对特定文化主题适当配合组织一系列后续宣传与学习活动等方面。另外，当前各华人社区社团的中华文化活动内容相对较为单一，集中表现为中华传统节日庆典活动、中华民族歌舞表演、中文语言学习、中华饮食文化、中国武术等，需要更多更丰富的活动内容、形式与表演/教学人才。

借助于现今发达的媒介、通信技术，在美华人能快速便捷地获取全球各地丰富多样的中华文化资源，这也为中华文化在美国的弘扬提供了便利的资料来源。但由于这其中的大部分资源不是针对中华文化在海外的传扬而制作设计，在题材、语言、呈现方式等方面都不能完全符合海外中华文化宣传的需求。而现有的中华文化海外宣传专门材料不仅数量有限，在内容与形式上也有待进一步拓展。

中华文化在美国、在海外其他国家和地区的传承与弘扬仍有赖于当地土生的华裔后代青少年对中华语言、中华传统文化的了解与喜爱。对生在美国的华裔后代而言，英文是他们最熟练掌握运用的语言，美国主流文化是他们所熟悉了解的文化。对于已经融入美国文化的他们，中文是第二语言，中华文化是外来文化，他们对中华文化并没有强烈的归属感与认同感。对这些攸关中华文化在美国的传承的土生华裔来说，家庭浓厚的中文语言、中华文化氛围，当地丰富的华人社区社团的中华文化活动，用他们容易理解和进入的语言文字来呈现的中华传统文化与中国人情风貌等，都能帮助他们更多地了解、关注并喜爱中华文化。唯其如此，才能让优秀中华文化传统在美国土生华裔当中一代代传承下去，并在美国、在海外各地扩展开来。

（张颖，传播学博士，讲师，主要研究方向为媒介产业、新闻传播学研究方法。）

全球化背景下的中国电影民族性思考

赵博雅

伴随着西方后工业文明的逐步演进，围绕全球化这一核心命题，一种新的话语秩序结构及权力格局正在全世界范围内形成。各种文明之间的交流、互动、碰撞与融合成为大势所趋。在这样一种文化背景下，有关全球性的最大反思，在于对文化趋同性与多样性的深刻追问，由此也必然引发有关文化民族性的深层思考。

民族性所涉及的是一个民族自身文化认同的问题，而对诸如此类问题的所有追问，都“可以被相当松散地定义为他(她)对‘我是谁?’这一问题的回答的全部”。正如南宋陆九渊所说的“四海之内，心同理同”，这里所谓的“心同理同”，实际上构成了文化认同的核心命题，而对这一命题真值的认定和维护，也成为民族文化得以持续传承和发展的根本之所在。

任何事物的存在，其价值必然产生于差异性之中，正是因为具有差异性，个体价值才得以显现，这也是索绪尔语言符号学的重要对立原则所表达的意思，即价值产生于对立，产生于差异性。尤其是在全球化时代，民族身份的认同与建构，也正是在与其他民族的差异性之中得以有效显现，并且，这样一种情形，也恰恰能够通过电影的视觉化方式呈现于公众的文化视野之中。①

---

① ［德］彼得·卢德思主编：《视像的霸权》，刘志敏译，中国广播电视出版社 2009 年版，第 115 页。

一、中国电影民族性的表现

(一)传统美学理念的视觉

意象电影作为一种以视觉性为主要话语方式的艺术形式，视觉形象构成了其根本的本体特征，而视觉形象的呈现与结构方式，则体现出不同文本间甚至于不同文化间表意机制的内在差异性。在中国传统的文化思想与美学理念中，“意境”成为其文化构形的重要手段与载体方式。而所谓“意境”，并不是要找寻形象与现实间的对应关系，而是在有意和无意间借助形象生成某种情调和趣味，生成某种延伸至文本之外的意义与联想。这种独特的东方审美习性，与本是舶来品的电影技术相结合，使得中国电影中总带有中国人对生命本体以及自然世界的一种独特认知，并借助于简单的物象，抒发独特的人文情怀。在长期的艺术实践与生活体验中，中国电影延续了中国美学思想体系的基本特质，尤其将“以象明意”的美学理念发展得淋漓尽致。其实，中国造字法中的形声、会意本身就带有电影化的基本特质，中国人的审美取向中对意境美的追求，使得中国电影颇具民族特色。

从20世纪30年代的电影开始，中国电影重视意境、强调电影诗意化表达的古典美学传统就有完整的体现。例如在电影《神女》中，舒缓的叙事节奏和极具意味的影调方式，将神女生活中隐忍和压抑的一面呈现出来。影片中的一些重点道具表现出主人翁的生活境遇：旗袍是她不堪身份的象征，玩具所代表的孩子是她的心灵慰藉，男性的帽子是她悲剧生命的根源，这种“以象明意”的借喻手法，展现出神女生命的悲剧。在《马路天使》中，独特的光影构图和声画结构展现出鲜活的市民生活。在《小城之春》中，导演费穆以独特的长镜头和慢动作等诗性的镜语形式，进行了一种既含蓄又意味悠长的情感述说。这些电影对古典美学的探索和呈现，促使古典电影传统初步确立下来。

当然，这种对于诗意化的意境之美的诉求，在当代电影中也有不俗的表现。电影《卧虎藏龙》中，李慕白与玉娇龙在竹林打斗的一场戏堪称经典。青山绿水间的一片竹林，两位高手长衣飘飘，悬浮于竹子的顶端。这些镜头并不符合物理规律，它们寻求的是一种飘逸空灵的美感和浓墨淡彩的山水之境。而影片的最后，玉娇龙在山水天地之间获得寂灭之乐和真正的解脱，也展现出由自然获得能量的独特体悟。随后，《英雄》以中国五行色的大面积呈现来进行段落的区分和意义的指涉，《十面埋伏》中盲女以长袖击鼓，《夜宴》中展现竹林歌舞伎面具舞蹈……这些影片的经典镜头，都以一种飘逸唯美的意象化形式表达作为情感抒发的介质。这种注重人文关怀、强化形式美感的电影无不体现出中国电影的民族性特质。

(二)传统价值观念的文化认同

中国电影总是遵循中国特有的"文以载道"的精神信仰。无论是早期的中国电影、20 世纪三四十年代中国电影、"十七年"电影，还是改革开放之后的中国电影，都不可避免地涵盖这种精神信仰影响下的传统价值理念。从中国第一部故事片《难夫难妻》抨击封建的婚姻制度所造成的悲剧开始，中国电影在艺术表现上总是注重"寓教于乐"的手法。

早期的中国电影对传统文化的价值理念，体现在它以一种善恶有报、礼义廉耻、孝悌忠信、温良恭俭等传统伦理道德作为主要内容，而这种符合普适价值系统的传统伦理道德，恰恰最能够体现中国传统文化的价值取向，能够契合观众的心理诉求。比如影片《一江春水向东流》，使用传统伦理道德中最常见的"痴心女子负心汉"的故事，来展现战争中人性的沉沦。又如经典电影力作《姊妹花》，体现了阶级对立和贫富差距所造成的人性的巨大差异，和以军阀势力为代表的剥削阶级的丑恶面貌。中国早期的电影导演在特有的社会时代环境中，自然地肩负起传播正确的价值观、弘扬“忠孝节义”传统道德的历史责任。

此外，作为中国电影特有的电影类型的武侠电影，以其独特的影像表现形式和所蕴含的文化内核，从诞生以来就受到人们的广泛欢迎。武侠电影中对于“忠孝节义”的传统价值的认同，以及对“替天行道”的道德准绳的执行，都是符合中华民族内在价值诉求的。由中国戏曲文化和武术文化发展而来的武侠电影，直至今天都是中国商业片走向世界电影市场最有力的武器。

（三）民族文化符号的视觉传达

民族文化符号作为具有意义和内涵的抽象性标识，与某个社会、国家、群体的历史民族文化密切相关。德国哲学家恩斯特·卡西尔在《人论》中把人定义为“符号的动物”，认为符号化的思维和符号化的行为是人类生活中最富有代表性的特征，并且人类文化的全部发展都依赖于这些条件。因此，民族文化符号作为历史条件和时代环境的产物，总是以小见大地集中体现出每个民族所特有的文化形态、伦理观念、价值取向、宗教信仰等各方面的特点。亭台楼阁、历史故事、民间传说、民俗文化、典礼仪式、园林景观、服装配饰、戏剧戏曲等这些具有民族文化意义的符号表征，总能引发我们对于某个民族的文化想象。

无论是《黄土地》中的求雨、祭天、结婚等场面，《红高粱》中的颠轿、酒祭的仪式呈现，《大红灯笼高高挂》里的灯笼、捶脚的意义指涉，还是《霸王别姬》中京剧的嵌入、用“戏中戏”的形式拓展叙事空间，都明确体现出民族性符号的能指优势，并且，具有这种能指优势的符号在整体文化语境形成一种具有明显识别性的符号集合，构成了民族文化的独特表征范式。这些电影关注中国传统文化本身，将具有民俗文化性质的事物融合于电影叙事表意之中，使其电影产生了有别于以往作品的视觉感染力和艺术表现力度。而这种电影中以民族文化符号的视觉表现参与叙事的手段，似乎成为了当代电影的一种文化习惯和叙事策略延续至今，也成了一种民族情感的投射和一种有意味的表达，使电影更具有艺术性和审美娱乐性。

二、走向世界的中国电影之民族性建构和探索

改革开放以来，中国电影在“第五代”导演的集体努力下积极寻求突破，创造了一系列的辉煌，使得中国电影逐渐为世界所熟知。如张艺谋导演的《红高粱》《大红灯笼高高挂》《秋菊打官司》《我的父亲母亲》，陈凯歌导演的《霸王别姬》《荆轲刺秦王》，姜文导演的《鬼子来了》，这些影片都体现出了中国传统文化的特征，承载着中华民族的历史积淀。从象征着喜庆氛围的大红灯笼，到极具中国民族文化内涵的传统曲艺，从婚丧嫁娶仪式，到儒家文化对人性的揭露，都有意或无意间突出了中国文化的独特特色，在展现电影民族性特征的同时，搭建起西方世界认识东方文化的桥梁。

中国电影在各类国际电影节上频频获奖，使得中国电影逐步走向世界，也为中国电影获得海外资本和市场提供了有利的条件。但这种国际上的认同，并不是建构在一种民族话语机制的基础上的，而是建立在西方的评价体系基础上，这种现状也使得我们自己的电影制作趋于被动。

近三十年来，西方世界的电影“认同”标准，影响着中国电影的生产和评价体系，并在很大程度上对中国电影的美学标准和价值取向形成了较为明显的改写。我们不难发现，中国电影在借由西方世界这一镜像实现自身的文化认同的同时，也出现了创作观念的扭曲，以及对于西方价值体系的迎合。

当然，我们不能否认，以中国“第五代”导演电影为代表的当代中国电影，为中国电影的国际化发展付出了努力，也取得了一定的探索成果。这些电影用艺术化的表现手段和寓言式的叙事方式展现人们的真实

生活和精神世界，从一定程度上呈现出中国文化的特质，也使得电影具有强烈的视觉感染力和艺术表现力。

然而我们同样不能否认的是，部分影片对于民族文化精神存在着一定程度上的误读和曲解。因此，我们在全球化的语境中进行电影创作的同时，缺乏的可能首先不是技术、手段和能力，而是在摒除了文化焦虑和功利主义的独立思考下对于传统的尊重和对人性的正确认识。

三、全球化发展与中国电影的民族性建构

在全球化的背景下，各民族文化的发展总是在世界文化的整体发展和不同文化的相互观照中实现的。我们在“他者”的评判体系中不断完善和充实着自我的身份建构，文化全球化的互动结构给民族文化发展带来了更多的可能性。

电影作为民族文化的一种表征形式，要想获得全球化的发展，不仅需要对本民族文化的挖掘，同时还应当观照人类共同的情感诉求。换言之，不仅应当满足本民族观众的需要，还要尊重其他民族观众的欣赏习惯和心理期待。在全球化的发展态势下，无论哪个国家、民族、族群，都无法规避其他民族的存在，鉴于文化的互动结构，我们对于民族性的坚守应当是在符合人类共享价值系统的前提下对民族文化信仰的保留。

反观21世纪以来的中国电影，我们有《英雄》《十面埋伏》《无极》《夜宴》《满城尽带黄金甲》等一部又一部商业大片，它们以恢宏的场面、强烈的视听体验、高水准的技术制作、激烈起伏的情节设计著称，可惜的是，它们却在国外的影院鲜人问津，在国内的媒体上遭遇的评论也是褒贬不一。中国电影似乎走上了一条更为迷茫的道路，接二连三的武侠巨制，似乎成为了中国电影海外营销的唯一出路。中国的电影导演进行着国际化电影创作的尝试，有的导演将东方的故事和西方的叙事手段结

合，有的导演用中国的历史述说西方的精神，有的导演试图借用西方魔幻主义手法来诠释东方的人文情感，却令人遗憾地在这种“大片”的形式下宣告失败。

本文认为，立足本土文化资源、汲取西方文化精华本身是无可非议的，然而中国电影走向世界的关键，绝不仅仅是大制作、高投资、一流制作团队等物质因素。相反，只有以拥有悠久文化底蕴和丰富文化内涵的中国传统为根基，使用东方文明中最擅长的含蓄细腻的情感诉说、充满哲理的人性观照和诗意境界的美学理念，这样烹制出来的“中餐”才是我们真正需要的东方电影模式。

虽然东方价值理念独特的思维方式、情感方式是有别于西方价值系统的，但却是符合人类共同的情感体验和普适价值的，它是中华文明特有的精神家园，也是中华文明对世界文明的独特贡献。对于本土市场而言，中国电影本身的文化亲和性和巨大的市场消费潜力，都为中国电影发展提供了良好的基础。因此，中国电影的发展及其民族性的建构，不能盲目依赖西方的评定标准，而是应当充分挖掘和弘扬本民族的文化特征和人文情怀，同时注意对人类共同精神家园的呵护与维持，从而形成民族性与人类普适价值系统的有效并存的局面。

面对当下世界话语秩序，全球性所引发的后果，既是对原有的封闭自足的区域性民族文化的一种挑战，更是一种难得的、使本民族文化得以弘扬发展并与其他民族文化形成有效交流互动的文化机遇。中国电影在走向世界的过程中，必然面临着认知范式的变化。而就电影文化的发展策略而言，中国电影既需要进行影像的民族身份建构，同时还需要积极融入新的元素，注入新的思维理念，借鉴新的技术手段，站在对人类普适情感的视角，拥有广阔的国际视野，有意识地培养西方受众，渐次地推进电影的跨文化传播，引导西方受众进行“中国式审美”，而不能仅仅是满足于西方的文化猎奇心理。因此，中国电影必须在东西方两种文化的巨大差异性面前有所抉择，在保持本民族文化特性的同时，对文本内容进行“双重编码”，抓住文化契合点，为西方的观众提供文化体验上的补充，通过对共享价值体系的体现来赢得受众认同，从而在全球化时代实现具有民族精神主体性的中国电影建构。

（原刊于《文艺研究》2013 年第 8 期）

（赵博雅，电影学博士，副教授，研究方向为影视传播。）

【广告传播与媒介管理】

逆向广告理论浅析

梁晓莉

摘　要：Web2.0给广告提供了更多发展方向和空间，给企业提供了更多的营销方式和渠道，给消费者提供了更多的话语权和平等权。正向广告传播采取占位式的营销方式对消费者进行信息的狂轰滥炸，在这个信息大爆炸的时代，消费者的注意力在谁身上，谁就是赢家。赢得消费者的注意力，成了所有企业主和广告公司竞争的关键点，我们不能肯定地说这意味着传统广告的衰败，但至少我们可以说这意味着传统广告需要寻找新的出路了，吸引消费者的注意力，让对广告产生厌烦心理的消费者市场重新活跃起来。除此之外，消费者拥有了话语权，就有了表达的欲望和对个性化的追求，所以我们除了吸引消费者的注意力外，还要更多地听取他们的声音，他们需要什么，他们喜欢什么，他们不喜欢什么……总之，他们的每一句话都变得有分量，没有谁能够忽略。本文基于此，从纠正人们对于逆向广告就是逆向思维在广告中的运用的观点出发，界定逆向广告的概念，阐释逆向广告理论，并总结逆向广告的几种类型，为逆向广告后续的进一步研究奠定理论基础。

关键词：逆向广告；意向经济；注意力经济；用户生产广告

一、研究背景

广告的发展由来已久，在我国，早期有社会广告、政治广告、军事广告、文化广告，进入原始社会末期，出现了畜牧业和农业的第一次社会分工，形成了以原始农业为主的自然经济，同时促成经常性交换的出现，由此诞生了经济广告。经济广告从诞生到现在经历了各种各样的形式，借助了各种各样的传播媒介，从古至今，我们每天不可避免地接触大量的广告信息，在移动互联网兴起之后，我们的生活中更是充斥着各种各样的我们需要的和不需要的信息。各种或功能诉求或情感诉求的商业广告信息早已麻痹了消费者的神经，传统的“占位”式的广告形式已不能引起消费者的注意。传统广告大规模无针对性的信息轰炸收效甚微，于是大家纷纷寻求广告新的出路，企图吸引消费者有限的注意力，所以我们常说这是注意力经济时代。

2006 年，美国加州大学圣芭芭拉分校信息技术和社会研究中心访问学者，哈佛大学伯克曼互联网和社会研究中心特邀研究员，Linux Journal 杂志高级编辑，著名专栏作家道克・西尔斯(Doc Searls)在美国举行的一次以“注意力经济”为主题的新兴技术会议上，从一个全新的角度提出了自己对注意力经济的看法，他主张以“意向经济”取代“注意力经济”。2006 年 3 月，道克・西尔斯在一篇文章中正式提出“意向经济”(the intention economy)的概念①，随即引发了一场有关“意向经济”的讨论，大家开始思考，我们是不是正在走向一个“逆向广告”的时代。

2008 年，浙江工业大学张雷和兰刚两位老师发表了一篇名为《“逆向广告”的兴起——论西尔斯的意向经济之可能》②的文章，分析了意向经济实现的可能性，通过对现实广告传播环境和对“意向经济”特性的分析，他们得出“意向经济”只是“注意力经济”的一个分支，不可能

---

① Doc Searls：*The Intention Economy*，(2006，March). http：//www.linuxjournal.com/node/1000035.

② 张雷、兰刚：《“逆向广告”的兴起——论西尔斯的意向经济之可能》，《浙江工业大学学报》(社会科学版)2008 年第 7 卷第 4 期。

取代“注意力经济”的结论，并指出逆向广告的发展将会带来新的信息泛滥。尽管关于“意向经济”理论的争议有很多，但我们不得不承认“意向经济”的提出给我们提供了一个新的思路，也给现代广告传播活动提供了一个新方向。

西尔斯“意向经济”理论的提出距今已经过去十年之久，在这十年里，关于逆向广告的研究依旧很少，从文献上很难看到逆向广告如今发展的一个状况，但在这十年里，我们看到互联网的高速发展给各行各业带来的新的变化和挑战，其中对于广告业的影响更是不少，逆向广告在互联网时代表现得越来越明显。

当前，传统广告对消费者的狂轰滥炸引起消费者的不满情绪，在观看2016年巴西里约奥运会女子排球比赛的决赛直播时，比赛叫暂停期间，泸州老窖和农夫山泉插播了几段广告，引起观众的强烈不满，有网友在微博上写道：“讨厌农夫山泉，影响我看中国女排姑娘的精彩表现!”当广告主花重金将广告砸向消费者却收效甚微甚至引起消费者的反感时，我们应该思考，到底怎么做才能既宣传产品，又让消费者接受，并能达到活跃市场的效果。

二、研究的目的与意义

从西尔斯“意向经济”理论提出到现在已经过去十年之久，而相关的研究成果却非常少，以“逆向广告”作为关键词检索相关文献，检索结果中大量的文章都是介绍的逆向思维在广告中的应用，可见，不少人对于“逆向广告”的认识还有所欠缺。本文旨在为逆向广告正名，以理论和案例对这一名词进行解读，并结合逆向广告相关特性提出活跃市场的方法。

三、逆向广告概述

（一）逆向广告兴起的背景

王菲在《媒介融合中广告形态的变化》一文中分析了逆向广告出现的背景：媒介产业链纵向上衍产生逆向生产功能，根本上改变了信息传播形态，对于广告活动来说，营销传播方式不再仅仅是广告主、广告公司、广告媒介才能充当信息传播的角色，作为受众（消费者）的终端用户也可以成为广告信息的制造者和传播者，他们的信息传播活动验证出一个新的广告空间，并且因为体验性强而具有强烈的效果，逆向广告由此诞生。① 张雷、兰刚在《"逆向广告"的兴起——论西尔斯意向经济的可能》中指出，意向经济的出现催生了逆向广告，如果意向经济能够全面实现，我们就有可能进入一个逆向广告的时代。

逆向广告不同于以往的正向广告传播，它以以往的受众为传播主体，给予消费者充分的话语权，实现了买卖双方的平等对话。这一现象只有在互联网时代才有可能实现，互联网的包容性和开放性给予每个人充分的表达权利，没有谁能忽视互联网上的声音，现今的广告形式更是丰富和新颖，整合营销、交互广告层出不穷，在其中，我们也看到了逆向广告的身影。

（二）逆向广告兴起的原因

杨光在《逆向广告传播研究》中指出逆向广告兴起原因有四②：

---

① 王菲：《媒介融合中广告形态的变化》，《国际新闻界》2007 年第 9 期。

② 杨光：《逆向广告传播研究》，黑龙江大学硕士学位论文，2012 年。

1. 社会经济转向的催生

广告是商品经济发展的产物，随着社会经济的发展不断完善和创新。互联网时代带来的眼球经济、注意力经济、影响力经济，以及西尔斯提出的意向经济，使得社会经济体系发生了巨大的转向，也引领者广告传播活动走向一个新的方向。

2. Web2. 0 技术为逆向广告提供了可能

Web2. 0 注重传播双方的交互活动，用户既是网站信息的浏览者也是信息的发布者，用户不再被动地接收信息，拥有了更多的话语权，表达自己意愿的成本低到可以忽略不计。由此可见，网络技术的发展给逆向广告的出现提供了坚实的物质基础。

3. 传统正向广告的困境

传统的正向广告对消费者进行信息的狂轰滥炸，早已让人生恶，而其中的产品品质又参差不齐，消费者更想看到的是广告背后的“真相”，而不是任由商家摆布。对于商家来说，一味地进行信息狂轰滥炸，缺乏针对性，效率低下。

4. 个体消费习惯的改变

随着全球电子商务市场的快速发展，更多的消费者青睐于用主动的姿态来寻求个性化的商品，日本电通集团根据新媒体环境下消费者认知过程的变化得出 AISAS 模型理论，即 Attention（关注）、Interest（感兴趣）、Search（搜索信息）、Action（购买）、Share（分享）。当这一模型中的 Search 环节不能满足时，消费者就会试图通过其他方式来满足当前的意愿，因此逆向广告就成了最恰当、有效的手段之一。

西尔斯的意向经济理论仍然存在很多的局限，我们不可能进入一个全面的逆向广告时代，无论什么时候，逆向广告也无法完全取代正向广告，但是在当今互联网高速发展时代，当注意力经济、眼球经济等新的社会经济形式辐射范围越来越广，逆向广告的出现能为传统正向广告作一个很好的补充，使当前的广告形式更加丰富，广告市场更加繁荣，并给消费者带来一些新鲜的体验和感受。

四、逆向广告的概念及特性

（一）逆向广告的概念界定

以“逆向广告”作为关键词进行检索，结果中出现的文献虽然标题中带有“逆向广告”，但看其内容，发现其讲的其实是逆向思维在广告中的运用，可见对于“逆向广告”的概念还存在有歧义的地方。逆向广告，从字面上来看，就是相对于正向广告的一种广告传播活动。传统的正向广告传播主体是卖家，买家作为受众被动地接受广告信息，而逆向广告则与这种传播形式正好相反。道克·西尔斯意向经济理论的核心是变卖家广告为买家广告，即买家通过自主选择媒体向卖家发布自己的意向，卖家围绕这个意向进行竞争。作为逆向营销推广的逆向广告，① 是建立在互联网上的窄播让消费者处在与营销主对等的位置上，点到点抑或是面到点的交互传播使得用户可以参与广告信息的设计、生产，并按照自己的意愿传播给广告主。

（二）逆向广告的特性分析

根据逆向广告的概念，可以得出以下特性：

---

① ［美］菲利普·科特勒：《科特勒营销新论》，中信出版社 2003 年版。

1. 传播主体是用户

在逆向广告传播活动中，话语权不再掌握在广告主手里，用户根据自己的需求进行广告的设计、创作和发布，就像西尔斯意向经济理论所构想的那样，随着经济的发展会出现一些这样的网站，它们能够聚集几乎所有的需求，商家在这里集中购买消费者的各种需求，以准确提供产品和服务，消费者不需要从一个网站到另一个网站搜集商品信息，他们只需要将自己的需求发布到网上，卖家围绕其需求进行竞标。

2. 用户自主选择传播媒介

消费者根据自己的需求选择传播媒介，通常情况下，这种媒介以互联网为基础，互联网的开放性和交互性为用户提供了大量的数据资源和信息资源，给每一位用户都提供了一个属于自己的媒体虚拟空间和廉价的广告平台，同时随着移动互联网的发展，用户发布信息和接收信息更加的便捷和广阔。

3. 围绕自己的需求或商品信息进行生产设计广告内容

在张雷和兰刚的《"逆向广告"的兴起——论西尔斯意向经济的可能》一文中，指出意向经济的一个不足是，虽然网络可以有效凝聚消费者群体的力量，但是个性化的需求又会使消费者的内聚力下降，难以形成有组织的力量，这便会阻碍消费者意向的实现。他们认识到个性化的需求，却没有认识到有很多东西如日用品根本不需要个性化(这也是逆向广告无法完全实现的原因)，对于商品信息，如果存在一个意见领袖的话，那么大家的意见就很容易达成一致，如果一个商家无法满足某些特殊的需求，还会有其他的商家来竞标；他们认识到消费者围绕自己的需求制作和发布广告，但是没有认识到消费者可以围绕商品信息进行生产设计广告内容。

4. 针对性

前面说道用户自主选择传播媒介，其选择媒介的目的就是将自己的需求信息有针对性地传达给目标商家，但就目前来看，在百度贴吧、天涯社区等网站需求信息其实更多的是流向了网络受众，受众针对性较差；而在58同城、赶集网等信息分类网站受众针对性则较强。

五、逆向广告的类型和功能

（一）逆向广告的类型分析

前面说到，张雷和兰刚的《“逆向广告”的兴起——论西尔斯意向经济的可能》中认识到消费者围绕自己的需求制作和发布广告，但是没有认识到消费者可以围绕商品信息进行生产设计广告内容。所以逆向广告应该有两种类型，一种是为了满足自己的个需而进行的，另一种是围绕卖家商品信息而进行的。

围绕自己的需求制作和发布的广告称为“自需型”。如以58同城和赶集网为代表的分类信息网站，在这些网站里，将房产信息、二手物品、生活服务等作了详细的板块分类，其用户既有卖家也有买家，买卖双方可以平等地对话，用户根据自己的需要选择板块发布或查看信息。而在百度贴吧，用户活跃度高，用户常常以发帖的形式发布自己的需求信息，如在尼康D7100吧中有一条求购帖是这样写的：“收7100套机，只要套机哦，因为不懂，所以不想折腾。最好是140的套机，另外，成色至少要过得去，快门低点”，在这一个帖子中我们能读出该用户对商品的要求。在自需型逆向广告传播中，买卖活动几乎是发生在个人与个人之间，所以常常是以二手物品和租房交易为主，而张雷、兰刚所看重的个性化需求则没有体现得太多。但在像百度贴吧这一类网络社区中，每一个网络个体因为兴趣而汇聚到一个吧里，讨论某事物，输出一个共同的声音，如在华为荣耀 6plus 吧中，许多的帖子都在反应华为荣耀 6plus 手机耗电太快，实体键失灵的问题，这就为华为荣耀手机后续的系统升级和后代手机生产指明了一个改进的方向。

围绕商品信息进行生产设计内容的广告称为“他需型”，也就是我们现在常见的互动营销。在以提倡个性化生产为特点的 Web2.0 时代，用户由原来的以下载为主转变为上传与下载并重，由于手机所带来的便利性，只要有网络，用户可以随时随地拍、随时随地发，发布信息的成本越来越低，形式也越来越丰富。借助 Web2.0 的特点，新的营销方式出现在人们的视线中。2009 年，澳大利亚旅游局推出“世界上最好的工作”整合传播活动邀请世界各地的人们竞聘大堡礁汉密尔顿岛护岛人一职，广告主只是发布了这一信息，就吸引了世界各地超过 3.5 万人通过博客、照片、视频日记等形式参与竞聘，而这些各种各样参与竞聘的形式从另一个方面来说不仅为这次的竞聘活动，也为澳大利亚的旅游做了极大的宣传。最终该活动收获了超过 8000 万美元的媒介曝光价值，成功将澳大利亚昆士兰州带上世界地图，并在当年的戛纳广告节上横扫公关、直效两尊全场大奖和四尊金狮。整个过程从内容生产到信息发布到广告效果的再传播都是由用户自行设计、发布并完成。简单来说，“他需型”逆向广告就是由广告主发起一个广告信息的噱头，吸引消费者参与到广告的创作与传播中去，这类广告围绕的往往不是消费者的需求，而是已有的商品信息。Web2.0 满足了人们两大心理，即个人成就感和好奇心，参与到企业广告信息的制作与传播中，既可以满足好奇心，也可以通过广告作品的传播而收获到一些意想不到的好处从而满足个人成就感。

(二)逆向广告的功能分析

广告的功能经历了告知功能、劝服功能、诱导功能、沟通功能四个发展阶段，而逆向广告的出现则是广告告知功能的回归。逆向广告跟正向广告最大的不同就是传播主体的转换，以往的传播主体是商家，不管是在广告功能的哪一阶段，他们的广告都是围绕着自己的产品信息，他们为求良好的效果，会夸大商品功能，甚至是发布虚假广告信息。而如今逆向广告的出现，传播主体成了网友和买家，在自需型逆向广告中，他们发布信息几乎都是围绕着自己的需求，所以几乎不会出现虚假广告信息，也没有某一特定产品的信息，所以更接近信息告知的功能。而在他需型逆向广告中，虽然发布的内容围绕着商品信息，但绝不会像正向广告那样刻意地去表现商品的功能，他们发布的信息更多的是像生活日记一样的东西，给人更加真实的感觉。

（梁晓莉，讲师，主要研究方向为广告传播。）

门户网站读书频道的营销传播研究

苏新力

摘　要：随着互联网阅读的兴起，各中文综合门户网站读书频道的浏览量和影响力日益增加，由于提供服务的同质化严重，用户和各种资源仍会继续向行业内排名前列的企业集中。由于各读书频道的产品内容及推广方式同质化严重，同时互联网广告等传统的盈利手段在读书频道的应用空间有限，而收费在线阅读、手机在线阅读、线下增值服务等新方式还处于试探成长阶段，因此大部分的读书网站盈利状况并不理想。本文在对中国门户网站读书频道的生存环境的分析基础上，探讨互联网广告、实体书在线销售、收费在线阅读以及图书出版等几种门户网站读书频道主要盈利模式的效用，并从门户网站读书频道的市场竞争者的角度探析其存在的竞争压力和困境。

关键词：门户网站；读书频道；营销传播

为了满足网民日益增加的互联网阅读需求，拥有巨大浏览量和点击率的中文综合性门户网站纷纷开设读书频道。新浪读书频道自 2002 年开播以来，访问量持续上升，目前日访问量达到 1000 万，每年有 3000 种书在新浪连载，图书网友的留言达到七八千条，成为读者了解图书文化信息的重要渠道。① 目前新浪读书在国内门户读书频道中流量和书库

---

① 沈剑虹：《网络读书频道——"e 时代"阅读的火爆、困惑与蜕变》，《出版发行研究》2006 年第 4 期。

规模均位居前列，搜狐、腾讯、网易等各大门户网站纷纷效仿，竞相推出各自的读书频道。尽管门户网站的读书频道为数众多，但在栏目设置和盈利手段上，呈现出很强的趋同性。

一、门户网站读书频道的生存环境及盈利模式

2006年，我国出版科学研究社发布的《第四次全国国民阅读与购买倾向抽样调查报告》显示，该调查中1999年首次调查发现国民的阅读率为60.4%，而2005年为48.7%，首次低于50%，与图书阅读率的下滑趋势相反，近年来我国国民网上阅读率正在迅速增长。根据2011年1月我国互联网信息中心发布的《第27次我国互联互联网发展状况统计报告》显示，截至2010年12月，我国互联网文学使用率为42.6%，用户规模达1.95亿，较2009年年底增长19.9%，是互联网娱乐类应用中用户渗透率唯一增长的应用。因此，我们不难发现，1999年到2005年期间，我国国民传统介质阅读率连续6年呈明显下滑趋势，这与互联网阅读的繁荣形成鲜明对比。

为了满足网民日益增加的互联网阅读需求，拥有巨大浏览量和点击率的中文综合性门户网站纷纷开设读书频道。提供快捷的图书信息服务成为读者了解图书、引起购买欲望和实现购买的重要依据。① 2002年，新浪网在门户网站中率先开办读书频道，目前在国内门户读书频道中流量和书库规模均位居前列。此后，搜狐、腾讯、网易等各大门户网站纷纷效仿，竞相推出各自的读书频道。尽管门户网站的读书频道为数众多，但在栏目设置和盈利手段上，呈现出很强的趋同性。

在推广运营方面，近年来以活动带动影响力的推介方式颇为流行，

① 罗紫初、秦洁雯：《当当网和卓越亚马逊网的营销模式研究》，《编辑之友》2010年第2期。

门户网站自身的知名度及点击量决定了各家读书频道的知名度与点击量。由于各读书频道的产品内容及推广方式同质化严重，同时互联网广告等传统的盈利手段在读书频道的应用空间有限，而收费在线阅读、手机在线阅读、线下增值服务等新方式还处于不成熟阶段，因此大部分的读书网站盈利状况并不理想。

（一）门户网站读书频道的生存环境

2002 年开始，各大门户网站纷纷开设读书频道，通过连载图书内容的方式以及各种线上、线下服务，创造高人气的点击率，吸引广告主的赞助投入获取利润。从战略的角度讲，互联网公司与传统企业无异，其主要目标均为盈利。随着互联网经济的不断发展，盈利与否和盈利幅度已经成为判断互联网公司成熟与否的标志。读书频道是门户网站获取利润的盈利手段之一，一方面门户网站的良好口碑和超高人气给读书频道带来了稳定的浏览量和点击率，另一方面读书频道的内容刊载和售卖也给门户网站创造了一定的利润，提供后续发展的资金动力。

我国互联网行业的快速发展使读书频道几乎时时刻刻充满了商机，这给中文综合性门户网站读书频道的盈利模式带来了巨大的机遇和挑战。我国的经济和金融发展大环境、我国互联网的商业生态以及我国网民的群体特征成为影响门户网站读书频道生存的几大制约因素。

1. 我国的经济和金融发展水平

2008 年以来，我国经济社会发展经受了近几年最为严峻的挑战和重大考验。尽管国际经济形势发生了重大变化，对我国经济的发展产生了较大的不利影响，但是总的来看，国际经济不利因素和严重自然灾害没有改变我国经济发展的基本面貌，国民经济继续朝着宏观调控预期方向发展，我国经济保持了增长速度较快、价格涨幅趋缓、结构有所改善的较好态势。然而，各主要经济体经济复苏的迹象依然难觅，主要发达经济体经济衰退程度日益加深，金融危机正从发达国家向越来越多的发展中国家迅速蔓延，对全球实体经济的影响在不断加剧。面对经济形势的变化，面对国际金融危机带来的空前挑战，我国以前所未有的力度展开了新一轮宏观调控。经济危机在何时以何种形式结束，目前依然未知。国际经济走弱、保护主义抬头、石油价格波动……一系列国际因素给我国的发展带来了不确定性和挑战。

经济发展整体水平不高、经济体制存在需要完善和改进之处，给中国的互联网经济也带来了考验。经济大环境的变化过程中不可忽视的现象是国际跨国公司在中国进入了调整期，不同所有制结构的企业效益已经发生了重大变化，广告主对于互联网的广告投入愈发谨慎，同时也开始强化自身整合营销职能，而传统依赖广告收入生存的互联网公司的融资渠道日渐狭窄。尽管近年来我国的经济发展水平整体发展迅速，在国际上引起了广泛的关注，获得了丰富的境外投资，但是我国互联网企业的发展水平和国民人均经济水平不高，缺乏充足的资金投入始终是制约互联网企业发展的瓶颈。目前正值我国互联网行业大变革、大发展时代，互联网经济发展所需的科学的融资体系却处于缺位状态。除了极少数网站能够从国外风险投资和创业板类的证券市场获得足够的金融支持外，大部分互联网站，特别是中小型网站在不同时期、不同程度上都面临资金动力不足的问题。

2. 我国互联网的商业生态

我国互联网经济从兴起到繁荣仅经历了十几年时间，却迅速提升了其作为市场媒体的巨大价值，其中门户网站、电子商务网站的建设和开发为互联网经济的活跃和发展作出了很大贡献。与传统媒介有很大不同的是，网络传播渠道具有多重属性，主要表现为技术平台属性、传播媒介属性、经营平台属性、虚拟社区属性。互联网站利用技术平台的优势、创建虚拟社区达到传播内容和资本获利的目的，巨大的经济利益诱使着各方加入到这场利益的争夺战中。互联网无论在用户体验方面还是在盈利模式探索方面，均已突破了前期仅停留在资本层面上的竞争，迎来了新的战略转折。从内容版权、成本控制到广告吸金、利润的重新分配再到融资，逐渐摆脱旧的运营模式，不断发掘新的盈利手段，成为互联网站争夺生存权的关键。

当前我国互联网商业生态环境主要存在诸多问题，如互联网企业的融资渠道不足、融资体系不完善；互联网购物的诚信环境有待改善，网上购物立法还在探讨当中，与传统购物环境相比，网上购物在售后服务、质量保证等方面仍然难以让消费者放心；互联网电子支付系统不健全，我国是一个以现金支付为主的经济体，消费者对电子支付安全保障的怀疑、金融服务行业的不发达阻碍了电子支付手段的快速实现；互联网企业的物流、配送系统效率不高；互联网站的盈利手段同质化严重。

对于我国几大中文门户网站的读书频道而言，新浪读书频道、腾讯读书频道、搜狐读书频道和网易读书频道的盈利模式主要集中于网络广告、在线收费阅读、实体书销售和图书出版这四种方式，提供的在线内容、管理手段、操作流程以及利润分配存在着极大的相似点，竞争十分激烈。

3. 我国网民的群体商业特征

根据2011年1月由中国互联网络信息中心发布的《中国互联网络发展状况统计报告》，当前我国网民的群体商业特征主要表现在以下两个方面：

(1)我国网民规模跃居全球第一，互联网普及率稳步增长。2010年，我国网民总数达到4.57亿，互联网普及率攀升至34.3%。全年新增网民7330万，年增幅19.1%。截至2010年年底，我国网民规模已占全球网民总数的23.2%，亚洲网民总数的55.4%。互联网商业活动的规模效应显著，产业性质逐渐凸显。

(2)互联网进一步向低收入者覆盖。与2009年相比，个人月收入在500元以下的网民占比从18%上升到19.4%，月收入在501~2000元的网民群体占比也从41.7%上升至42.8%。无业、下岗、失业网民占比降低，因此无收入群体网民也从10%降低至4.6%。由于网民大多数处于16~25岁的低龄和2000元以下的低收入水平，难以形成具有消费能力的目标消费者。同时，该群体消费偏好倾向于互联网游戏、音乐、视频等休闲娱乐服务，理性的网络阅读行为较少。

（二）门户网站读书频道的盈利模式及效用

中文综合性门户网站的读书频道可售卖的资源除了强大的图书数据库之外，还包括用户的“注意力”。目前，我国大部分读书频道的收入主要来源于互联网广告和内容营销这两个方面。

1. 互联网广告

互联网广告是互联网产业最重要的盈利模式之一，读书频道在互联网广告这块蛋糕上分得的却只是很小的一部分。虽然门户网站自身的知名度及点击量决定了各家读书频道的知名度与点击量，新浪读书频道借助新浪的优势媒体形象赢得了极高的流量，但是读书频道的广告浏览量却明显低于页面流量排名。

根据Alexa公布的2008年3月的统计数据，新浪读书频道页读数占全站流量的5%，新浪读书在其所有的子频道中排名第10位，汽车、女性、游戏等频道流量明显低于读书的频道，广告浏览量却为其2~4倍。这说明，图书商品的广告投入费用显然不及汽车、化妆品、服装和游戏类产品的广告投入，商品本身的低价位给其广告投入带来了局限，另外，大多数的用户在在线浏览图书内容时，并未点击或观看该频道的广告资源，高页面浏览量未转化成高广告浏览量，导致了广告资金投入的浪费。

2. 内容营销

门户网站读书频道的内容营销是将图书资源通过电子方式呈现在互联网上，通过售卖图书内容达到宣传目的的营销手段，是一种结合了传统文字和互联网双重优点的营销方式。目前，中国大多数的门户网站读书频道在内容上的盈利方式主要有以下三种：在线收费阅读、实体书销售和互联网原创文学的图书出版。

(1)在线收费阅读

2007 年 5 月，腾讯网正式推出 VIP 收费阅读服务，包月阅读仅为每月 5 元，新浪的资费标准为每千字 3 分钱。同年，搜狐推出 40 本左右的收费书，每本收费 2 元。综合起来，互联网阅读的收费标准一般是现实书籍价格的一折左右。

在线收费业务的初期遭到了读者的反对，绝大多数读者不赞成阅读收费，且收费业务的开展没有相应的技术服务支撑。早期的在线收费业务是通过银行卡转账，且能够开展电子支付的银行卡有限，流程繁琐，某些门户网站缺乏支付经验，造成了电子支付的不方便和安全隐患。

面对这种情况，各收费网站都保持了冷静态度。在经过四年的尝试后，各大门户网站的读书频道已经培养出庞大的高忠诚度的读者用户。互联网阅读具有传统阅读无可比拟的优势，其方便快捷、价格低廉和阅读技术使得阅读舒适性日益改善，随着人们生活的进一步互联网化、电子化，传统阅读和电子阅读的此消彼长是必然的趋势，电子阅读将成为满足人们日常浏览图书信息的主要阅读方式。

(2)实体书销售

目前大多数的门户网站开通了自己的互联网商城，开展互联网的电子商务业务，产品和服务涉及消费领域的多种形式。针对读书频道特殊的产品资源，大多数的互联网商城也开展了互联网购书业务。中文综合性门户网站大胆借鉴流行欧美的“免费试读本”的方式，为用户提供免费提供图书的大部分或者全部内容，同时提供关于该图书的全方位服务，如专家书评、网友评论、博主推荐、相关数据推荐等诸多增值信息，鼓励用户在线阅读及再次参与评论。事实证明，约有六到八成的用户在网上发现喜欢的书并进行试读后愿意购买其纸质印刷版本。

门户读书频道的下游产业链——互联网售书使用户的购买意愿成为可能，用户在足不出户的情况下只需轻点鼠标，便能够通过在线购买获得图书。为了吸引更多的用户对图书资源产生兴趣，某些门户网站还通过图书促销，对某些传统知名作品或新兴原创文学作品进行书讯、书评、专题、社区等口碑营销方式，在网上形成较高的点击率和评论率，推动了门户网站的实体书销售活动的开展。

(3)互联网原创文学的图书出版

与以上两种寻求上游产业链的扩展不同，图书出版是从门户网站读书频道向下游扩大盈利模式的渠道。利用中文门户网站自身强大的用户流量以及读书频道的资源优势，吸引众多的用户自主发布原创文学资源，并通过策划、营销、活动等方式获取超高人气后，依靠自身的强势品牌推进原创文学的结集出版、销售推广、获取利润，同时也有助于提升作者和网站的知名度和影响力。

虽然门户网站读书频道的原创文学的最初目的只是为了聚集人气、增加流量，但其带来的超高点击率引起了众多读书频道的重视。2003年年末开始，各大门户网站开始纷纷开展诸如原创文学大赛或推荐优秀互联网写手等方式，抢占互联网原创文学资源，对于某些有号召力的“意见领袖”的人气作品，读书频道甚至与传统出版社合作，共同开发互联网原创文学的图书出版业务，线上、线下作品的联合推出，既满足了用户的阅读需求，也给读书频道开辟了新的盈利渠道。

二、门户网站读书频道面临的竞争压力

（一）来自门户网站的相互竞争

丰富全面的内容资源是门户网站读书频道最为重要的资源和财富，但是现有的读书频道在图书资源、栏目设置等方面的差异性并不大，甚至在排列方式、知名博主推荐等方面十分雷同，以当前新浪、腾讯、搜狐和网易这四大中文门户网站的读书频道为例，我们可以看到其内容设置基本上涵盖书摘、博客、排行榜这样几个栏目，缺乏对图书的资源整合的优势，也缺乏对网友的深度引导。

另外，各大门户读书频道在近十年的相互竞争和借鉴中，盈利模式逐渐趋同，均以互联网广告、在线阅读收费、实体书销售和图书出版为主要的盈利手段，缺乏深度的互联网整合营销传播的意识和策略，特色不明显。

（二）来自数字内容提供商的竞争

在目前国内的收费阅读领域活跃的互联网主体主要有三方：以方正阿帕比为代表的数字图书馆；以起点中文网为代表的原创文学作品创作网络；以及以新浪、腾讯图书频道为代表的门户网站读书频道。参与主体的盈利模式各有千秋，但是在内容争夺、版权获取方面有着类似之处，在争取用户点击率方面存在着激烈竞争。

新媒体的加入也给门户网站带来了巨大压力，新媒体在中国的发展

速度和蔓延范围甚至超过了发达国家的情况。① 随着众多商业资本投入到数字出版产业后，大众化阅读市场已经进入白热化竞争的格局，而专业细分市场的知识服务产品非常匮乏。目前很多企事业、政府、学校急需细分市场的知识服务产品，方正阿帕比专业图书数据库应用方案的推出正是看准了这一市场机遇，自 2001 年起进入数字出版领域，在继承并发展方正传统出版印刷技术优势的基础上，自主研发了数字出版技术及整体解决方案，已发展成为全球领先的数字出版技术提供商。2010 年 9 月，方正阿帕比发布"出版社专业图书数据库应用方案"，这是继之前发布新一代结构化版式文档 CEBX、中华数字书苑全新专业知识服务平台后，针对出版社又一大动作，成为出版社数字化转型的有力助推器，为出版社提供针对性的技术手段解决面向内容产品服务转型中面临的一系列问题，数字内容加工、数字版权保护、内容管理的自适应、智能关联标引、内容多渠道发布、CEBX 标准及内容使用体验等。方正阿帕比强大的购买实力、技术优势是传统的门户网站读书频道难以企及的。

此外，原创文学的结集出版是门户网站读书频道的盈利渠道之一，近几年受到专业性原创文学网站的利益瓜分，原创文学网站的勃兴给门户网站读书频道的利润获取造成了一定的威胁。十年来，原创文学网站市场经历了大量新兴的互联网建设、市场洗牌和第一轮资本化过程，进入了市场稳定状态，形成了几大寡头并存的局面，不再有大量的新网站的进入。起点中文网的盈利模式是以 VIP 付费阅读制为核心的内容多次售卖，借由付费模式的成功大大地拓展了自身发展空间。在付费制下，网站的作品数量和质量都有了明显的提高，网站对于消费者的吸引力加强，随之而来的是点击率和阅读量的增长，以及网站收入和影响力的提高。在互联网作者和读者用户的抢夺方面，专门的原创文学网站比

① 陈刚、王禹媚：《新兴市场、共时性竞争与整合营销传播》，《广告大观(理论版)》2009 年第 1 期。

读书频道显得更具优势。虽然原创文学网站和门户网站读书频道的盈利模式存在一定差别，但在发展趋势上却存在着极大的类似，目标消费群体的重合度较高，竞争会越加激烈。

(三)来自图书销售互联网终端的竞争

实体书在线销售是门户网站读书频道的盈利渠道之一，纵观新浪、腾讯、搜狐和网易这四大门户网站的读书频道，几乎都曾进行过实体书的在线销售。但是在现实操作中，实体书销售并未给网站带来相应的收益，超高的点击率、阅读率并未转换成有效的图书购买率，或者说未在其门户网站上形成购买优势。

这一方面源于门户网站本身的电子商务经验和能力欠缺、电子商务平台竞争力不足，而老牌的图书销售终端如卓越网、当当网依靠国际化的操作模式、先进的管理方式和管理理念、丰富的实战操作经验、雄厚的资本实力，在图书终端销售服务领域建立起强有力的品牌优势、庞大群体的品牌忠诚度。当当网和卓越网是我国互联网发展初期就建立并持续占据市场优势的相互竞争的两大购书网站，用户渗透率一直保持购书网站的前两位，并形成了动态竞争格局。① 尽管门户网站开设电子商城业务，但始终处于青黄不接的状态，如网易商城集中于话费充值、互联网游戏直充、彩票购买、相片冲印及定制个性印品等多种生活服务，在图书购买方面的支撑不足。另一方面，由于用户的购买习惯是在门户网站了解图书信息，再去卓越网或者当当网进行购买，大多数用户不习惯在门户网站看书并在此下单，门户网站的读书频道带来了图书促销的作用，但是促销的结果是卓越网和当当网的订单量增加。

---

① 王砚羽、谢伟：《电子商务模式模仿者与创新者竞争动态研究》，《科学学与科学技术管理》2013 年第 6 期。

(四)互联网转载图书内容的版权压力

门户网站读书频道的图书资源主要来自传统出版社和原创文学写手的内容提供，目前大多数的读书频道通过与出版社签订协议的方式，以获取图书资源的网络转载权。国家版权局分别于1999年12月5日发布的《关于制作数字化制品的著作权规定》、2005年4月30日发布的《互联网著作权行政保护办法》，对制作数字化制品过程中涉及的著作权予以规定。根据我国的相关法律，只要未超过有关报刊转载作品范围的，并且向著作权人支付了一定的报酬后，就不存在侵权。

我国的互联网在一日千里地飞速发展，以图书资源为主要产品的门户网站读书频道的知识产权保护问题日益凸显，相关的保护措施严重滞后，各种侵权行为频频发生。2011年3月9日，北京大学出版社诉深圳市腾讯计算机系统有限公司侵权一案在北京昌平法院开庭审理。北京大学出版社认为对《CAXA实体设计工业设计篇》(2002年9月第1版)一书享有版式设计权。而2010年，腾讯未经授权，在其经营的网站上提供该书的电子版本下载。北京大学出版社的代理律师表示，被告行为已经严重侵犯了北京大学出版社对该图书所享有的版式设计权等相关权利，要求被告承担侵权责任并赔偿损失，并在腾讯网站以及中国知识产权报上刊登道歉声明。而腾讯公司的代理律师表示，此图书由8人共同创作，北京大学出版社只找到其中一名作者，同时，出版社是知识排版者，并不是创作者，不能称为原告，更不能证明原告的主张。同时，对北京大学出版社提供的图书出版合同的真实性提出质疑。虽然法庭没有当庭宣判此案，但是我们已经发现，传统出版社对于自由资源的版权意识日渐增强，门户网站读书频道急需提高自身的版权意识、运用版权保护手段，减少来自内容提供方的版权压力。

三、门户网站读书频道营销传播的构建策略

我国中文综合性门户网站的读书频道在图书资源的版权购买方面的成本开支巨大，但是从收入角度来看，由于在内容售卖上未达到规模效应、后期配套服务上的经验不足、市场竞争对手对互联网阅读用户的争夺，大多数的读书频道收入并不理想。尽管少数门户网站能够获得国际风险投资或社会游资的帮助，然而当前国际经济不利因素和严重自然灾害导致了资本冬天的到来，融资难度继续加大，门户网站读书频道只有尽快实现盈利才能跳出这个恶性循环。作为一个新生领域，门户网站读书频道的盈利模式还处于探索阶段，不同读书频道的发展策略和侧重点也有所差别，随着读书频道不断向纵深发展，无论是以哪种盈利模式为主，读书频道都必须积极完善原有的网络广告和内容营销等盈利方式、尝试和开发新的盈利模式，都必须加强对自身频道的内容建设、品牌建设和增值服务建设，为各种盈利手段的成功推广提供内在的支撑。

(一) 内容建设

对于读书频道而言，阅读用户是其主要的目标消费者，也是一切盈利模式的基础，不断提高用户体验就意味着逐渐提供能够替代传统纸质阅读的书籍内容，同时，具有精准定位的图书内容是读书频道相互竞争最重要的手段。无论是传统图书资源的网络连载还是原创文学内容的网络发布，都需要读书频道进行全方位的内容整合、活动安排以及营销活动。这是读书频道获得关注和吸引广告的基础。

各大门户网站读书频道近年来都试图通过购买版权充实收费阅读书库，力争向阅读用户提供广泛的阅读资源。在主要门户网站的读书频道中，新浪读书频道十分注重将图书资源进行合理的组织编排，通过提供

书讯、书摘、书评和博主推荐等方式对图书内容进行完整宣传，拉近浏览用户与图书的距离，提升阅读体验质量，从而促进用户对图书的认知、形成购买行为。新浪读书几乎每日都会针对新上图书推出新的促销专题，书摘、书讯的更新速度也超过搜狐读书频道和网易读书频道。

（二）品牌建设

1. 帮助受众选择精品媒体及栏目

品牌是精品的象征。品牌产品与名牌产品之所以不能完全画等号，就是因为品牌产品一般都是质量可靠的精品，而名牌产品则可能是精品，也可能只是靠广告手段打出名声的产品。也就是说，名牌产品中一部分可能会经受住时间和市场的考验成为品牌产品，另一部分则可能名噪一时，昙花一现。像美国的 HBO（家庭影院）、ESPN（娱乐与体育频道）、DISCOVERY（探索频道）等，都是经久不衰、驰名世界的电视频道品牌。这些频道播出的节目往往都是内容新颖、制作精良、品位上乘的精品，因而在世界各地的电视节目收视率调查中都位居前列。

2. 鼓励管理者不断创新完善品牌媒体

品牌除了具有精品的含义外，还有别具一格、与众不同之义。因此，品牌一旦创立，就成了品牌所有者或者相关者的事业支柱甚至精神支柱，更是他们不断创新的强大动力。创造品牌是每个领导者不可推卸的责任。① 在 20 世纪五六十年代，美国的 NBC 为了维护《晚间新闻》栏目的品牌形象和品位，在被称为“铁经理”的金特纳（Robert Kintner）的带领下，不断地推陈出新。如利用一切机会宣传自己的栏目和主持人，

---

① ［英］约瑟夫·莱伯拉、苏珊·戴维斯、莱恩·帕克：《品牌策略新观念》，周光尚译，中国工商联合出版社 2004 年版，第 3 页。

如每天的《晚间新闻》播出前，都有一个播音员先向观众报告：这个节目是世界上最大、最懂新闻报道的 NBC 新闻部安排制作的；不论什么时候发生重大新闻，都可以插入任何一个节目中随时播出；遇到特大新闻，不惜代价地停播所有广告；不论竞争对手(主要是 CBS)播出多长时间，NBC 都要比它多播出半个小时。正是金特纳持续不断地创新努力，才使得 NBC 连续 12 年成为美国收视率最高的新闻栏目。如果说 NBC 是靠创新赢得国内市场品牌名声的话，那么时代华纳麾下的 HBO 则是靠创新赢得国际品牌名声的典型。世界上专门播放电影的频道不胜枚举，但是 HBO 却被公认为有线电视业名列前茅也是实力最强的品牌。"我们是所有宾馆都要求的频道。""我们绝对统治收视黄金时段，这是 HBO 的力量。"这种认同并不是因为它开播的时间早(1974 年开播)，也不是他的用户多(在世界各地的用户已经超过 3300 万)，而是因为它与众不同，不播广告，而且每月播出的 70 多部电影当中有 1/3 左右是新片，10%以上是独家播出的特别娱乐节目。此外，它创造的合作市场营销方式(与制作和播出节目的制片厂以及有线电视公司合作密切，甚至相互参股)等，也是频频奏效。因此，永远和尽可能让用户和观众耳目一新，是 HBO 成功的法宝，也是其不断创新的动机和动力。

3. 吸引工商企业广告投资

品牌是市场竞争的产物，也是市场竞争的工具和王牌。因为它凝结着服务对象多年的感情和信任。CNN 名满天下之后，曾引来不少模仿者和竞争者，包括同样 24 小时向全球播报新闻的"BBC 世界频道"(BBC WORLD)、默多克的空中新闻频道(SKY NEWS)、美国广播公司(ABC)和美国最大的非网式电视台集团西屋公司(West House)联合创办的卫星电视网以及 NBC 在欧亚开办的新闻频道等。但是由于作为全天候播报新闻的先驱者的品牌已经在用户和观众的意识中牢牢地扎下了根，所以，竞争者的大量涌现并没有动摇 CNN 在国际新闻传播市场中的领袖地位。每当世界上发生重大新闻时，CNN 还是人们必看的电视频道。在华盛顿的全国新闻大厦，许多记者都把自己的袖珍录音机对着CNN的新闻频道录音。甚至连美国总统在出国访问期间，也不忘收看CNN的新闻报道节目。这就是品牌的力量。至于美国几大商业电视网中身价数以百万甚至千万计的大牌主持人，更是被各大电视网视为在竞争激烈的市场上制胜的利器和王牌。

品牌作为一种具有"内在价值"和"交易价值"的无形资产，本身即是财富。美国《商业周刊》2001年7月推出了全球最有价值的100个品牌的排行榜，可口可乐以689.5亿美元的品牌价值位居榜首。国际媒体巨人迪斯尼公司的品牌也以325.9亿美元的身价名列第七名(2000年第八名)。更重要的是，品牌还可以源源不断地带来财富。对于电视媒体来说，具有品牌价值的频道或者栏目因为具有一般栏目或者频道不可企及的收视率和观众忠诚度，因而对广告商的吸引力是不可抗拒的。因此，品牌栏目或者频道的广告价格比非品牌的栏目或者频道高出几倍甚至十几倍是很常见的。品牌能够创造更多的利润和价值，是国际电视巨头们不惜血本打造品牌栏目或者频道的直接和最大动机。默多克之所以把他在全球的卫星直播电视频道统一命名为"天空"(SKY)，就是要利用他的英国空中广播公司(BSKYB)在商业上的成功(1999年能带来25亿美元的收入)与人们的赞叹，把SKY的品牌推向全球市场，以最大限度的发挥SKY品牌的商业价值。

4. 品牌代表文化

品牌虽然是一个商业用语，但是却包含着丰富的文化意蕴。可口可乐、麦当劳、微软等世界最著名的品牌中就蕴藉着美国文化中推崇平等和创新的因子(穷人和富人都吃麦当劳，喝可口可乐，都可以使用微软产品)。影视产业中的好莱坞、CNN、MTV和Disney等品牌更是美国文化中自由、冒险、进取、浪漫、乐观等精神的化身。至于默多克的SKY品牌，则充分表露了他想称霸天空的扩张心态，从本质上来说，也是盎格鲁-撒克逊民族精神的投影。目前，世界上一些弱势文化的国家之所以对欧美影视节目特别是一些品牌电视频道的侵入惊恐万状，除了担心市场会被蚕食外，最大的担心就是随之而来的所谓“文化入侵”。因此，在国际市场上，每一种品牌，实际上都代表着一种文化——不是民族文化，就是企业文化。

广告大师大卫·奥格威认为，最终决定品牌的市场地位的是品牌总体上的性格，而不是产品间微不足道的差异；致力在广告上树立明确突出性格品牌形象的厂商会在市场上获得较大的占有率和利润。已经拥有一定阅读用户规模的读书频道应该集中精力打造核心品牌价值、经营特色品牌，在市场竞争中明确与同业的差异优势，并以此为契机，尝试和开发新的盈利模式。随着用户体验的不断提升，品牌价值的逐渐显现，少数门户网站读书频道将逐渐占据读书频道行业龙头老大的地位。

以凤凰网的读书频道为例，它以走高端路线的凤凰卫视有限公司为依托倡导人文阅读品位，推崇严谨实用的阅读理念，在文史、时政、财经和优质文艺等图书鉴赏及推荐上独树一帜，主推新书、注重旧书、引领全球华文精品阅读趋势，希望通过主流、大气的品牌形象吸引具有较强投放需求和投放能力的广告主，尤其是具有强大品牌号召力的广告主，继而向主流门户网站读书频道的方向努力。

(三) 增值服务建设

3G 技术的运行和普及使得随时随地获取信息和休闲娱乐成为可能，手机移动终端在人们的日常生活中发挥越来越重要的作用，用户的广泛、阅读的便利吸引了众多内容提供商的关注，手机付费阅读的盈利能力有待挖掘，更重要的是，手机平台提供电子书在线阅读或下载阅读的收费方式更容易受到阅读用户的接受，用户只需向移动通信服务商支付流量费用即可浏览图书内容，而省却互联网电子支付的多重验证环节，以及规避支付风险。

如腾讯读书频道的用户可以使用手机通过移动通信服务商访问手机

腾讯网书城，随时随地浏览所有腾讯图书内容(包括 VIP 章节)，还可以及时了解图书更新状况，阅读最新章节。手机腾讯网书城中的大部分书籍免费供用户阅读，部分 VIP 书籍需要付费阅读，付费方式有两种：一是用 Q 币单本购买；二是开通读书 VIP(读书 VIP 是腾讯公司为读书爱好者量身定做的一款包月读书服务，在包月期间 VIP 用户可在腾讯网读书频道和手机腾讯网书城阅读任意书籍，同时拥有手机、电脑双向尊贵身份及优先使用新功能等特权)。为了争夺年轻阅读用户资源，2010 年 8 月 25 日至 10 月 12 日，腾讯读书频道通过开发手机 QQ 浏览器，并联合中国三大知名原创小说网站：起点中文网、红袖添香网、中文在线(17k)举办“畅爽读书月”活动，手机用户只要下载安装手机 QQ 浏览器，然后登录这三个原创小说站点，就可以享受到读书方面的特权，如免费阅读最多达万本原创小说，注册账号还可获赠若干虚拟货币，等等。拥有广泛、稳定用户群的腾讯公司通过与内容提供方合作来培养和保护有价值的移动互联网产品以及创业者，也有利于移动互联网产业链的成长和壮大。

综上所述，门户网站读书频道创办已有近十年的时间，近年来却陷入了版权购买成本过高、盈利模式过于单一的窘境。中文门户网站读书频道的品牌建立既要注重自身精品节目或栏目的建设，又要注重根据市场需要调整竞争策略，因此中文门户网站读书频道品牌管理应当从内外两个方面入手，协调发展。从国内外一些成熟媒体的实践经验来看，中国中文门户网站读书频道品牌要构建并维护好一个强势媒体品牌，就必须在内容策略和竞争策略上不断创新。因此，门户网站应充分利用其强大的人气带来的高点击率，结合市场环境与自身情况积极探索多种盈利模式，充分开发读书频道的营销传播价值。

（苏新力，讲师，主要研究方向为媒介营销、媒介文化。）

当代中国传媒转型时期人力资源管理改革研究意义

张　静

党的十一届三中全会确立了对内改革、对外开放的战略对策。中国这艘社会主义巨轮正在由计划经济时代向市场经济时代拐角深海处，破浪前行，加速前行。在整个社会转型的宏观背景下，中国传媒业不可逆转的趋势就是市场化与产业化。无论是世界的实践，还是学界的探讨，抑或是政府的法律与政策，在传媒市场化与产业化发展的问题上已经达成了共识——绝大部分传媒单位将由计划经济时代事业单位性质应时而变革为文化企业，按照市场经济规则来运营各种生产要素。例如中央电视台为了顺应影视文化市场化需要，2010 年成立“中国影视剧制作中心”，本中心由公办转为民营性质。我国在出版行业大刀阔斧地改革，仅保留人民出版社作为事业单位，其余出版社改制为民营企业，一改政府包揽模式，转向市场求生存求发展。

当前，我国文化产业体制改革正进行得如火如荼，取得了许多阶段性成果。作为文化产业核心的广播电视传媒业更是进入了一个整体的调整期，深层次的改革不可回避。20 世纪七八十年代以来，随着人力资源观念的引入，人们开始意识到，人是生产力中最活跃、最容易流动的资本，是最有创造力的资源。在知识经济时代，人力资源已成为决定一个单位成败的主要原因。世界人力资源管理大师彼得·德鲁克认为：“企业只有一项真正的资源——人。管理就是充分开发人力资源以做好工作。"IBM 创始人毕生认为："就算你没收我的工厂，烧毁我的建筑物，但留给我员工，我将重建我的王国。"人力资源是中国传媒业的核心竞争力之所在。在传媒业竞争日趋白热化的 21 世纪，媒体之间的竞争归根结底就是人才的竞争。媒介机构内部的人力资源管理方法一般属于组织秘密，不容易被外界知晓。因此，媒介机构人力资源管理部门可以花费大量成本和时间进行研究，以提高自身的核心竞争力，尤为必要也是切实可行的。

中华人民共和国成立之后建立了社会主义公有制，实行计划经济。受此影响深刻，中国传媒业特别是电视业普遍存在人事制度改革落后的问题，在招聘、培训、激励、薪酬、绩效、劳动关系等诸多问题上，或多或少存在着行政化集权管理弊端，存在着与《劳动合同法》《劳动法》相悖的法律风险。如何用完善的人力资源管理相关法律与制度，去规避潜在或显现的法律风险，使中国传媒业在依法治业的轨道行进，成为摆在传媒行业面前亟待解决的问题。针对我国媒体机制的弊病，本文从传媒业、人力资源管理学与法学多学科复合交叉的角度去研究这一复杂问题，具有极为重要的时代意义、理论意义、实践意义、现实意义与防护意义。

一、传媒人力资源管理学具有鲜明的时代意义，传承中华文明实现社会与经济双重效益

我国人力资源管理学的建立已有近三十年时间，但是传媒人力资源管理一直没有得到充分的重视，原因是多方面的。随着形势的发展，建立传媒人力资源管理学的必要性已越来越凸显。我国传媒从业人员数量及后备军规模宏大。截至 2008 年年底，全国广播电台电视台共有从业人员 28.72 万人，其中编辑记者 12.3 万人，播音员主持人 2.5 万人。广播电视仅是传媒业的组成部分，如果加上纸质媒体、网络媒体等，我

国的传媒业从业人数当有数百万之众，这是一方面。另一方面，我国高等教育传媒专业的人数规模也十分惊人。据统计，2009 年我国有本科类高校 604 所，高校在校人数达到 1885 万人。对传媒业在校生人数没有单独统计，以 5%~10%的保守估计，我国高校传媒业在校人数当为百万之众。① 在中国传媒日益走向市场化、产业化的今天，我们这个转型的时代热切企盼建立完善而成熟的媒介人力资源管理学。

在新时期下，如何建立中国特色的“传媒人力资源管理学”？颇具探讨的必要。彼得·德鲁克旗帜鲜明地指出，“管理是以文化为转移的，并且受其社会的价值观、传统与习俗的支配”②。传承中华文化是中国传媒人与传媒组织的根本价值所在。传媒人的使命是什么？传媒组织的存在价值何在？这是值得我们反复思考的问题。我们认为，传媒人的根本使命与传媒组织的价值就是传承民族优秀文化，塑造民族核心价值观。从这个意义上说，传媒人力资源管理学就是研究以优秀的人才和组织传承优秀中华文化的学科。在这方面，凤凰卫视的成长就是一个典型的案例。凤凰卫视目前已成为全球颇有影响的媒体品牌。短短三十年的时间里，凤凰卫视以当初“县级台”的规模和十分有限的资源形成具有国际影响力的传媒，非常关键的一个因素就是突出中国文化传统的传播。可以说凤凰卫视以其特有的文化传承节目吸引了海内外观众，震撼了观众的心灵，赢得了国际社会和传媒业界的普遍尊重。③ 博大精深、源远流长的中华文明曾因四大发明领先世界，世界各国纷纷建立孔子学院旨在学习儒家文化。75 位诺贝尔奖获得者聚首研讨，认为孔子学说是解决 21 世纪各种社会问题的一种优秀的学问。如何让灿烂辉煌的中华文化在新时期发扬光大，成为中国传媒业人力资源管理学需要求索的

---

① 史松明：《时代呼唤传媒人力管理学》，《传媒观察》2009 年第 11 期。

② 郑祖波：《中国古代管理思想的和谐观在跨文化管理中的应用》，《管理科学》2003 年第 12 期。

③ 史松明：《建设有中国特色“传媒人力资源管理学”》，《传媒视察》2010 年第 2 期。

时代课题。

传媒包括报纸、杂志、广播、影视、网络 5 大门类，他们有着相似的特性，具有市场化、产业化内在要求，需要生产、经营、消费等不同环节，都以特殊形式向社会大众提供精神文化产品和信息服务。传媒业不同于社会上的一般企业，要么是劳动密集型行业，要么是高科技型行业，要么是资金密集型行业，传媒业需要大批接受新闻传媒、管理学、法学等相关学科的高等教育的人士加盟，属于典型的智慧密集型行业。如何发挥“人”的聪明才智，在传媒行业显得尤为重要。可以说，人力资源是传媒业第一要素，是核心竞争力所在。

“人力资源”是指人所具有的对价值创造起贡献的作用，并且能够被组织所利用的体力和脑力的总和。它是在 20 世纪 70 年代从美国引进入中国的。“传媒人力资源管理”是指媒介为了完成信息生产和传播工作中涉及人或人事方面的任务所应具备的各种理念和技术。媒体是一种特殊的行业，媒体之间的竞争主要体现在收视收听率、发行量、点击率上。其实，同样的媒体，不同的人去管理会显现不同的效果。我国传媒在“事业型单位、企业化运行”体制下，要履行舆论引导、文化建设等重大职责。但作为“朝阳企业”，它还必须最大限度地创造经济价值，获取经济利益。传媒人力资源管理是传媒组织建立现代企业制度框架的重要组成部分，是传媒业实现社会效益与经济效益“双赢”的根本保障。这是时代赋予中国传媒业的神圣使命。

“人是第一生产力。”信息的生产与传播，归根结底有赖于人力资源的素质水平和能力发挥。我国加入 WTO 后，中国传媒业已置身于世界经济、世界文化这个大格局之中，竞争对手增多，竞争更加激烈。我国民营资本已经进军传媒业。北方赵本山出资建立的影视生产基地，南方浙江民营企业家在横店建立了影视制作中心，都显示了强劲的势头。充分认识国际国内状况，牢牢抓住人力资源管理这一核心竞争力，才能知己知彼，在激烈的国内外博弈中壮大自己。

传媒人力资源管理把人看作资源，而且视为最有创造力、最有价值的资源，是可以带来丰厚回报的特殊资源。这就要求在“人是核心”的理念指导下，关注"人的问题"，充分发挥人的主观能动性。在当下知识经济时代，知识资源取代土地、资本而成为主要生产要素，人成为超出物质之上的第一资源。传媒产业通过精英们的合理开发和优化配置来实现社会效益与经济效益最大化，从而将知识、人才转化为最具活力的社会生产力。探讨传媒人力资源管理学具有强烈的时代要求与鲜明的时代意义。

二、传媒人力资源管理学彰显理论指导意义，肩负培养跨学科复合人才重任

传媒产品虽然以影视、报刊、书本等物质形式进入市场，然而受众购买传媒产品主要出于精神需要，故而传媒产品在最主要意义上是精神产品。既然是精神产品，自然受到一个国家主流意识形态与社会伦理道德的影响，肩负起弘扬正义、刹住歪风邪气等舆论导向。东欧剧变与苏联解体，在一定程度上是这些社会主义国家的传媒被资本主义势力围剿，并被征服驯服，沦为推行和平演变的工具。媒介也是一种政治工具。德国传媒大亨默多克掌握着遍布世界各地的报社和电视台，其舆论影响力绝对无法与默多克新闻集团相抗衡。意识形态属性，对传媒业从业者提出特殊要求。首先，传媒业人士必须接受过良好的高等教育，接受过传媒业专业的学术训练，将那些非传媒人员，没有良好教育的人员排除在业外，很难想象低学历者如何胜任传播精神的重任。美国新闻界掀起"公共服务"运动，视为"新闻专业主义"。新闻专业主义的目标是服务全体人民，而不是某一利益集团。其最突出的特点是对新闻客观性的信念，相信可以从非党派、非团体的立场准确报道新闻事实。其最高理想是传播真实、真相或真理。① 传媒业还需要从业者具有良好的新闻

① 徐峰：《"新闻专业主义"对我国新闻业的参照意义》，《新闻记者》2003 年 5 月刊。

职业道德，禁止“有偿新闻”，具有人本主义精神，维护社会正义。

传媒业内在要求与受众对媒介的期望，使传媒从业人员学历层次愈来愈高。新浪网 2003 年网上问卷调查显示，传媒业内人员最高学历为大学本科的占 53.55%，硕士占 11.03%，博士占 0.71%。传媒职业需要从业者有广博的知识结构，传媒高层人士必须具有新闻传播学、人力资源管理学与法学相关知识，这种复合型人才是这门职业的内在要求。这样一来，传媒人力资源学作为跨学科的复合型交叉学科，在培养传媒行业后备军的理论指导意义是显而易见的。

目前，我国高等学府绝大部分开设了传媒专业，多半冠以“新闻与文化传播学院”名称，然而很少有高校开设“传媒人力资源管理学”这门课程。这不能不说是个极大的遗憾。设立“传媒人力资源管理学”课程，既可以使传媒专业学生了解掌握媒体人力资源管理知识，又可以指导与规范自身行为，少走弯路，为真正成为优秀的传媒工作者打下坚实基础。目前我国有 39 所“985 工程”高校、73 所“211 工程”高校，其中绝大多数开设了传媒专业和人力资源管理专业，汇集了国内外一批传媒理论人才和人力资源管理人才，这两个专业的高校师生完全可以优势互补——传媒专业开设相关人力资源管理专业课程，人力资源管理专业涉足传媒领域。如此，传媒人力资源管理学必将蔚为大观。① 当然，这样而为，仅是因为传媒人力资源管理复合人才的缺乏而采取的权宜之计，从长远发展来看，培养跨越多门类的复合型人才是我国高等教育的必然要求。

为了探讨新形势下媒体人力资源管理的特点与规律，我国高校作为培养高级人才的场所，很有必要建设传媒人力资源管理学这门复合学科，为形成有中国特色的媒体人力资源管理模式研究与探索，提供理论支撑。高等院校是培养造就宏大的新闻传媒专业人才队伍的主阵地，在我国传媒业繁荣发展中具有独特地位。传媒人力资源管理学的建立与完

---

① 史松明：《时代呼唤传媒人力资源管理学》，《传媒观察》2009 年第 11 期。

善，将从根本上改变传媒人力资源管理学的“无学”状况，对广大的传媒工作者和传媒高校生提供针对性、实效性的理论指导。

三、传媒人力资源管理昭示显著的实践意义，为中国传媒走向世界提供坚实的依托

中国是世界上人口最多的国家，约占世界总人口的1/5，因此13亿人口的中国自然成为媒体大国，这是广大受众使然，有线电视用户占全球的1/3，互联网用户群2008年年底已达3亿左右。这种巨大的消费市场为中国传媒业发展提供了极为广阔的空间。传媒业人力资源市场化扩张，实际上就是要求传媒人力资源要素的自由流动，核心问题就是充分认知人力资源要素在现代传媒业中的作用，并按照市场经济要求来开发管理传媒业的人力资源市场，建立一个有利于充分发挥人力资源要素作用的市场。转型为企业的传媒单位构成了中国现代传媒业产业化发展的新型市场主体，而建立一个健康的传媒人力资源市场与建立合规有序的传媒资本市场，是这个新型市场主体腾飞不可或缺的双翼。①

除了传媒单位由事业转型为企业，中国传媒业另一个改革趋势是越来越多的媒体加大对外合作力度，合资与外国独资的媒体结构日益增多。比如中央电视台在这方面起到率先垂范作用，与澳大利亚等国家签订合作协议，在其他国家开播中央台国际传播栏目，极大地丰富了海外华人的精神生活，也积极推介了优秀的中华文明。韩国影视连续剧《大长今》在中国电视台热播，表明外资传媒正在抢占中国市场。近年来，传媒业的发展令人瞩目，仅以2005年为例，其市场增长以25%的速度大大高于中国整体经济的增长速度。随着国外传媒大鳄纷纷抢滩中国，国家和政府相关的产业政策有所松动。传媒业已成为中国资本市场竞争

① 朱学东：《传媒人力资源市场的若干问题》，《传媒》2004年第10期。

的热点和发展的亮点，传媒业上市公司正成为证券市场的独特板块和新宠。传媒的产业化趋势已经成为不容回避的事实。面对纷纷入境的国际传媒巨头及国际资本，一场全方位的传媒大战已揭开序幕。① 我国还不是媒体强国，中国传媒业要做大做强，走向世界，关键在人力资源管理。没有科学、规范、高效的现代化人力资源管理，传媒业就没有未来。大力加强传媒人力资源管理研究，中国传媒业的明天才会更灿烂。

走产、学、研相结合的道路，是中国传媒业做大做强的又一大举措。传媒业与高校联姻，构架应有的对话与沟通体制。目前，高校教师从事传媒业教学工作，但缺乏传媒业实务训练，教学环节游离于实践，而显得空洞与枯燥。而传媒业从业者在工作中有了足够实践经验，但缺乏与日俱进的理论更新与补充，并进行产学研携手，建立紧密联系，开拓传媒人力资源管理新途径。

四、传媒人力资源管理改革弊端显明现实意义，完善法律法规用以规避法律风险

前程无忧网、传媒英才网、智联招聘网与中华英才网，是目前我国比较大型的网络招聘专业网站。传媒英才网于 2004 年 6 月底 7 月初对这四家网站北京区 6 月份的招聘情况进行了数据统计和分析。调查显示，北京人才招聘市场 6 月份需求总数量为 130270 万人，而同期北京地区对传媒人才的需求数量为 8867 人，约占总人才需求量的 6.7%，然而同年传媒产业生产总值占国民生产总值的比例仅为 0.8%。② 这两组数据有力地说明这样一个客观事实：中国传媒业正处在急速发展时期，人才需求量的比例远远超过传媒业的经济份额。世界上两次工业革命因

---

① 梁栩凌、王长啸：《突破传媒人力资源管理的瓶颈》，《传媒观察》2006 年第 8 期。

② 新华在线：《中华传媒报告摘要》，2005 年 6 月。

为新技术促进相关行业高速甚至几何级发展。进入当今信息化时代，人才取代了新技术，人力资源是第一资源。传媒业对人才旺盛的需求量，无疑可以看到中国传媒业巨大的市场潜力和广阔的发展空间。

作为知识密集型和智力密集型的产业，中国传媒业已逐渐建立起相对完善的传媒人力资源管理体系，这对推动中国传媒业发展发挥了积极作用。但是长期的计划经济体系的束缚与制约，以及社会各种各样原因，使得中国传媒业依然存在着一些亟待改进的问题，需要加大改革的力度和深度，建立与完善相关的法律和政策制度。

当务之急是中国传媒业还未形成合理的人才引进体制与流动的用人环境。我国传媒人力资源管理一条重要线索就是要求大力引进人才，促进人才合理流动。

传媒业培训存在一些法律风险。传媒业为了提高市场竞争力，需要对内部员工和新上岗员工进行业务提升培训。而这种培训是需要投入相当多的资金与财力，购买日新月异的高科技仪器，以便紧跟日新一日的新技术。然而受训人员一旦在培训中掌握了前沿的核心技术与技能，去更好的地方或部门“淘金”。于是“为他人作嫁衣裳”。员工因高智能培训而扩大了自己的工作选择面，中国传媒从而面临高层次人才流失的风险。

激励机制不完善，也存在法律风险。不少媒体的管理人员抱怨年轻的传媒人缺乏敬业精神，这与媒体的激励机制不完善不无关系。经营管理人员的激励主要是和业绩挂钩，通过薪酬体系中浮动工资的形式来激励员工。采编人员的激励机制落后，采编人员普遍承担着极大的工作强度，然而在稿费、好稿奖和好版面奖上，与广告发行部门的业绩奖励相比都相距甚远。① 这种方式很难激励采编人员，很难培养他们对组织的忠诚度。采编人员是知识型员工，应更多地采用精神激励、成就激励、

① 曹鹏：《人力资源管理已是传媒业最薄弱的环节》，《新闻记者》2004 年第 7 期。

成长激励等方式，满足他们实现自我的价值。① 更重要的是，奖惩管理规章制度不健全，考核记录欠缺，使用行政化权力手段罚款于法无据，这种种情形，滋生法律风险，一旦从业人员诉诸法院，极易导致传媒业败诉。

劳务合同管理过程中同样面临法律风险。一些案例显示，传媒企业聘用一些临时人员如线人、通讯员违法操作，导致官司产生。而临时人员非在编职工，他们的违规违纪行为却需要单位来承担责任，传媒企业在合同管理方面的盲点而造成与劳动者形成事实劳务关系，借以处分劳动者的规章制度不合法而面临劳动仲裁与劳动诉讼。专门针对传媒业的劳动合同管理政策和辞职辞退政策几乎没有，适用的法律法规主要是国家颁布的《劳动法》和《劳务合同法》。2003 年新浪网关于“媒体从业人员工作生活状况”调查显示，目前有近百万传媒人群。但接受调查的传媒人中有 43%没有任何劳务合同，或没有工作证或记者证，或没有社会保障。这些人以文稿为生，文稿采用才有稿酬，才有生活来源。为了让文稿被采纳，这样就使报道容易出现丑闻与暴力等种种难以得到验证的“虚假新闻”。林林总总的问题，根源在于媒介人事管理制度的滞后性。

面对传媒人力资源管理存在的诸多问题，必须树立“依法治业”观念，大力加大改革力度、制定与时俱进的规章制度与法律法规，来规避潜在的法律风险。中国传媒业只有在《中华人民共和国劳动法》与《中华人民共和国劳动合同法》等法律体系下运行，才能健康有序。我国传媒业正在向纵深改革。报刊市场优胜劣汰，比如《辽宁农民报》因发行量小而退出市场，辽宁组建了报业集团，整合媒体资源。出版社由公办转为民营，对原有的用人政策可谓致命一击，因为出版社要在市场上立足，必须启用引进大批具有真才实学的人才，才能振兴出版业的发展。

建立完善规范的劳动合同，是规避法律风险的法宝。劳动合同明确传媒人与传媒企业双方的权利与义务，一旦发生纠纷，有据可查。《劳

① 徐春英:《媒介人才资源管理探析》,《声屏世界》2007 年第 12 期。

动合同法》赋予传媒人劳动条件、劳动报酬等权利，同时也要求传媒人遵守劳动纪律等义务。《劳动合同法》同样赋予传媒企业一些合法权益，比如传媒企业可以按照《劳动合同法》"竞业限制"等法律条款，要求传媒从业者必须在合同中约定，劳动者自本单位离职后一定时期内在一定区域不得从事与原工作性质相似或类似的行业或领域。

中国传媒业经营管理目标，不仅包括经济效益，还要兼顾社会效益。广播电视具有事业单位性质，但必须按企业化管理要求来运作，这样决定广电要走双轨制道路。政府要引导与制定法律规章，创新传媒业人力资源交易制度。用法制形式来规范业内人力资本流动。传媒企业上市交易制度推行，可以广泛吸收社会资本进入传媒市场。以股市为代表的资本市场作为第三方仲裁具有天然优势。传媒人才特别是传媒管理层的绩效可以通过传媒在资本市场收益来获得直接评价，减少了交易契约的运行成本。因此，从一个侧面说明有条件的传媒上市不仅有利于资源的有效配置，也为传媒提供了一个交易成本最小的治理结构，从而提高了人力资本的交易。改进政府及传媒内部人事审批制度。通过简化审批手续，来提高审批效率，减少中介环节，从而促进人力资本流动。可以借鉴政府行政审批制度改革，在传媒人才引进上与其他行业接轨，完成由人事审批向直接注册制过渡，建立起科学、透明、高效的人事审查制度。① 在这个方面，可以依据传媒的特殊性，根据《上市公司法》制定传媒融资专门法律，从而更规范传媒资本市场。

五、中国传媒突破事业化体制瓶颈转化为企业化经营，传媒人力资源管理保障法律具有防护意义

事业化的管理体制成为中国传媒先天不足与制约瓶颈。在中华人民

① 王沛、关建：《论传媒人力资本交易的制度安排》，《西南大学学报》2007年第1期。

共和国成立以后的几十年计划经济时代，中国传媒一直是事业单位编制，由各级政府统一经营。但在改革开放新时期，中国整个社会转向市场经济时代，传媒业自然跟着转向。与市场接轨之后，中国传媒业成为"事业单位、企业化管理"，其前提还是事业单位。一般而言，事业与企业区别在于是否盈利，是否具有公益性质。事业单位是为了实现公益目标的不带有盈利性质的单位，因而事业单位各种制度都是围绕社会公益目标实现而制定的，当然包括人事制度。比如大学、医院、媒体单位为了普惠人民大众，为了老百姓的物质生活、精神生活更加丰富，社会要求这些单位更多地注重社会效益。既然是政府主管，传媒业高层领导由上级任命，没有自主权，有责无权，在机构设置、人员编制与聘任等管理方式上由政府说了算。同样因为是事业单位性质，对传媒业干部考核标准存在重政治素养和业务素质，轻管理才能和经营才能的问题。这种缺陷严重阻碍了中国传媒业的未来发展。

然而，随着我国社会主义市场经济逐步完善，传媒业接受市场的竞争和考验。市场经济内在的规律是优胜劣汰，适者生存。21 世纪我国加入世界贸易组织，国际传媒纷纷进军中国市场，中国传媒面临着巨大的考验，必须要适应市场的需要。我国各省在新形势下整合各种资源，组建广电集团，其实就是为了提升市场竞争力。

在现阶段，我国 100 多家大学出版社正处于转制的过渡阶段，随之而来的不仅是机遇，还有隐藏在背后的威胁。要想具有持续的竞争优势，必须有充足的、优质的人力资源作保障。2007 年 3 月，教育部、新闻出版社总署印发了《关于高等学校出版体制改革工作实施方案》，明确了当前高校出版体制改革工作的原则、目标、任务和具体措施。张天定指出："出版人才管理要贯彻以人为本的精神，充分地解放出版人才的生产力，调动他们的积极性和创造性。"①在转制这样一个组织变革时期，大学出版社尤其应当将加强和完善人力资源管理摆在极其重要的

① 张天定：《图书出版学》，河南大学出版社 2006 年版，第 186 页。

战略地位，而这一任务的达成，无论如何均离不开科学的、先进的人力资源理论。从这一意义上来说，紧紧抓住转制带来的机遇，紧密结合大学出版社的特征，推动大学出版社人力资源管理建设的科学化，乃是促进与保证转制得以有效进行的关键。①

大学出版社转制仅仅是中国传媒业的一个缩影而已。中国传媒业不论是出版社，还是电视台，都是市场经济社会全局下由事业单位向企业单位转变。默多克实现构建传媒帝国的神话，旗下电视台、报业、出版社在市场经济大潮下狂飙突起，声威撼动整个世界。默多克传媒为中国传媒树立了一个光辉典范。

人力资源法律是通过国家立法、国家政治权力等强制性手段来规范企业人力资源的管理。而人力资源的法律保护制度健全与否，是衡量人力资源社会性保护水平的一个重要标志。任何国家和社会在运行机制中，都有消极、落后的因素，在人力资源保护的具体实施过程中，如果触及这些因素，它们便会化成与社会保障抗衡和阻碍实施的逆向势力。法律机制的强制性能够消除人力资源保护中保守势力的抵抗，为人力资源管理创造良好的环境。因此要建立完整的人力资源社会保护体制，必须有法律的保障。法律机制不但有强制性，而且具有稳定性，它可以在社会生活的各个方面发挥作用。用法律的形式将人力资源对社会保护的需求固定下来，是社会进步的一种表现。② 在 21 世纪历史进程上，要突破传媒业发展中的先天不足，相关专家研究探讨传媒业转制的相关法律法规的制度。传媒保障法就是主要由以保障传媒从业者实现劳动权益和劳动关系正常运行的社会条件，即由实现劳动保障社会化为基本职能的劳动法律制度所构成，包括促进传媒招聘市场公正公平，实现传媒专业人才促进就业法，为传媒人员在民营企业制度下实现自己的权益。

---

① 杨爱东：《转制背景下大学出版社人力资源管理研究的理论述评》，《科技与出版》2010 年第 3 期。

② 余华：《我国企业人力资源管理的法律缺陷及对策研究》，《法制与社会》2008 年 4 月下半月刊。

现代传媒人力资源管理就是要在相关法律规范下，适应市场需要，实现人才合理流动。建立市场中心制之后，传媒内部实现人员与岗位最佳配置。一方面传媒人员在内部自主择业，选择自己理想岗位。充分发挥传媒人员主观能动性。另一方面，使传统行政计划中心制向媒体市场中心制转变，打破级别与地域、行业限制，实现传媒从业人员社会流动，这才是人才市场完善的必然趋势，也是媒介做大做强的必由之路。我国的传媒业与国企一样，也在进行一场市场大搏击。例如 2003 年 7 月 7 日由新华日报、浙江日报、上海文汇新民报三家报业集团合资控股的《东方早报》在上海横空出世，在报业竞争中炸响了一记惊雷。2003 年 11 月 11 日，光明日报与南方日报两大报业巨头合作创办《新京报》进入北京，北京报业市场竞争更加白热化。

《东方早报》《新京报》成功加盟，突破事业编制的瓶颈，昂首阔步向前迈进，其实是为以积极姿态来迎接我国"入世"之后传媒业的挑战。加入世贸组织后，国际传媒巨头挺进中国市场。2001 年 5 月 12 日，路透集团、迪斯尼出现在北京国际电视周。2001 年 9 月 10 日，美国在线、时代华纳与中国政府达定双边协议，在广东省内提供有线电视服务。一场传媒争夺市场的"战争"早已打响，中国传媒业只有走企业经营的路子，打破行政经营模式，才能在国际传媒大战中扎根与壮大。

美国人力资源管理专家诺伊认为："企业的人才资源高层管理者应当采取一种以顾客为导向的方法执行其职能。"以顾客为导向，就是要建立媒体市场中心制。"顾客是上帝"这句名言在传媒业中同样适用。加里・德斯勒主张媒介人力资源管理部门应该"逐渐从战略的适应者转变为战略的制定者和执行者"①。这实际就是昭示了中国传媒人力资源管理者要从过去事业单位"适应者"，在以顾客至上的市场经济社会大潮中，变为争夺市场的"战略制定者和执行者"。只有这样，中国传媒

---

① ［美］加里・德斯勒：《人力资源管理》，中国人民大学出版社 2003 年版，第 253 页。

业才能在国际传媒竞争的惊涛骇浪中劈风斩浪，破浪前行，直达传媒强国的彼岸。

综合以上论述，我们不难发现，对当代中国传媒业人力资源管理改革进行研究，具有重要的意义。这是摆在我国新闻传播业面前一个现实课题，需要认真研究与探讨。

（张静，文学博士，副教授，主要研究方向为文学与传播学。）